식민사관의 감춰진 맨얼굴

식민사관의 감춰진 맨얼굴

이병도와 그 후예들의 살아 있는 식민사관 비판

황순종 지음

만권당

일러두기

· 본문에 나오는 인명과 지명, 학교명, 서적명 등은 원칙적으로 한글 맞춤법 표기법에 따랐다.
· 일본의 지명이나 인명의 경우, 원칙적으로 한글 맞춤법 표기법에 따랐으나 한자로 의미가 더 명확하게 통할 수 있는 단어나 고서적명 등은 한자음 그대로 표기했다.
  예) 『고사기』, 『일본서기』, 도쿄제국대학 등
· 문헌이나 논문을 직접 인용한 경우에도 독자들의 혼란을 막기 위해 인명 표기는 통일했다. 단, 논문명에서는 원문 표기를 존중했다.
· 중국의 지명이나 인명의 경우, 근대 이전까지의 경우와 문헌 등에 등장하는 역사적 인명이나 지명 등을 인용할 때는 한자음대로 표기했다. 고대의 문헌이나 논문 등을 직접 인용한 경우에는 원문 표기를 존중하고 괄호 안에 현대식 표기를 병기했다. 근대 이후의 인명과 지명은 한글 맞춤법 표기법에 따르고 익숙지 않은 지명과 인명 등은 독자의 이해를 돕기 위해 맨 처음 나올 때 괄호 안에 한자음과 한자를 병기했다.
  예) 『사기』, 사마천, 요동, 콴허(난하灤河), 차오바이허(조백하潮白河) 등
· 북한 인명의 경우, 북한 표기를 존중했다.
  예) 리지린 등
· 전집이나 단행본, 정기간행물은 『 』, 신문이나 잡지명, 연구보고서 등은 「 」로 표기했고, 세미나 제목이나 신문 기사 제목 등은 ' '로 표기했다.

머리말에 갈음하여

필자는 식민사학의 가장 큰 피해자는 국사를 배우는 학생들이라고 생각한다.

나는 진리가 늘 이기거나 영원하다고 믿지 않는다.

내가 믿는 것은 허위나 악은 언젠가 반드시 무너진다는 것이다.

아직도 이 땅의 고대사 체계는 일제 조선총독부가 만든 허위와 악의 결정이다.

대한민국 국민 한 사람이라도 더 이를 알았으면 하는 것이 나의 소원이다.

현명한 국민이 늘어날 때 허위와 악은 심판받고 무너질 것이다.

제1부

식민주의 사학의 계보

1 일제 식민주의 사관의
솟아남과 번짐

식민 지배를 뒷받침하는 역사 논리

　일본은 1867년 메이지明治 유신 직후부터 정한론(征韓論:한국을 정벌하자는 주장)이 대두했다. 이후 정한론을 둘러싸고 내부의 격렬한 정쟁을 겪은 후인 1875년 9월 무렵 운요호雲揚號 사건을 일으켰다. 일본은 영국에서 수입한 근대식 군함인 운요호를 부산을 거쳐 강화도에 침투시켰다가 조선 수군과 격렬한 전투를 전개했다. 일본은 이 사건에 대한 책임을 조선에 물으면서 수교통상을 강요했는데, 때마침 대원군을 실각시키고 대원군의 쇄국정책을 전환하려고 생각하던 고종과 민씨 척족정권은 일본의 요구를 받아들여 고종 13년(1876) 2월 '강화도조약'을 체결했다. 강화도조약은 일본인에 대한 치외법권과 관세자주권 등의 내용이 포함되어 있는 불평등조약이었는데, 일본은 미국 페리 제

독에 의해 강제 개국한 1854년으로부터 불과 22년 만에 서구 열강보다 먼저 조선의 문호를 강제로 열 수 있었다.

이는 조선의 상국上國을 자처하던 청나라의 큰 반발을 불러일으켜 임진왜란 이후 조선을 둘러싸고 중국과 일본이 다시 대립하는 양상으로 전개되었다. 고종과 민씨 척족 정권은 동아시아의 질서가 뒤바뀌는 이런 변화에 주체적으로 대응하기보다는 그때그때 힘의 논리에 순응하는 기회주의적 처신으로 일관해서 사태를 악화시켰다. 신식군대인 별기군別技軍을 창설하면서 구식 군대를 차별 대우하여 고종 19년(1882) 임오군란이 일어나 대원군이 재집권하자 고종과 민씨 척족 정권은 청나라 군사를 끌어들여 이를 진압했다. 자국 문제에 외국군대를 끌어들이는 외세의존적 행태는 고종과 민씨 척족 정권의 고질적 병폐였는데, 이로써 청나라의 내정간섭이 더욱 심해지자 고종 21년(1884)에는 급진개화파에서 갑신정변을 일으켜 친청수구파를 타도하려 했으나 '3일천하'로 끝나고 말았다.

조선에서 동아시아의 패권을 두고 청나라와 각축전을 벌이면서 일본에서는 조선사에 대한 관심이 급속하게 커졌고 1880년대부터 한국사를 본격적으로 연구하게 되었다. 그러나 일본은 전통적으로 봉건영주들이 각 영지를 다스리는 형태였기 때문에 일본 전역에 대한 역사 연구도 이루어지지 못했다. 17세기 에도江戶 시대 이후에 쇼군가將軍家나 다이묘가大名家에서 집권의 정당성을 설파하기 위해 유교 사상을 채용해서 역사서를 편찬하기 시작했는데, 『무덕대성기武德大成記』, 『본조통감本朝通鑑』, 『대일본사大日本史』, 『태합기太閤記』 등이 이런 역사서들이다.

이른바 대정봉환大政奉還과 왕정복고를 주도한 사쓰마번薩摩藩과 조슈번長州藩의 하급무사들은 자신들의 집권을 정당화하기 위해 황국사관을 발명해서 일왕 중심의 일본사를 서술하기 시작했다. 일본은 서구의 학문적 방법론을 채용해서 황국사관을 합리화하려고 했는데, 이것이 바로 실증주의였다. 1887년 도쿄제국대학東京帝国大學에 사학과를 설치하고 폰 랑케(Leopold von Ranke)의 제자였던 루트비히 리스(Ludwig Riess, 1861-1928)를 주임교수로 초빙했다. 유대계 독일인이었던 루트비히 리스는 세계사라는 개념을 도입했는데, 이것은 랑케의 역사관을 제국주의 침략의 도구로 악용할 수 있는 소지가 있었다. 리스의 제자인 사카구치 다카시坂口昂는 폴란드 멸망 이유와 독일 지배 과정을 이른바 실증적으로 분석했는데, 이는 일본의 한국 지배를 정당화시키는 논리로 발전했다.

일본은 서구학계의 실증주의 방법론을 이용해 제국주의 침략을 정당화하는 것을 이른바 '근대사학史學'이라고 호도했는데, 특이한 점은 일찍부터 한국고대사 연구에 집중했다는 점이었다. 일본은 1890년대에 스가 마사토모管政友, 나카 미치요那珂通世, 시라토리 구라키치白鳥庫吉 등이 고조선·고구려 관계 논문을 발표했다. 1890년대에 벌써 고조선과 고구려 관계 논문을 발표한 것이 순수 학문적 관심사의 반영이 아니란 점은 말할 것도 없다.

또한 요시다 도고吉田東伍는 『일한고사단日韓古史斷』(1893)을 저술하는데, 국내 식민사학계의 대부였던 이병도(李丙燾, 1896~1989)는 이 책에 자극을 받아 역사 연구를 결심했다고 전한다. 『일한고사단』은 여러 문제점을 갖고 있는 책이지만 "고조선은 지금 요동에 있었다(97쪽)."고 말해서, 이때만 해도 실증주의를 가지고 주장을 펼쳤기 때문에 중국의 고대 1차 사료를 완전히 무시하지는 못했음을 알 수 있다. 또한 1년 전에 나온 하야시 다이스케林泰輔의 『조선사』(1892)도 당시 한국 고대 사에 대한 높은 관심도를 알 수 있게 한다.

그러나 일본인들의 한국사 연구는 순수한 학문적 동기에 의한 것이 아니라 처음부터 역사를 제국주의 침략의 이론적 도구로 제공하려는 목적에 따른 것이었다. 이른바 식민사학이란 독초의 씨앗이 여기에서 뿌려진 것이었다. 이 가운데 하야시의 『조선사』는 40년 뒤 조선총독부의 『조선사』 편찬에 기본 논리와 틀을 제공했다는 면에서 식민사학의 상징 또는 한국사 왜곡의 원류라고 할 수 있다. 일제 식민사학과 그 후예들은 예나 지금이나 단군을 부정하는 것에서 시작하는데, 하야시의 『조선사』도 한국사의 단군기원론을 부정하고 기자箕子조선부터 시작하며 '남선南鮮경영설'이나 '임나任那일본부설' 등으로 고대 일본이 한반도 남부를 지배했다는 허구의 역사를 창작해냈다. 이는 일본인 역사학자들의 한국사 연구의 전형이 되었는데, 하야시는 서문에서 이렇게 말했다.

> 진구神功황후가 군사를 동원해서 (신라) 정벌에 나서자 명을 받들어 조공을 바쳤고, 그 뒤로 (한반도) 남쪽 일대는 우리[일본]가 경영하고 통치하는 땅에 속하게 되었다. 이에 부府를 설치하고 수장을 두어 다스리기를 더욱 부지런히 했다.[1]

---

1   하야시 다이스케, 『조선사』 서문

진구황후가 4세기에 가야와 신라를 정벌했다는 내용은 일본 고대 역사서인 『일본서기日本書紀』에만 적혀 있다. 그러므로 이런 내용이 전혀 기재되지 않은 『삼국사기』를 부정하기 위해 『삼국사기』 초기 기록 불신론'이 등장하는데, 이런 『삼국사기』 초기 기록 불신론'이 아직도 일본은 물론 한국 고대사학계의 정설定說이란 점에서 일본 식민사학은 여전히 한국 사학계를 지배하고 있다고 볼 수 있다. 하야시는 『일본서기』만을 토대로 신라, 가야를 정벌한 후 임나가야 땅에 조선총독부 같은 임나일본부를 두어 한반도 남쪽을 다스렸다고 기술했는데, 일본 내에서는 『일본서기』를 토대로 그전에도 이런 설을 주장하는 학자들이 있었다.

여기서 주목해야 할 것은 일본이 한국 지배를 기정사실화하면서 이제는 대륙에 대한 침략 의도를 드러내는데, 이에 따라 일본 내 역사학자들의 관심도 한국에서 만주·몽골·중국·서역 등 동양사 전반으로 확대되었다. 1904년에는 도쿄제국대학東京帝国大学 사학과 졸업시험에 국사(일본사)·서양사와 함께 동양사가 포함되었으며, 1910년에는 이 세 분야가 단일학과로 독립되었다. 이를 추진한 인물은 앞에서 언급한 시라토리 구라키치白鳥庫吉였는데, 그의 활동 가운데 주목해야 할 것은 남만주철도주식회사, 즉 만철滿鐵을 한국사 및 대륙사 왜곡에 적극 끌어들였다는 점이다. 만철은 러일전쟁 후 일본이 러시아로부터 획득한 조차지를 중심으로 만주 전역에 철도를 부설하기 위해서 세운 철도회사로서 외형은 주식회사지만 내용은 일본 제국의 직영 침략회사였다.

시라토리는 만철 총재에게 역사 침략의 중요성을 역설해 만철 도쿄지사에 '만·선(滿鮮:만주와 조선) 지리역사조사실'을 설치하고 1908년에 연구 활동을 시작했다. 만철 도쿄지사에 설치한 '만·선 지리역사조사실'은 이후 일제가 한국 및 대륙의 역사를 왜곡하는 보다 정교한 이론적 토대를 제공했다. 또한 '만·선 지리역사조사실'은 일본 내에서 한국사 및 동양사와 관련 있는 여러 학자들을 지원하거나 배출해 일본의 역사 침략에 큰 영향을 끼쳤다.

'만·선 지리역사조사실'은 시라토리의 주재 아래 야나이 와타리箭內亘, 마쓰이 히토시松井等, 이나바 이와키치稻葉岩吉, 쓰다 소키치津田左右吉, 이케우치 히로시池內宏 등이 참여했다. 그들은 한국은 물론 대륙까지 침략할 수 있는 역사 이론을 제공하기 위해 정력적으로 연구했고 1913년에 『조선역사지리』, 『만주역사지리』 각 2권을 간행했다. 특히 쓰다 소키치가 쓴 『조선역사지리』는 이른바 메이지 유신 이후 일본 학계에서 실증주의를 빙자해 조선 침략의 정당성을 설파했던 논리를 집대성했는데, 쓰다의 이런 침략 이론은 부분적 수정을 거쳐서 조선총독부 산하 조선사편수회의 기본 이론 구조가 되었으며, 지금까지도 일본은 물론 한국 식민사학계의 주류 이론으로 행세하고 있다.

만·선 지리역사조사실은 1915년에 폐쇄되었지만 만철은 이후 도쿄제국대학에 꾸준히 자금을 지원해서 『만·선 지리역사연구보고』를 간행했는데, 1941년까지 모두 16권을 발간했다. 이 『만·선 지리역사 연구보고』를 간행하는 과정에서 이른바 '만선사관滿鮮史觀'이 형성되었다. 만선사滿鮮史는 어의 상으로는 '만주와 조선의 역사'의 생략형에 불과한 것 같지만 이나바 이와키치가 '만선불가분론滿鮮不可分論'을 제창하면서 '만선사' 연구의 필요성을 강조했다. 간단하게 말하면 한국 점령을 더욱 심화하고 나아가 만주까지도 점령해야 한다는 제국주의적 침략 이론의 정당성을 '만선사관'으로 체계화한 것이다.

이나바 이와키치는 「만선불가분의 사적史的 고찰」에서 한국사의 독자성과 자주성을 부인하고, 민족·영토·경제의 세 방면에서 한국은 태곳적부터 대륙, 특히 만주와 불가분의 관련 속에서 존재해 왔다고 주장했다. 한국사가 만주 대륙과 밀접한 관련 속에 전개된 것은 사실이지만 문제는 이를 한국사의 타율성이란 제국주의 침략 논리로 연결시켰다는 점이다. 한국은 정치·경제·문화의 모든 방면에서 외래 세력의 압도적인 영향 아래 형성되었지, 한국이 독자적으로 형성한 것은 없다는 한국사의 타율성론을 만들어낸 것이다.

또한 한국 문화가 일본으로 들어가 일본 문화 발전에 공헌한 것을 인정하면서도 그것은 한국의 독자적 문화가 아니라 중국 문화로서, 한국은 중국 문화를 일본에 전수한 중개 역할에 불과하다고 주장했다. 한국사는 타율적이지만 일본사는 독자적이라는 자기모순적인 이런 사고가 대다수 일본 학자들과 일반인의 의식을 지배했다.

한편 러일전쟁 후 한국에 대한 일본의 독점적 지배권이 확립되고, 일본의 한국 점령이 시간문제가 되자 일본 국학자들이 주창했던 '일선동조론日鮮同祖論'이 한국 점령을 합리화하는 이론으로 주창되었다. 즉 일본과 조선[한국]은 같은 조상이라는 이론으로서 일본의 한국 점령에 대한 한국민들의 반발을 최소화하기 위해 강조된 것이었다. 대한제국 강점強占 직후 월간지 「역사지리」는 임시 증간호로 '조선호'를 발행했다. 일제가 「역사지리」 '조선호'를 발간한 이유는 명백했다. 「역사지리」 '조선호'에는 일본사 및 조선사를 연구하는 일본인 학자 20

여 명이 등장해 태고부터 병합[강점] 때까지 한일 관계에 대해서 집필하면서 '일선동조론'을 역설했는데, 그 주요한 논거는 신대神代부터 한국인의 조상은 일본인이었으며, 일본은 고대부터 한국을 지배하고 있었다는 것이었다. 이들은 이런 논리로 입을 모아서 병합[강점]을 예찬하고 한국 지배를 당연시했다.

당시 일본은 대국 청나라와 러시아를 연달아 꺾은 자부심에 도취된 상태였다. 당시 역사가들은 학자의 본분을 망각하고 제국주의 침략 이론을 애국으로 포장해서 설파하는 데 광분했는데, 이때의 역사학자들의 태도에 대해 비교적 객관적 입장에서 바라본 하타다 다카시旗田巍는 훗날 이렇게 서술했다.

> 이 증간호의 여러 논문에는 (한국) 병합을 비판한 견해는 전혀 제시되어 있지 않다. 나라를 빼앗긴 한국인에 대한 동정의 염念조차 보이지 않는다. '천재(千載:천년)의 쾌사(발간사)'라는 말이 보여주듯이 축하 기분에 충만해 있다. 또 한국인에 대해서는 야만스러운 미개인이라는 사고가 도처에 나타나 있다. 이를테면 진구황후의 '삼한 퇴치'라는 말이 곳곳에서 쓰이고 있다. 퇴치라는 말에는 야만·미개한, 마치 도깨비와 같은 인상을 받는다. 이러한 말이 당시의 일류 학자에 의해 쓰였다. 그럼에도 불구하고 거기에 반대한 사람은 없었던 것이다.[2]

---

2 하타다 다카시, 이기동 옮김, 「일본에 있어서의 한국사 연구의 전통」, 『한국사 시민강좌』 2집, 일조각, 1988, 86쪽

옛날 일본이 미개한 삼한을 '퇴치'했듯이 당시 조선을 지배하게 된 것을 1천 년 만의 쾌거라고 입을 모아 자축했다는 것이다. 이런 광신적 분위기에서 『일본서기』에 등장하는 이른바 진구황후의 삼한 정벌이 과연 객관적 사실의 기술인지를 살피는 '학자의 본분'은커녕 피지배자의 입장도 생각하는 인간의 가장 기본적인 시각도 상실한 상태였다. 이런 흥분 상태, 광신적 상태에서 만들어진 것이 이른바 '황국사관'이고 '식민사관'이었다. 다만 이를 은폐하는 수단으로 이른바 '실증'을 도구로 끌어들였을 뿐이다.

황국사관의 등장과 쓰다 소키치

일반적으로 군대가 들어가기 전에 침략 이론이 먼저 만들어지게 마련인데 일본의 경우에는 이른바 '황국사관皇國史觀'이 그것이었다. 메이지 유신 이후 각 영주가 지배하던 지역이 하나로 통일되고, 또 외국까지 침략하게 되면서 이런 현상들을 역사적으로 종속시킬 수 있는 이론이 필요했다. 그래서 모든 역사를 황국사관에 꿰맞추게 되는데, 한국사에 적용한 이른바 일제 식민사관도 이런 황국사관의 한 부분이었다. 황국사관이란 일본의 고대 역사서인 『일본서기』에 기초해서 만든 역사상歷史像으로, 일본 민족이 하늘에서 내려온 천손天孫이라는 것이다.

또한 일왕은 고대 일본의 건국부터 그때까지 쭉 하나의 혈통으로 이어진 만세일계萬世一系라고 주장하면서 일왕만이 일본의 통치자인 동시에 천하의 중심이라고 주장했다. 황국사관은 일왕과 국민들의 관계를 군신 관계이자 부자 관계라는 봉건적 틀로 설명했다. 메이지 유신 이전에는 일종의 국무國巫, 즉 국가무당에 불과했던 일왕을 일본 제국의 실질적인 통치자로 창조하는 과정에서 만들어낸 이론이 '황국사관'이었다. 그러나 그 근거로 삼은 『일본서기』의 내용 중에는 일본인들이 보아도 너무 허황되고 왜곡된 부분이 많기 때문에 이를 학문적 방법론을 빙자해 체계화하면서 식민 지배의 근거를 마련해야 했다. 그러나 쉽지 않았다. 『일본서기』의 내용이 실제 역사 상황과 맞지 않는 부분이 너무나도 많기 때문이었다.

『일본서기』는 어떤 책인가? 일본 열도 내에는 수많은 왜倭 세력이 있었다. 『일본서기』는 그중 오늘날 나라奈良 지역에 있던 야마토大和 왜를 정통으로 보면서 그 정통성을 확립하기 위해 쓰인 책으로, 야마토 왜의 수장만을 왕(천황)으로 기록하고 나머지는 모두 호족으로 기록했다. 『일본서기』에는 신대神代의 역사가 있는데, 하늘에서 내려온 신이 지배한 기간을 179만 년으로 본다. 그리고 서기전 6세기 때 진무神武 천황이 일본을 개국했다고 보고 있다.

국내에서 『일본서기』를 기초로 한 일본의 역사 왜곡에 맞서 꾸준히 연구했던 고려대 명예교수 최재석은 야마토 왜는 서기 5세기 무렵, 백제의 대규모 이주 집단에서 시작된 것으로 보고 있다.

> 야마토 왜의 역사는 오진應神 시대에 백제인이 집단 이주하여 정착한 때로부터 시작되므로 오진 시대 이전의 역사는 조작된 역사다. 제1대 왕 진무神武는 백제인의 집단 이주 시기보다 약 900년 전에

존재한 왕으로 기술되어 있다. 그리고 제1대 진무 이전을 신대神代라고 하여 일명 신화 시대라고 부른다. 한국의 역사가 시조의 출생 과정만 신화의 형식을 빌려 쓴 것과는 아주 판이하다. ……제1대 진무부터 제14대 주아이仲哀와 그의 처 진구황후까지의 기록은 전적으로 허구지만, 제15대 오진應神부터의 기록에는 일부나마 역사적 파편이 나타나 있다.[3]

『일본서기』가 왜곡된 역사서임을 알 수 있는 것은 여러 가지가 있다. 첫째, 왕들의 평균 수명이 백 세가 넘는다. 이는 역사를 인위적으로 크게 늘렸다는 뜻이다. 『일본서기』의 이런 형식에서 식민사학자들은 『삼국사기』도 그랬을 것이라는 '삼국사기' 초기 기록 불신론'을 창안해냈다.

둘째, 『일본서기』는 어떤 사건들의 경우 60년마다 순환하는 주갑제周甲制에서 2간지干支, 즉 120년을 올려서 기록했다. 이 역시 일본의 역사를 실제보다 장구한 것으로 끌어올리려고 조작한 것이다.

셋째, 720년에 간행된 『일본서기』에 15세기 일본어가 남아 있다. 즉 『일본서기』는 후대에도 여러 차례 가필을 거친 책이다.

그래서 일본의 역사학자 가운데 이 문제를 덮어둔 채 무조건 『일본서기』를 옹호할 수 없다는 학자들도 나타났다. 앞에서 말한 쓰다 소키치가 그런 인물로서 그는 본질적으로 식민사학자였지만 때로는 실제로 실증을 강조했던 점 때문에 마치 식민사학자가 아닌 것처럼

---

3   최재석, 『일본고대사의 진실』, 경인문화사, 2010, 231쪽

인식되기도 했다. 그는 『일본서기』가 장기간에 걸쳐 여러 사람에 의해 여러 가지 방법으로 수없이 윤색되었다고 주장했다. 그러면서도 백제가 야마토 왜를 지배했다는 기사를 바꾸지 못했다고 한탄했다. 예나 지금이나 식민사학자들은 분절적分節的 사고에 능하기 때문에 특정 사안에서는 진실을 말하는 듯하지만 다른 사안에서는 모순된 태도를 보이기 일쑤인데 쓰다 역시 마찬가지였던 것이다. 스즈키 다케주鈴木武樹도 『일본서기』가 "감추려 하는 것은 하나도 감추지 못했다."라고 실토한 바 있다.

『일본서기』에서 문제되는 것은 고대 한국과 야마토 왜의 관계 문제였다. 식민사학자들 가운데 한국사와 한일 관계에 대해 가장 조직적으로 왜곡한 인물이 스에마쓰 야스카즈末松保和인데, 조선사편수회의 핵심인물이었던 스에마쓰는 해방 후에도 한국을 들락거리면서 서울대 국사학과 교수들을 지도했다는 김용섭 전 서울대 교수의 증언이 남아 있는 인물이다.[4] 스에마쓰는 "과학적 태도를 가지고 『일본서기』를 연구하면 뿔을 바로잡으려다가 소를 죽이게 된다."고 속내를 털어놓기도 했다.

『일본서기』를 조금만 객관적으로 연구하면 문제가 많은 역사서라는 사실을 누구나 알 수 있다. 그러나 제국주의 시대에 『일본서기』는 역사의 진실을 찾기 위해서가 아니라 침략의 도구로 이용되어야 하는 역사서였다. 그래서 『일본서기』를 황국사관에 맞게 체계적으로 정리할 필요성이 있었는데, 『일본서기』를 체계적으로 정리해 황국사관의 기초

---

4 김용섭, 『역사의 오솔길을 가면서』, 지식산업사, 2011, 768쪽

를 다진 후 이를 침략 논리로 발전시킨 장본인이 구로이타 가쓰미黑板
勝美였다.

구로이타는 한국사를 왜곡하려면 그때까지 한국에 남아 있던
사료나 역사서들을 조직적으로 말살해야 한다고 생각했다. 그래서
1916년 조선총독부의 『조선반도사』 편찬을 지도하면서 우리나라 각
지의 명족名族 구가舊家를 찾아다니며 비장의 사료들을 강탈해서 고조
선과 단군 관련 기록들을 닥치는 대로 없애버렸다. 이는 구로이타가
황국사관에 입각한 역사 또는 한국 점령을 합리화하는 역사를 쓰기
위한 사전 조치였다. 그래서 구로이타는 『일본서기』에 입각해서 신라
를 정벌했다는 진구황후로부터 주아이仲哀 및 부레쓰武烈까지의 시대
를 '한국의 복속 시대', 즉 한국을 복속한 시대로 만들었다. 일본이
한반도에서 정치적으로 우월한 지위를 차지함에 따라 가야 연맹의
하나인 임나任那에 일본부를 두어 다스렸다는 주장이었다. '임나일본
부'는 근대 일본의 통감부와 같다면서 임나일본부가 한반도 동남부
해안 일대를 장악해서 일본군의 전략 요지 역할을 했다고 강조했다.

쓰다 소키치는 한때 『일본서기』를 비롯한 고전들을 실제 실증적
방법으로 비판해서 높은 평가를 받기도 했으나 본질은 황국사관론
자이자 식민사관론자였다. 다만 식민사관 논리를 전개하면서 『일본
서기』를 비롯한 고전들도 무조건 숭배하지 않고 일부 비판하는 태도
를 약간 취했기 때문에 그를 실증적 역사학자로 오인했던 것이다. 그
래서 그는 『일본서기』를 비롯한 일본 고전에 대한 평가에 있어서 말
을 바꾸기도 했는데, 역사학자 이도상은 이런 사례를 다음과 같이
소개했다.

· 『일본서기』가 조작되었지만 그에 나타난 사상·풍속은 그 시대의 엄연한 역사적 사실이며, 이것은 무상無上의 가치를 지니는 일대 보전寶典으로서 하나의 설화가 실제의 것이 아니더라도 『고사기古 事記』나 『일본서기』의 가치를 감소시키지 않는다.

· 『고사기』와 『일본서기』의 기재는 역사가 아니라 설화이며 이 설화는 역사보다도 국민의 사상을 이야기한다.

· 『고사기』, 『일본서기』의 기록은 사실이 아닌 설화가 많지만 그러므로 오히려 특수한 가치가 있으며, 그것은 실제상의 사실은 아니지만 사실상의 사실 또한 심리상의 사실이다.[5]

이도상은 쓰다 소키치의 입장 전환이 일본의 민족정신을 고취시키는 차원을 넘어서 고대 한일 관계를 침략주의적 시각으로 설명하는 점에 주목하면서 한국사를 부정하는 태도를 분명히 읽을 수 있다고 예시했다. 그중 몇 가지는 다음과 같다.

· 『삼국사기』의 상대上代에 관한 기재는 역사적 사실로서 믿을 수 없는 것은 물론이며 특히 「신라본기」가 후대까지 허구의 기사로 차 있다는 점에는 아무도 이의를 제기하지 않을 것이다.

· 『일본서기』에 보이는 백제왕의 이름이나 그 계보와 즉위·홍거薨去의 기년紀年 등은 모두 『삼국사기』보다 옳다.

· (백제) 귀화인이 다수의 민중을 거느리고 일본으로 왔다는 것은

5 이도상, 『일본의 역사 침략 120년』, 경인문화사, 2003, 96쪽

백제의 형태로 보나 일본의 그 후의 상태로 보아 있을 수 없다.

· 진구황후의 신라 정벌은 상대에 있어서의 저명한 사실로서 일본의 대한對韓 침략은 이로부터 활동이 시작되며, 임나일본부의 기초도 이것에 의해 굳건해진다.

· 일본은 백제로 하여금 일본국의 신을 백제 왕도王都인 웅진에서 제사케 했다.

· 유교 사상이 백제인에 의해 (일본에) 전해졌다고 해도 그것은 백제에서도 실생활과 관계가 없는 단지 사상으로서의 지식으로 취급되었기 때문에, 백제화되었거나 또는 백제인에 의해 아무 것도 추가된 것이 없다.[6]

위 사항 중 첫 번째가 『삼국사기』 상대(上代:초기) 기록을 믿을 수 없다는 것으로 현재까지 한국 고대사학계에서 정설로 여기는 이른바 『삼국사기』 초기 기록 불신론'이다. 『삼국사기』 초기 기록 불신론'은 『삼국사기』 초기 기록 수백 년은 김부식이 창작한 것으로서 믿을 수 없다는 이야기인데 쓰다 소키치가 발명한 이론이다. 위 사항 중 네 번째 진구황후의 신라 정벌이 임나일본부의 기초가 되었다는 부분 또한 식민사학의 핵심 사항이다. 쓰다 소키치는 진구황후의 신라 정벌 및 임나일본부 설치가 4세기에 해당한다고 주장했는데, 이를 합리화하기 위해서 『삼국사기』 초기 기록 불신론을 주창한 것이었다. 한국의 고대 삼국, 특히 신라와 백제가 『삼국사기』에 기재된 대로 강력

---

6 이도상, 『일본의 역사 침략 120년』, 경인문화사, 2003, 96~97쪽

한 고대 국가라면 임나일본부가 설 자리가 없으므로 임나일본부를 살리기 위해 『삼국사기』 초기 기록을 가짜로 본 것이다.

또한 고대에도 일본이 한반도 남부를 지배했으므로 근대에 지배하는 것이 당연하다고 합리화하려는 목적에서 임나일본부설을 주장하고 '『삼국사기』 초기 기록 불신론'을 창안한 것이었다. 그래서 최재석은 쓰다 소키치를 일본의 역사학자 중에서 일본 고대사의 진실을 가장 교묘하게 은폐하고 지능적으로 조작해서 한국사 왜곡의 기틀을 마련한 인물로 볼 수 있다고 서술했다.

일제 하에서 최고의 역사학자로 평가되었던 쓰다는 해방 후에도 아래와 같이 여전히 한국 민족을 멸시했다고 이시모다 다다시石母田正는 소개하면서 개탄한 바 있다.

> 한韓민족의 민족성은 강자에 대해서는 굴종적이고 약자에 대해서는 그 반대이며, 거기서 그들의 부리비도不理非道의 악질적인 행동이 나왔다. 일본이 한국을 병합하게 된 것도 반도인의 그러한 심리가 악질 행동으로 나타난 데 이유가 있었던 것으로 생각할 수 있다.[7]

쓰다는 이웃 민족을 총체적으로 '굴종적', '악질적'이라고 표현했다. 물론 어느 민족, 어느 국가에도 이런 인물들은 있다. 그러나 한민족, 한 국가 전체가 '굴종적', '악질적'일 수는 없다. 한국 민족 중에

---

7 이시모다 다다시, 「근대사학사의 필요에 대하여」, 『역사평론』, 1963년 2월호

'강자에 대해서는 굴종적이고 약자에 대해서는 그 반대'이며, '악질적인 행동'이 체질화된 인물들이 있다면 다름 아닌 쓰다 등을 추종했던 식민사학자들이다. 식민사학자들은 강자인 일본에 대해서 굴종적이었고, 일제 강점기나 해방 후에나 자신의 민족과 민족사에는 '악질적'이었다. 일제 강점 당시 한국과 비교할 수 없을 정도로 강자였던 일본을 상대로 독립 운동에 나섰던 선각자들은 결코 '굴종적'이지도 않았고, '악질적'이었던 친일매국파 및 식민사학자들과는 달리 인격자들이었다.

　쓰다가 『삼국사기』 초기 기록 불신론'으로 삼국의 초기 역사 수백 년을 부정한 데에 이어 도쿄제국대학 교수 이케우치 히로시池內宏도 신라와 고구려 역사를 크게 왜곡했는데, 최재석의 연구 결과로 예시하면 다음과 같다.

· 진덕여왕까지 28대 제왕帝王 중 역사상의 인물로 인정되는 최초의 왕은 17대 내물왕이고 그 이전의 제왕은 모두 공상의 인물이다.

· 주몽에서 궁(宮:6대 태조대왕)에 이르는 고구려 세계世系는 『삼국사기』와 『위서(魏書:삼국지 위서 동이전)』와 비문(광대토태왕비문)이 같지 않다. 이는 후세의 고구려인들이 공상적으로 만든 것이다. 6대왕의 칭호가 태조왕인 것은 그가 실제의 시조임을 뜻한다.

· 고구려 상대의 왕가 세계 중 실재하는 최고의 왕은 10대 산상왕이다.

· 『삼국사기』에 의하면 신라의 건국은 서기전 57년, 고구려는 이보

다 20년 후, 백제는 다시 19년 후로 되어 있지만 아마도 후세의 수사가修史家가 안출한 것, 즉 날조한 것이다.

· 『삼국사기』 고구려 측의 기년은 매우 확실하지만 문화의 발달이 훨씬 떨어진 신라측의 그것은 충분히 믿을 수 없다.[8]

그러나 일제 식민사학자들은 『삼국사기』 초기 기록을 가짜로 몰면서도 그 근거는 전혀 제시하지 못했다. 임나일본부에 불리하니 믿고 싶지 않다는 희망사항의 나열에 불과한 것이다. 식민사학자들은 『삼국사기』의 많은 기록을 조작이며 전설이라고 단정하면서도 실제로 많은 조작과 전설을 담고 있는 『일본서기』는 역사적 진실이 담겨 있다는 모순된 입장을 취했다. 『삼국사기』 초기 기록 불신론'이 학문 연구의 결과가 아니라 일본의 침략 이론을 합리화하려는 정치선전에 불과하기 때문이다. 식민사학자들이 『삼국사기』 초기 기록 불신론'을 주창한 이유는 임나일본부를 존속시키기 위해서였다. 그래서 이케우치 히로시의 연구들도 임나일본부설로 발전하는 토대가 되었다. 『삼국사기』 초기 기록 불신론'과 '임나일본부설'은 일본인 학자들이 야마토大和 정권의 해외 진출 및 한국 지배를 상징하는 역사적 사실로 부각함으로써 근대 일본의 한국 지배를 과거 역사의 복원이라는 차원에서 합리화하는 대표적 논리였다.

조선총독부 산하 조선사편수회의 수사관修史官이었던 스에마쓰 야스카즈는 해방 후에도 서울대를 들락거리며 서울대 국사학과 교수

---

8   최재석, 『한국 고대사회사 방법론』, 일지사, 1987, 46~47쪽

들을 지도했던 인물답게 1949년 『임나흥망사』를 써서 임나일본부를 체계화시켰다. 일제 강점기의 대표적인 식민사학자였던 스에마쓰의 임나일본부설 내용을 한마디로 말하면, 진구황후가 4세기 가야제국(임나) 및 신라를 정벌하고 한반도 남부에 임나일본부를 설치해 지배했다는 것이다. 또한 진구황후 정벌 이전부터 백제와 신라는 야마토 조정에 조공을 했는데, 정벌 이후에는 한반도 남부의 상당한 강역이 일본의 지배 아래 있었다는 것이다.

스에마쓰는 『임나흥망사』에서 쓰다 소키치가 『조선역사지리연구』를 통해 조선 총독부에 주입한 한국 고대사관을 되풀이했다. 한국 고대사를 고대 중국의 식민지였다는 '낙랑기'와 일본의 식민지였다는 '임나기'로 대별하고 백제와 신라의 존재는 거의 말살했는데, 이것은 쓰다 소키치가 『조선역사지리연구』에서 제시한 한국 고대사의 모습이었다. 스에마쓰가 이 논리를 해방 후인 1949년에도 그대로 유지했다는 사실에 주목해야 할 것이다. 앞서 언급했듯이 스에마쓰는 해방 후에도 서울대 국사학과를 들락거리면서 국사학과 교수들을 지도했는데, 해방 후 식민사학이 소위 명문대들을 중심으로 그대로 유지되는 인적 구조를 상징적으로 보여주고 있기 때문이다.

스에마쓰는 삼국의 초기 역사뿐만 아니라 고대 한일 관계에 대해서도 일본이 주도한 역사라고 사실과 반대로 주장했다. 역사학자 이도상은 스에마쓰의 주장을 이렇게 압축해서 서술했다.

· 일본 민족이 주체적으로 고대 국가를 건설했으며, 고대 한일 관계는 일본 발전의 외적 경로였다.

· 한일 관계는 일본에 의한 한국의 영토적 복속과 중국 문화의 일본 수입을 위한 발판을 제공하는 역할이라는 두 가지 흐름의 역사이다.

· 일본의 한반도 영유(임내는 그 자체만으로도 일본의 자랑이며, 구한말 일본에 의한 한국 병합은 고대의 복현(復現:다시 나타남)이다. 이는 앞으로 영원히 일본이 한국에 대한 예속을 주장할 수 있는 정신으로 인도해 준다.

· 임나 관계 기사는 일본 사료[일본서기]에만 있기 때문에 임나 연구는 일본 사료에만 의존할 수밖에 없다.

· 4세기 말의 한반도의 정세를 보면 백제·신라의 국력은 미약하여 한반도 북방의 강국인 고구려와 한반도 남부의 강국인 왜국(倭國)의 대립 항쟁의 상태였으며……, 고구려 멸망 후 신라는 매년 조공, 상조사(喪弔使)를 파견했으며……, 일본에 대한 신라의 태도는 당에 대한 신라의 태도와 전적으로 동일함과 동시에 신라와 일본 간의 사자 왕래도 신라의 일방적인 예속 관계였다.[9]

스에마쓰의 주장대로 일본이 고대 한반도 남부를 경영했다는 이른바 '임나일본부설'은 『일본서기』에만 등장한다. 그런데 『일본서기』는 일제 강점기에도 조작설에 휘말렸던 역사서였다. 『일본서기』와 『삼국사기』의 내용이 상충될 경우 늘 『삼국사기』가 사실로 드러났다. 그러나 스에마쓰는 이런 사실은 무시하고 『일본서기』에만 등장하는 내용

9   이도상, 『일본의 역사침략 120년』, 경인문화사, 2003, 144~145쪽

을 믿겠다고 주장했다. 식민사학은 이미 학문의 세계가 아니라는 또 다른 반증이다.

고구려까지 멸망시켜 기세가 오른 신라가 왜 일본에 조공, 상조사喪弔使를 보내야 하는지에 대한 구체적인 설명은 없다. 일방적 주장뿐이다. 스에마쓰의 비학문적 정치 선전은 이뿐이 아니다.

- 백제는 일본에 예속되었으며 천황이 백제왕에게 왕도王都 웅진熊津을 하사했다.
- 사이메이齊明 여왕의 백제 구원은 백제의 영속(領屬·식민지로 소속됨)을 요구하기 위한 것이었다.
- 백제의 오경박사五經博士·역박사易博士·역박사曆博士·의박醫博·율사律師·선사禪師·비구니比丘尼·조불공(造佛工·불상 조성 기술자) 등의 고대 파견 근무는 임나 부흥과 백제 구원의 대가로 해석해야 한다.
- 오진應神~유랴쿠雄略 시대의 백제 공인工人의 일본 파견은 고구려·신라의 침략을 받고 있는 백제를 일본이 후원한 대상(代償·대가로 보상함)이다.
- 고구려의 후예라고 칭하는 발해와 일본과의 관계는 일본에 있어서나 발해에 있어서나 문자 그대로 옛날의 고구려와 일본과의 관계의 재현이며, 발해의 물자 부족의 해소를 일본에 바치는 조공의 대가로 얻어지는 하사품에 기대하였다.[10]

---

10 이도상, 『일본의 역사 침략 120년』, 경인문화사, 2003, 145~146쪽

일제 식민사학의 논리는 철없는 어린아이의 공상처럼 희한하다. 오경박사를 비롯해서 온갖 지식인을 파견했다는 것은 일본의 지식 세계가 백제보다 뒤떨어졌다는 뜻이다. 또한 남녀 승려를 파견했다는 것은 정신세계도 취약했다는 뜻이고, 조불공과 공인을 파견했다는 것은 과학, 기술 수준도 뒤떨어졌다는 것이다. 그러나 무력만은 왜가 강해서 백제를 구원해 주었다는 이야기다. 아프리카의 어느 나라가 지식, 과학, 기술이 모두 뒤떨어졌지만 군사력만은 세계 최강이어서 미국을 구원해 주었다는 이야기와 같은 논리다. 일본의 식민사학자들보다 더 희한한 것은 일본도 아닌 한국의 주류 학자들이 아직껏 이를 따른다는 점이다. 이들 역시 학자라기보다 일본 제국주의의 정치선전가이기 때문이다. 즉 외피는 한국인의 것이지만 정신세계는 일본의 극우 침략자의 그것이기 때문이다.

조선총독부 조선사편수회의 『조선사』 편찬

앞에서 살펴본 대로 일본은 메이지 유신 이후 정한론征韓論에서부터 한국 침략을 합리화하는 역사 이론을 창작해냈다. 이는 일본 국학자 및 만철 조사실, 도쿄제국대학 및 여러 물길로 흐르고 흘러서 조선사편수회에서 1937년에 편찬한 『조선사』로 집대성되었다. 조선총독부는 1925년 총독부 산하에 조선사편수회를 설치해 『조선사』 편찬에 나서서 1937년 『조선사』 35권을 완간했다. 이 사업에는 방대한 조직과 인원이 동원되었으며 당시 돈으로 1백만 원이란 거대한 예산이 투입되었다.

일제는 당초 1916년 조선총독부 산하 중추원 아래에 '조선반도사 편찬위원회'를 발족시켰고, 1922년에는 '조선사편찬위원회'로 바꾸었다가 다시 1925년 '조선사편수회'로 개편했다. 따라서 중추원 산하 조선반도사편찬위원회부터 계산하면 1937년의 『조선사』 완간은 21년이 걸린 장구한 사업이었다. 그런데 『조선사』를 완간한 1930년대는 일제가 만주국 수립 이후 중일전쟁에 나서기 직전이었다. 이른바 '만주특수'가 끝나면서 경제가 다시 어려워져 예산 압박이 심할 때였다. 이럴 때 거금을 들여 『조선사』를 편찬한 이유는 무엇일까? 『조선사』 편찬이 단순한 역사서 편찬 작업이 아니라 한국을 영구히 식민 통치하기 위한 핵심 사업이었기 때문이다. 그리고 일제의 이런 사업 의도는 충분히 성공했다고 볼 수 있다. 조선사편수회에서 길러낸 한국인 식민 사학자들과 그 후예들이 아직도 조선총독부 시절처럼 한국사의 주류로 행세하고 있으니 말이다.

조선사편수회는 고문에 이완용·박영효·권중현·이윤용 같은 한국인 매국적賣國賊들과 일본의 구로이타 가쓰미黑板勝美 등 5명이 위촉되었고, 실무진에 이진호·유맹·어윤적·이능화·이병소·윤영구·김동준·홍희·현양섭 같은 한국인과 이마니시 류今西龍·스에마쓰 야스카즈·이나바 이와키치 같은 20여 명의 일본인들이 포함되었다. 이런 일본인 학자의 수하에 이병도와 신석호 같은 한국인 역사학자들이 나중에 가세하는데, 이병도는 1927년, 신석호는 그 이듬해에 수사관으로 추가 임명되었다. 그런데 조선사편수회에 소속된 일본인 학자들의 수족 노릇을 하던 이병도와 신석호가 해방 후 한국의 역사학계를 장악하면서 한국 역사학의 비극이 지금까지 계속된다.

이병도는 해방 후 서울대를 장악하고, 신석호는 고려대 및 성균관대, 그리고 현재의 국사편찬위원회의 전신인 국사관을 장악하면서 식민사학이 해방 후 현재까지 주류로 행세하게 된 것이다. 서울대는 이병도, 고려대와 성균관대는 신석호를 보호하기 위해서 서로를 비판하지 않는 미덕(?), 제대로 말하면 '간통'을 저지르면서 식민사학을 해방 후 지금까지 주류 사학으로 유지시켜 왔다. 연세대는 서울대나 고려대, 성균관대보다는 약간 낫지만 위당 정인보 선생의 역사관을 버리고 용재 백낙준을 연세대의 상징으로 내세우면서 식민사학 카르텔에 암묵적으로 동조하고 있다. 이 부분은 앞으로 더 이야기할 기회가 있을 테니 이만 줄이겠다.

무엇보다 중요한 사실은 조선사편수회 회장이 조선총독부 정무총감 아리요시 주이치有吉忠─였다는 점이다. 조선총독부 정무총감은 오늘날로 치면 국무총리, 국정원장, 안정행정부 장관, 검찰총장, 경찰청장 등을 모두 겸하는 총독 다음의 슈퍼 2인자라고 보면 된다. 조선사편수회는 학문 조직이 아니었다. 조선사편수회의 제1차 위원회가 열린 1925년 8월 1일 사이토 마코토齋藤實 총독이 직접 참석해 조선사 편찬 사업의 중요성을 강조한 데서도 그 정치적 성격을 알 수 있다.

역사학자의 역사관을 알려면 그의 시대 구분론을 보면 된다. 예나 지금이나 식민사학자들이 이구동성으로 단군을 '신화'라고 폄하하고, 『삼국사기』 초기 기록을 믿을 수 없다며 한국사의 시작을 서기 3세기 이후로 끌어내리는 것 등이 이를 말해준다. 조선사편수회 1차 위원회 회의에서 한국사의 시대 구분을 정한 것도 이 때문이다.

과거 조선사편찬위원회에서는 '삼국 이전'과 '삼국 이후'로 나누었는데, 조선사편수회는 '신라 통일 이전'으로 두 시기를 함께 묶었다. 신라의 삼국 통일에 방점이 찍혀 있는 것으로서, 한국 고대사에서 단군을 말살한 것도 부족해서 삼국의 역사도 대폭 삭제해 한국사의 시작을 3~4세기로 끌어내리는 의도였다. 조선사편수회의 편재編載에 따르면 삼국 통일 이전과 삼국 통일 시기는 이마니시 류와 그의 제자 스에마쓰 야스카즈 및 한국인 윤용균이 집필한 것으로 되어 있다.

『조선사』 총목록 「서문」에 『조선사』 편찬 목적을 나열하고 있는데, 삼국 시대부터 근세 조선까지 역사서가 있었으나 "근대 학술의 발달에 비추어볼 때 결코 완벽을 기한 역사라 할 수 없고, 만세에 전할 만한 것이 못 된다."라고 밝히고 있다. 여기서 '근대'를 언급한 속셈을 읽어야 한다. 일제가 '근대'를 말할 때는 한국 전통의 학술을 봉건적이고 전근대적인 것으로 폄하하기 위한 의도를 갖고 있을 때이기 때문이다. 이렇게 일제가 막대한 인력과 예산을 투입해 편찬한 『조선사』는 과연 근대 학문 전통에 맞는 것인가? 긴말할 것도 없이 『조선사』는 역사서라고 부를 수도 없는 편년체의 사료 해설집에 지나지 않는다. 그런데 사료집에 불과한 『조선사』를 편찬한 의도가 있었다. 이 사료집에 실릴 내용을 취사선택함으로써 이를 중심으로 한국사를 인식하게 하려는 의도였다. 그리고 실제로 이런 목적은 십분 달성되어 해방 이후에도 강단을 장악한 식민사학자들은 겉으로 드러내지는 않았지만 이 사료집을 기본으로 한국사를 인식하고 해설했다.

사이토 총독은 이른바 교육시책에서 이렇게 말했다.

1. 먼저 조선 사람들이 자신의 일, 역사, 전통을 알지 못하게 만듦으로써 민족혼, 민족 문화를 상실하게 한다.

2. 그들의 조상과 선인先人들의 무위·무능과 악행 등을 들추어내고 그것을 확장해서 조선인 후손들에게 가르침으로써, 조선의 청소년들이 그 조상을 경시하고 멸시하는 감정을 일으키게 하여 그것을 하나의 기풍으로 만든다.

3. 그 결과 조선의 청소년들이 자국의 모든 인물과 사적(史籍:역사서적)에 관하여 부정적인 지식을 얻어 반드시 실망과 허무감에 빠지게 될 것이니, 그때에 일본의 사적史籍, 일본의 인물, 일본의 문화를 소개하면 동화의 효과가 지대할 것이다.[11]

　　일각에서는 한국사의 유구성 자체를 부정하면서 일각에서는 한국사의 부정적인 면만 강조해서 한국인들에게 한국사를 멸시하게 하겠다는 것이다. 그러면서 대안으로 일본사를 제시해서 한국인임을 스스로 부정하고 일본인으로 동화시키겠다는 전략이다. 지금까지도 식민사학자들은 사이토의 이 계략에 빠져서 한국사의 장점을 부인하기에 바쁘니 비록 적이지만 탁월한 전략이라고 말하지 않을 수 없다. 원로사학자 김용섭은 『조선사』에 대해 이렇게 비판하고 있다.

　　『조선사』는 단순한 통사가 아니고 하나의 사료집이다. …… 외관상으로는 모든 사료를 망라하여 서술한 것으로 되어 있지만 실제

11　김위현·박성수 해제, 『조선사 번역 해제』, 인문사, 2013, 365쪽

에 있어서는 많은 취사선택이 행해졌다. 그들에게 유리하고 필요한 것은 되도록 많이 채록하고 한국사의 본질적인 문제·민족 문제·그들에게 불리한 것은 싣지 않았다. 『조선사』가 그들의 식민 통치에 기여한 바는 실로 크고 원대한 것이었다. 이러한 사료를 통해 한국사를 서술한다면 그것은 한국사의 주체성을 살리는 역사가 될 수 없을 것이다.[12]

　　『조선사』는 겉으로는 방대한 사료집을 표방했지만 해당 사료의 취사선택 과정에서 한국인과 한국 민족에게 유리한 것은 배제하고, 불리한 것만 실었다는 이야기다. 다른 원로사학자 박성수는 이렇게 말했다.

　　『조선사』 35권을 편찬한 목적이 일제의 한국사 왜곡이 아니라 후진국 조선을 위해 일본이 시도한 큰 문화 사업이었다는 것이다. 그러나 일본의 이 같은 어이없는 정치 선전이 과연 진실인가? 아니다. 그동안 한국학계에서도 이 문제를 많이 거론했으나 일제의 『조선사』에 대해서만은 언급하는 학자가 없었다. 다시 말하면 일제 식민사학을 타율사관이다 반도사관이다 하는 말은 되풀이하였으나 『조선사』 35권에 대해서는 비판하는 사람이 없었고 ……더 이상한 일은 『조선사』 편찬에 진정으로 반대했던 민족사학자들에게는 공공연히 반대하지 않는다. 그러면서도 후술하는 바와

12　김용섭, 『역사의 오솔길을 가면서』, 지식산업사, 2011, 510~511쪽

같이 『조선사』에 대해서는 은근히 경의(?)를 표하고 있는 것이다. 이것이 우리 학계가 구태의연한 문헌고증주의에서 벗어나지 못하고 있기 때문이라고 할 수 있다.[13]

한국 사학계는 일제의 식민사관에 대해서 '타율사관이다 반도사관이다'라고 비판하는 척만 하고 정작 식민사관의 결정체인 『조선사』에 대해서는 비판하지 않는다는 말이다. 거꾸로 『조선사』에 대해서 은근히 경의를 표한다는 것이다.

해방 후 한국 주류사학계는 이중적 처신으로 생존해왔다. 총론에서는 식민사학을 비판하는 척했다. 각론으로 들어가면 식민사학 일색이다. 식민사학과 반대되는 주장을 하면 학계에서 매장시키고, 각종 이념 공세로 설 자리가 없게 만들었다. 그러나 이런 문제에 대해서 꾸준히 문제를 제기한 학자들이 있었고, 그래서 지금은 주류 식민사학계의 이런 행태에 대해서 '범죄 집단'이란 말까지 생긴 것이다.

조선사편수회의 『조선사』에 대해 민족사학자들은 어떤 시각을 갖고 있었을까? 조선총독부가 『조선사』를 편찬한 동기 가운데 하나는 백암 박은식의 『한국통사韓國痛史』(1915)가 비밀리에 지식인들 사이에서 유통되고 있었기 때문이었다. 박은식은 조선총독부가 역사를 통해 한국을 영구 지배하려는 정책을 갖고 있음을 알고 『한국독립운동지혈사』(1920)를 서술했다. 여기서 박은식은 일제의 역사관을 통렬하게 비판했다.

---

13 김위현·박성수 해제, 『조선사 번역 해제』, 인문사, 2013, 348쪽

첫째, 저들은 "한국을 단지 2천 년의 역사밖에 안 되는 나라로 만들고 본시 한국은 일본보다 뒤떨어진 후진국이었다."고 왜곡하였다.

둘째, "한일 양국의 황제는 처음 형제간이었다고 하면서 조선은 자고로 일본의 보호국이었다."고 왜곡했다.

셋째, 우리 민족의 시조 단군은 일본의 시조 아마테라스 오미카미 天照大神의 동생이라고 하였다.[14]

비록 망명지 상하이上海에 머물고 있었지만 백암 박은식은 일제가 단군조선을 말살함으로써 한국사의 시간을 축소시키려 한다는 사실을 잘 알고 있었다. 그래서 박은식은 "어찌 서기전 2천 년이 넘는 단군을 서기전 6백 년부터 시작하는 일본 시조의 동생이라 하느냐? 누가 이런 거짓말을 믿겠느냐?"라고 비웃었다.

아! 우리의 개국 기원은 4,250년이고 저들은 2,600년에 지나지 않는다. 그런데 어찌 감히 이러한 잠꼬대 같은 거짓말을 조작하여 혼란케 만들려고 하는가? 이것은 우리나라의 부녀 아동들도 냉소하여 마지않는다. 그러므로 그 밖의 천언만담千言萬談도 다 허위에 속하는 것으로서 우리 겨레의 머릿속에 들어가지 않는다.[15]

---

14 박은식, 『한국독립운동지혈사』, 『백암 박은식 전집 2권』, 동방미디어, 2002, 130쪽
15 같은 책

그런데 현재 한국의 식민사학자들은 "우리나라의 부녀 아동들도 냉소하며 마지않는" 내용들을 이른바 '정설'로 포장해 유통시키고 있으니 백암 선생이 지하에서도 눈을 감지 못할 것이다.

단재 신채호는 "조선사는 조선인이 써야 한다."고 강조하면서 외국인[일본인]이 조선사를 쓴다는 것은 자기 아버지 이름을 이웃 사람에게 물어보는 것이나 다름없다고 비유했다. 가장 웃지 못할 일은 서양 사람에게 조선사를 물어보는 것이라고 비판했다. 그것은 서울 사람이 서울에 온 서양 사람들에게 길을 물어보는 것이나 다름없다고 비유했다. 단재 신채호의 이런 주장은 외국인은 한국사를 연구할 수 없다는 말이 아니다. 한국사를 자국의 정치적 의도에 의해서 왜곡하는 것을 경계한 것이다.

> 중국은 병적 심리인 자존심이 있고, 근일近日 일본은 그 악랄한 정치적 야욕으로 인해 고의적으로 조선을 모멸하고 색안경으로 보고 있으니 저들의 조선사는 십중팔구 거짓이다.[16]

단재 신채호는 예언자적 혜안을 가진 학자이다. 역사 왜곡이 쉽게 근절되지 않고 상당한 훗날까지 이어질 것을 알고 있었다. 아나나 다를까, 동북아역사재단은 2007년부터 하버드대학 한국학연구소에 10억 원의 거금을 주고 한국 상고사 6권을 영문으로 간행하게 했다. 마크 바잉턴(Mark Byington)이라는 미국 학자가 연구책임자가 되고 한

---

16 김위현·박성수 해제, 『조선사 번역·해제』, 인문사, 2013, 397쪽

국의 송호정, 여호규, 정인성, 김병준, 권오중, 오영찬, 이성제 및 재일 한국인 이성시 같은 식민사학의 계보를 충실히 따르는 학자들만 선발해서 6권의 저서를 편찬했는데, 한결같이 조선총독부에서 만든 식민사관 일색이었다.[17]

2014년에 발간한 『The Han Commanderies in Early Korean History』만 소개하자면, 조선총독부에서 내린 편찬 지침을 충실히 따라 한사군은 북한 지역에 있었고, 그중 대방군은 황해도 지역에 있었다고 주장하는 책이었다. 동북아역사재단은 당초 이 책의 제목을 『한국 고대사의 한사군』이라면서 "일본 학자들의 역사 왜곡을 지적했다."는 보도자료를 배포했다. 그러자 한가람역사문화연구소를 비롯한 역사연구소와 우당 이회영 선생의 손자인 이종찬 전 국정원장 등이 더 이상 참을 수 없다면서 '식민사학 해체 범국민운동본부'를 만들어 "책의 내용이 조선총독부에서 발간한 것과 똑같다."고 비판했다. 이에 당황한 동북아역사재단은 "한사군을 한반도 북부로 특정하지 않고 다양한 관점을 소개했다."고 또다시 거짓말을 하다가 다시 들통이 났다. 그래서 대한민국 국민들의 세금으로 운영되는 동북아역사재단이 "일본 극우파의 한국 분점이냐", "중국 동북공정 한국지부냐"

---

17 6권의 제목과 발행년도는 다음과 같다. 『Reconsidering Early Korean History through Archaeology(고고학을 통한 한국 고대사의 재검토)』(2008), 『Samhan Period in Korea History(한국사의 삼한 시기)』(2010), 『State and Society in Middle and Late Silla(신라 중·후기의 부部와 사회)』(2011), 『Rediscovery of Kaya in History and Archaeology(가야의 역사학·고고학적 재발견)』(2012), 『New Perspectives on Early Korean Art : from Silla to Koryo(한국 고대미술의 신 전개)』(2013), 『Han Commanderies in Early Korean History(한국 고대사의 한나라 영지들)』(2014).

는 비판을 받고 있다. 필자도 한때 국록을 먹었던 사람으로서 이런 행태를 보면 "대한민국이 과연 독립 국가인가?"라는 의문이 들 정도이니 독립운동가의 후손들은 어떻겠는가? 맹성猛省을 요구한다.

타율성·정체성론의 망령

식민사학자들이 지금까지 집요하게 주장하고 있는 것이 두 가지다. 하나는 한국사 또는 한국 문화의 발전에는 주체성이 결여되어 있다는 타율성론이고, 또 하나는 한국사에 내적 발전이 결여되어 있다는 정체성停滯性론이다. 한국 민족은 근대 사회로 발전할 수 있는 내적 역량이 없으므로 일제의 식민 지배를 받아야 발전할 수 있다는 논리이다. 한국사의 타율성론을 가장 강력하게 주장한 학자는 만선사관의 주창자 이나바 이와키치였다.

> 이러한 관점에서 만선 역사를 살피면 만선일가滿鮮一家라고까지는 할 수 없으나 쌍방의 관계가 극히 밀접했다는 것은 별로 다언多言을 요하지 않는 바로서, 나는 조선 반도에 발생한 대사건은 하나같이 모두 동아 전국全局의 문제가 반영된 것에 불과하다는 것을 말해두고자 한다.[18]

---

18 이나바 이와키치, 「만선사 체계의 재인식」, 김용섭, 『역사의 오솔길을 가면서』, 486쪽에서 재인용

한국사 자체로는 큰 사건도 발생하지 못하고, 모두 중국이나 만 몽(滿蒙:만주와 몽골)의 영향으로 이루어졌다는 것이다. 이나바의 논리에 따르면 삼국이나 고려의 개국도 모두 중국의 영향으로 이루어진 것 이 되는 것이니 더 이상 언급할 가치도 없다. 그러나 이나바 이와키치 는 이병도가 많은 영향을 받은 학자 가운데 한 명이니 그의 식민사 관이 한국사에 어떤 영향을 미쳤을지 쉽게 이해가 간다.

이나바 이와키치는 또 『조선민족사』에서 임나일본부설을 세밀하 게 주장했다. 임나 수부(首府:행정관청이 있는 곳)의 최초 위치는 구야한국 이었던 가라加羅라면서, 낙동강 하류가 독로국과 왜의 경계였다고 주 장했다. 앞에서 언급한 동북아역사재단에서 하버드대학 한국학연구 소에 10억 원의 국민 세금을 조공 바쳐 편찬한 6권의 책 중에 『The Rediscovery of Kaya in History and Archeology』가 있는데, 굳 이 번역하면 '가야의 역사 및 고고학 재발견'이란 뜻이다. 동북아역 사재단이 발간한 6권의 저서 중에 고조선도 없고 고구려·백제·신라도 없는데, 굳이 가야사에 관한 책을 낸 속셈은 가야가 임나일본부라 는 인식이 깔려 있는 것이다. 한국 식민사학자들의 뇌리 속에는 식민 사학밖에 없기 때문이다. 사이토 총독과 이나바 이와키치가 지하에 서 흐뭇한 미소를 짓고 있을 것이다.

만선사관과는 또 다른 입장에서 한국사의 타율성을 주장하는 논리는 반도적 성격론이다. 반도적 성격론을 주창한 대표적 학자는 미시나 쇼에이三品彰英인데 『조선사개설』의 서설에서 '조선사의 타율성' 이란 제하에 한국사의 성격을 부수성·주변성·다린성多隣性으로 규정했 다. 반도적 성격은 국내 정치는 물론 외교 관계, 문화면에서 모두 사대주의로 귀결된다면서 이러한 성격이 정치사만이 아니라 문화사에도 보인다면서 한국사의 변증법적 발전 법칙 자체를 부정했다.

이 타율성론은 일본인에게 한국인과 한국사를 멸시하게 하는 정신적 지주가 되었고, 한국인에게는 열등의식에 사로잡히는 심리적 근거가 되었다. 일제는 타율성론, 정체성론을 식민 통치의 주요 이론으로 삼았는데, 스에마쓰 야스카즈의 『조선사의 길잡이』(조선총독부 편)에도 한국사의 특색으로 기록하고 있다.

타율성론과 함께 식민사관의 핵심적 논거인 정체성론을 처음 주창한 인물들은 경제사를 연구하는 학자들이었다. 경제사학자인 후쿠다 도쿠조福田德三는 1904년에 「한국의 경제 조직과 경제 단위」를 발표했는데 이는 일본인 최초의 한국경제사 관련 논문이었다. 그는 서양사의 발전 과정을 한국사에 그대로 적용해서 근대 사회가 성립하려면 봉건 사회의 존재가 필수적인데, 한국은 봉건 제도가 결여되어 있었기 때문에 근대화가 늦어질 수밖에 없었다고 주장했다.

후쿠다는 한국사를 일본사에 비교해서 구한말 시기는 일본에서 봉건 제도가 성립된 가마쿠라 바쿠후(鎌倉幕府:12세기 말~14세기 중엽) 때보다도 뒤떨어진 후지와라藤原 시대라고 주장했는데, 후지와라 시대는 9세기 중엽부터 시작되는 것으로 이해된다. 구한말 한국의 상태가 통일신라 시대와 같다는 주장인데, 후쿠다는 그렇기 때문에 일본 민족이 한국의 부패·쇠망의 극에 이른 민족적 특성을 근저로부터 소멸시키고, 일본에 동화시켜야 할 자연적 운명과 의무를 가졌다고 주장했다. 한국을 식민 지배하는 것이 한국인에게 시혜를 베푼 것이라는 중증 정신병적 논리를 펼친 것이다.

이병도의 스승인 이나바 이와키치도 한국사의 정체성론을 강하게 주창했는데, 그는『조선문화사연구』에서 한국에는 봉건 제도가 없었다면서 대한제국은 일본보다 약 6백여 년 낙후되어 있다고 주장했다. 6백여 년 낙후되어 고려 시대에 해당하는 가마쿠라 바쿠후 시대에 해당하니, 통일신라 시대인 후지와라 시대라고 주장했던 후쿠다보다는 나은 셈이지만 중증 정신병자들이기는 마찬가지다.

후쿠다와 비슷한 시기의 한국사 연구자들인 가와이 히로타미河合弘民, 야마지 아이잔山路愛山, 기타 사다키치喜田貞吉 등도 대한제국이 후지와라 시대에 머물러 있거나 나라奈良 시대(710~784)의 일본인 모습과 비슷하다고 주장했다. 대한제국이 졸지에 1,200년 전 통일신라 초기 시대로 되돌아간 것이다. 이 가운데 기타 사다키치는 일선동조론日鮮同祖論을 강조해서 한국인의 풍습·생활이 헤이안平安 시대(794~1185)의 일본인과 도처에서 유사점이 있다고 주장했다. 한국인의 생활 풍습에서 수백 년 전 일본인의 생활양식과 같은 점이 있다면서 같은 조상인 동조同祖이자 뿌리가 같은 동원同源의 민족이기 때문이라고 주장한 것이다. 물론 나라 시대나 헤이안 시대나 대부분 백제에서 건너간 사람들이 주도했으므로 유사성이 있는 것은 물론이지만 일본 학자들은 단군이 일본 시조의 동생이란 식으로 식민 지배를 합리화하니 문제가 된다. 일본인 학자들은 한국사의 추악한 면과 어두운 면을 강조하면서 일제 식민 지배를 미화하고 한국인이 일제의 식민 지배를 받게 된 것이 한국사의 숙명이라고 강조했다.

문제는 일본인 식민사학자들이 해방 후에도 이런 주장을 그치지 않았다는 데 있다. 시카타 히로시四方博는「구래의 조선 사회의 역사적 성격에 대하여」라는 논문에서 한국사를 타율성론·정체성론의 잣대로 비판하고 있다. 시카타 히로시는 조선 사회 5백년 동안 발전이란 거의 찾아볼 수 없다고 규정하고 정체된 한국을 근대화시키는 것이 일본의 사명이었다고 주장했다. 일본의 식민 통치가 한국인의 생활과 문화 향상에 공헌했다고 미화했다.

더 큰 문제는 아직도 한국의 경제학자들을 중심으로 이런 주장을 내부에서 펼치고 있다는 점이다. 이른바 식민지근대화론이 그것으로서 한국은 자체적인 역사 발전 능력이 없기 때문에 일제 식민지 시대 때 한국 사회가 근대화되었다는 주장이다. 서울대 경제학과 이영훈이 대표적인 식민지 근대화론자인데, 국고로 운영되는 서울대가 식민사학과 식민경제학의 온상이 되어 있는 점에 대해서 크게 반성해야 할 것이다.

2 식민사학의 꼭두각시, 한국사의 반역자들

이병도, 매국노의 유전자가 빚은 매국 사학자

1945년 8월 15일 일왕의 무조건 항복으로 한국은 해방을 맞이했다. 이 땅에 들어와 있던 일본인들에게 일왕의 항복 선언은 청천벽력 같은 충격이었다. 반면 한국인들은 어디에서 구했는지 태극기를 휘날리며 해방을 기뻐했다. 그런데 한국인들 중에서도 해방을 기뻐하지 않는 외양만 한국인들도 있었다. 바로 악질 친일파들과 한국인 식민사학자들이었다. 이때만 해도 이 식민사학자들과 그 후예들이 해방 70여 년이 되어가는 지금까지 한국 고대사학계를 장악하게 될 줄은 꿈에도 몰랐을 것이다.

이들은 도대체 어떻게 해방 후 지금까지 한국 사학계의 주류 위치를 차지할 수 있었던 것일까? 그 마술의 비밀을 풀어보자.

1970년대 대표적 역사학자로 꼽혔던 이기백은 1988년 「반도적 성격론 비판」이라는 논문에서 "아직도 식민사관이 청산되지 않았다면 차라리 비극"이라고 말했다. 식민사관을 비판하는 듯한 이 말 속에 식민사관 생존술의 비결이 숨어 있다. 겉으로는 식민사관을 비판하는 척하면서 속으로는 식민사관을 그대로 되풀이하는 것이다. 한국사 필독서로 꼽혔던 이기백의 『한국사신론』 자체가 식민사관의 결정판으로, 한사군의 위치를 한반도 북부로 비정했던 조선총독부의 논리를 충실히 따르고 있다.

이기백의 스승은 조선사편수회 출신의 이병도다. 이 땅에서 글줄깨나 읽었다는 사람치고 '이병도'라는 이름을 들어보지 못한 사람은 없을 것이다. 나아가 그의 이름 앞에 '식민사학자'라는 수식어가 붙는 것도 들어보았을 것이다. 그런데 2013년 12월 백산학회는 한성 백제박물관에서 '두계 이병도의 한국사 연구와 역사 인식'을 주제로 학술대회를 개최했다. 2012년 4월에는 『두계 이병도 전집』(전 16권)이 완간되었다. 1999년에 이병도 사망 10주기를 맞아 한우근·이기백·전해종·고병익을 비롯한 30여 명의 후학들이 이병도 전집을 내기로 결정한 것이 시발이었다. 한우근은 서울대 교수, 고병익은 서울대 총장까지 지냈고, 이기백과 전해종은 서강대 교수를 역임한 사람들이다. 이들이 세상을 떠나자 인하대 교수 한영국이 편집위원장을 맡았고 고려대 교수 민현구, 동국대 교수 이기동, 서울대 교수 이태진, 최병헌(전 국사편찬위원장), 국민대 교수 김두진, 정만조 등이 편집위원을 맡았다.

일반 국민들은 역사학자들이 이병도의 후예를 자처하지 않을 것이라고 막연하게 생각하지만 사실 그들은 이병도의 후예임을 자랑스럽게 여기고 있다. 이병도를 기리는 학술상인 두계학술상 역대 수상자 명단을 보면 의외의 인물도 적지 않다. 식민사학자라고 비판받는 인물만 받았을 것이라고 짐작하면 낭패를 본다. 두계학술상과 도저히 맞지 않을 것 같은 인물도 버젓이 명단에 올라 있다. 두계학술상을 수상한 것은 역사학계 내부에서는 대단한 영예로 치부된다. 좌우를 막론하고 그만큼 강력한 카르텔이 형성되어 있다는 이야기다.

1980~1990년대에 단국대 교수 윤내현이 『한국고대사신론』(1986)과 『고조선연구』(1994)에서 일제 식민사관에서 벗어나지 못하고 있는 한국 식민사학계의 고조선에 대한 시각을 중국 고대 1차 사료에 근거해서 반박했다. 주류 식민사학계는 윤내현을 강단의 재야사학자라고 매도했다. 그러나 윤내현의 논리에 대해서는 단 한 사람도 비판하지 못했다. 고려대 교수 최재석이 일제 식민사관을 비판했지만 역사학자가 아니라 사회학자라는 이유로 무시했다. 그 뒤로는 더 이상 이런 책들은 나오지 못했고 명맥이 끊기는 듯했다.

불행 중 다행으로 2005년 교육부 관료인 성삼제가 『고조선, 사라진 역사』를 발간했지만 식민사학의 카르텔은 역시 역사학자가 아니라는 이유로 무시했다. 그러나 이어 2006년에는 한가람역사문화연구소장 이덕일과 대한독립운동총사편찬위원장 김병기가 『고조선은 대륙의 지배자였다』를 간행했다. 두 사람은 모두 역사학으로 박사 학위를 받은 사람들이다. 그러자 식민사학자들은 고대사 전공이 아니라면서 또 다시 무시 전략으로 나왔다.

그러나 이덕일은 2009년에 다시 『한국사, 그들이 숨긴 진실』을 발간해 식민사학의 논리적 구조의 허점을 1차 사료를 중심으로 비판했다. 뒤를 이어 한가람역사문화연구소 연구위원 이주한이 2013년『한국사가 죽어야 나라가 산다』를 발간했다. 주류 식민사학계는 윤내현의『한국고대사신론』과『고조선연구』를 철저하게 무시하는 전략으로 거의 고사시키는 데 성공했지만 이제 이런 책들이 잇달아 출간되면서 과거와 달리 하나의 흐름을 형성하고 있다.

최근의 이런 책들은 과거에 나왔던 책들과는 다른 뚜렷한 특징이 있다. 1차 사료를 기반으로 서술되었다는 점이다. 서기전 2세기 초에 설치된 한사군의 위치를 비정하려면 한사군 설치 당시에 편찬된 역사서 내용이 가장 중요하다. 이때 편찬된 역사서는 중국 고대 사료밖에 없다. 그래서 이 시기 편찬된『사기』,『한서』,『후한서後漢書』,『삼국지』를 비롯한 문집들이 1차 사료가 된다. 그런데 이 1차 사료는 일관되고도 반복적으로 한사군의 위치를 '요동遼東'이라고 기술하고 있다. 한반도 안이라고 기술한 1차 사료는 단 하나도 없다.

그동안 식민사학자들은 중국 고대 사료가 한사군의 위치를 한반도 북부로 비정한 것처럼 사기를 쳐왔다. 그러나 이제 자신들의 주장이 아무 근거가 없는 거짓임이 밝혀지자 말바꾸기를 시도하고 있다. 이 부분은 뒤에 계속 나올 것이니 여기서는 이병도 이야기로 돌아와 그의 내력을 알아보자.

이병도는 1896년 경기도 용인 태생인데, 우봉 이씨로서 항렬로 따지면 이완용의 손자뻘이다. 할아버지는 국토를 팔아먹었고 손자뻘되는 이병도는 역사를 팔아먹었다. 그런데 아직도 그의 후예들이 대한민국의 역사 권력을 장악하고 있다.

이병도는 한국인 최초로 와세다 대학에서 역사학을 전공했는데

식민사학자 쓰다 소키치의 지도를 받았으며, 또 그를 통해서 도쿄제
국대학의 식민사학자 이케우치 히로시池內宏를 소개받아 개인 지도를
받았다. 이 식민사학자들이 이병도를 보물로 여기고 서로 소개시켜준
이유는 분명하다. 일본인보다 한국인의 입을 통해서 식민사학을 전파
하면 반감도 적고 효과가 클 것이라고 여긴 것인데, 이런 전략은 십
분 성공했다.

　1925년 조선총독부 직속으로 조선사편수회가 설치되자 식민사학
자 이마니시 류今西龍의 수사관보가 되어 『조선사』의 고려 이전 시기를
담당했다. 이병도는 일본인 스승들의 바람대로 고대사 연구에 관심
을 기울여서 1920년대 말과 1930년대 초에 걸쳐 일본 학자들이 발행
하던 『사학잡지史學雜誌』, 『청구학총靑丘學叢』 등에 논문을 발표했다. 「진
번군고眞番郡考」, 「현도군 및 임둔군고玄菟郡及臨屯郡考」, 「패수고浿水考」 등이
그 논문들인데 모두 한사군이 한반도 내에 있었다고 주장하는 내용
들이다. 조선총독부의 견해를 충실하게 따른 것이다.

　1934년 이병도는 한국인 연구자들을 모아 진단학회震檀學會를 구
성해 회장이 되고 1934년부터 1937년까지 학회에서 발간하는 『진단
학보』에 7회에 걸쳐 「삼한三韓 문제의 신고찰」을 연재했는데, 이 역시
삼한의 위치를 한반도 남부로 비정함이 주요한 과제였다. 그는 1976
년에 제자 이기백과의 대담에서 고대사에서 역사지리의 중요성에 대해
이렇게 말했다.

　이 역사지리적인 위치 문제라는 것이 언뜻 생각하기엔 뭐 그렇게
　중요할까 하고 생각할지 모르지만 그게 바로잡히지 않으면 역사

가 뒤바뀌고 사회 집단이랄까, 그때는 부족 국가나 연맹이지만, 그것의 위치가 달라지니까 역사가 전부 달라져요. 그게 그렇게 중요합니다. 그리고 한사군 문제에 있어서는 흔히 그간 중국의 한 콜로니(식민지)인데 우리가 뭐 그리 진지하게 연구할 필요가 있으며 또 고대사가 그렇게 분량을 많이 차지하겠는가 하는 일부 사람들의 비평도 있었어요.[19]

이병도 말대로 역사지리는 중요하다. 문제는 그의 역사지리관이 중국의 고대 1차 사료를 검토한 결과를 서술한 것이 아니라 조선총독부에서 정치적 목적에 의해 자의적으로 한반도 내로 비정한 역사지리를 그대로 추종했다는 점이다. 한사군의 위치에 대해서는 여러 독립운동가는 물론 위당 정인보 선생도 만주에 있었다고 논증했는데, 이런 사실들은 언급도 하지 않고 조선사편수회의 일본인 스승들의 견해만 추종한 것이다. 이병도는 외피는 한국인이었지만 정신은 침략주의적 일본 극우파였던 인물이었다. 김용섭은 이병도에 대해서 1972년에 이렇게 평하고 있다.

> [이병도는] 청동기 시대를 거치지 못하고 있었던 한사군 이전의 우리 사회를 미개未開 사회로 파악하는 한편 철기 문화를 전래하는 한사군의 의의를 더욱 높이 평가하지 않을 수 없었다. 그것은 논리상 당연한 귀결인 것으로서, 이는 그의 한사군 재한설(在韓說:한반도

19   진단학회, 『역사가의 유향』, 일조각, 1991, 233~234쪽

내에 있었다는 설)과 보완 관계·표리 관계가 되는 것이기도 하였다. 여기에 그(이병도)의 고대사에서는 사회 발전의 논리를 결하게 되고, 우리 문화 발전에서 외적 작용이 지나치게 강조되지 않을 수 없었다. 그의 고대 사회 설정의 기준이 '한사군 설치 이전과 한사군 설치 이후'로 되었던 것은 그 때문이었다.[20]

이병도가 한사군을 그토록 강조했던 이유는 일제 식민사학의 한국사 정체성론에 따른 것이었다. 한국의 고대 사회를 미개한 사회로 파악하고 정복자인 한나라에서 철기 문화가 전래되면서 크게 발전했다는 논리였던 것이다. 그러나 한나라에서 철기가 전래되었다는 1차 사료는 전무하며, 고조선이 미개 사회였다는 전제 또한 아무런 근거가 없다. 전형적인 일제 식민사학의 논리이다. 그는 자신의 스승인 쓰다 소키치津田左右吉와 이케우치 히로시池內宏에 대해서 1982년 「광장(4월호)」의 대담에서 이렇게 평가한 바 있다.

당시 일본학계의 최첨단을 걷는 이분들의 논문이나 저서를 통하여 많은 영향을 받았습니다. 일본인이지만 매우 존경할 만한 인격자였고, 그 연구 방법이 실증적이고 비판적인 만큼 날카로운 점이 많았습니다. 그때 중앙학교(현 중앙중고교)에서 교직 생활을 하고 있다가 이케우치 씨의 추천으로 조선사편수회에 일시 취직해 일본인

---

20 김용섭, 『역사의 오솔길을 가면서』, 지식산업사, 2011, 690쪽, 『문학과 지성』 제3권 제3호(1972)에 수록된 「한국 근대역사학의 발달②」 중에서

학자들과 많이 접촉을 하였고, 그 후로부터 비로소 논문을 쓰기
시작했습니다.[21]

식민사학자를 "존경할 만한 인격자"이고 "그 연구 방법이 실증적"
이라고 평가하는 이병도에게 일제 식민사학을 비판적으로 보라고 요
구할 수 있을까? '나무에서 물고기를 구한다'는 연목구어緣木求魚는 이
런 경우에 쓰는 말이다. 이병도의 역사관이 얼마나 마음에 들었으면
식민사학자 이케우치가 조선사편수회에 취직을 시켜주었을까? 일본인
경찰도 친일파에게는 인격자일 수 있지만 독립운동가에게는 혹독한
고문을 가하는 짐승이 된다. 이런 간단한 이치를 모르고 식민사학자
를 "존경할 만한 인격자"로 평가한 이병도는 역사학도가 가져야 할
기본적인 자질이 결여된 것이다.

해방은 이병도에게 청천벽력 같은 소식이었다. 그는 해방 후 친일
행적 때문에 진단학회의 제명 대상이 되었고, 반민특위의 활동으로
크게 위축되었다. 그러나 이후의 한국 현대사는 모두가 아는 대로 이
승만 정권의 비호와 친일 경찰들의 준동으로 반민특위가 강제 해체되
면서 이병도 같은 친일파들이 되살아났을 뿐만 아니라 한국사의 주
류로 당당하게 재등장하게 되었다.

이병도가 식민사관을 집대성한 『조선사대관』(뒤에 『국사대관』『한국사대
관』으로 이름이 바뀜)은 한국사의 정설로 자리 잡았다. 이병도는 승승장구
했다. 서울대 대학원장, 국사편찬위원장, 학술원 원장 등을 역임했다.

---

21 진단학회, 『역사가의 유향』, 일조각, 1991, 253쪽

4·19 혁명 직후 허정 과도내각에서 문교부 장관까지 역임했다. 4·19 혁명이 실패할 수밖에 없었다는 조짐이 이병도를 문교부(현 교육부) 장관으로 선택했다는 점에 있다. 4·19 혁명의 열매를 따먹은 민주당이 친일지주 정당인 한민당의 후신이라는 한계가 여기에 명백하게 드러나 있다. 지금껏 식민사학이 버틸 수 있는 이유 중의 하나도 여당뿐만 아니라 야당도 이 문제에 방관자이기 때문이다. 사실상 동조하는 것이다. 이 문제가 해결되지 않으면 한국 역사뿐만 아니라 한국 정치에도 미래는 없다고 필자는 생각한다.

이병도는 각종 시상과 훈장도 휩쓸었다. 국민훈장 무궁화장, 5·16 민족상, 학술원상 등 여섯 개나 되는 훈장과 상도 꿰찼다. 일제 식민사학자가 대한민국 학술원 원장으로 장수했으니 이런 조직에서 무슨 학술이 나오겠는가? 해방 70년이 되기까지 평화상을 제외한 노벨상 수상자 한 명 배출하지 못한 것이 당연하다.

식민사학이란 블랙홀

이병도가 서울대 국사학과 교수와 대학원장이 된 것은 중요하다. 우리나라는 해방 후 일제가 식민 통치의 일환으로 입안한 식민교육 시스템을 해체하지 못하고 고스란히 이어받았다. 일제 때의 학교 서열이 해방 후에도 그대로 이어져서 경성제국대학의 후신인 서울대가 정점에 있고, 고려대·연세대·이화여대 등이 그 다음에 위치하게 되었다. 경성제국대학 출신들은 도쿄제국대학을 비롯한 일본 내 제국대학에 콤플렉스를 갖고 있었는데, 이것이 해방 후에도 그대로 유지되었다. 이병도는 서울대 국사학과를 장악해 제자들에게 일제 식민사학을 그대로 주입시켰다. 그 결과 이기백·김철준·이기동·노태돈·송호정 등으로 이어지는 서울대 인맥이 한국 고대사 분야 식민사학의 주류가 되었다.

또한 이병도와 함께 조선사편수회에 근무했던 신석호가 고려대와 성균관대 사학과에 재직하면서 여기도 또한 식민사학의 영향권에서 벗어나지 못하게 되었다. 연세대도 해방 후 친일인명사전에 등재된 용재 백낙준을 계승한 반면 일제 식민사관과 치열하게 맞섰던 위당 정인보 선생의 역사관은 방기했다. 이병도와 신석호는 국사관(현 국사편찬위원회)도 장악했고 또한 임시중등국사교원양성소도 장악해 여러 대학과 국사관에서 계승한 일제 식민사학을 교사들에게 그대로 주입시켰다. 그래서 해방 70여 년이 되도록 일제 식민사관이 사회 각계에서 주류로 행세하고 있는 것이다.

신석호는 거의 연구를 하지 않은 반면 이병도는 수많은 논문을 써댔지만 그 논문들을 제대로 분석하면 제대로 된 근거를 제시한 것이 거의 없는 유해 쓰레기 수준에 불과하다. 그런데 이 유해 쓰레기를 달달 외워야 살아남는 것이 식민사학의 첫 번째 특징이다.

그런데 식민사학자들의 말과 글을 분석할 때 중요한 것이 전체적인 맥락을 읽는 능력이다. 이들도 한두 마디씩 식민사관 비판은 모두 했다. 정신은 일본 극우파의 식민사학을 신봉하지만 겉으로는 민족사학자로 대접받고 싶기 때문이다.

국가의 소속 기관은 물론 국가가 설립한 공공연구원이나 연구재단에서는…… 3천 년이나 되는 고조선에 대한 연구는 소홀히 하는 것을 넘어 외면하고 기피하고 무시하고 있는 실정이다.[22]

동양고고학연구소 소장 이형구의 이 말은 전적으로 수긍하지만 그 역시 1995년 「리지린과 윤내현의 〈고조선 연구〉 비교」에서 윤내현의 고조선 연구가 북한 리지린의 『고조선 연구』를 표절했다고 공격했던 인물이다. 중국 고대 1차 사료를 통해 고조선을 분석하면 '신채호=정인보=리지린=윤내현'이 같은 주장을 하게 된다는 사실은 외면한 채 반공 이데올로기에 편승해 북한 학자의 주장을 표절했다고 공격해서 고조선 연구에 대한 논쟁 자체를 이념 공세로 몰아갔다. 그는 윗글에 대해 "고조선 연구는 몇 명이 돌아가면서 보고서나 번역서 아니면 현황집이나 목록집 정도나 내놓는 수준이다."라고 각주까지 달았다. 『한국사 시민강좌』에서 초청했다는 자체가 문제가 있지만 이형구는 풍납토성 발굴을 통해 『삼국사기』의 백제 초기 역사가 왜곡되지 않았다는 사실을 밝히는 데 공로도 있는 학자이니 이 정도로 하고 넘어가자.

『한국사 시민강좌』는 1988년의 제2집에서 '고조선의 제 문제'라는 특집을 기획했는데, 이기백의 「고조선의 국가 형성」, 서영수의 「고조선의 위치와 강역」, 이기동의 「북한에서의 고조선 연구」를 실었다. 식민사학자들은 그동안 고조선의 강역이 평안남도 일대에 있던 작은 소

22 이형구, 「리지린의 〈고조선 연구〉 그 후」, 『한국사 시민강좌』 49집, 2011, 151쪽

국이었다고 주장해왔는데, 고조선의 주된 강역이 만주 일대였다는 윤내현의 저작들이 상당한 반향을 일으키자 이를 반박하기 위해서 '고조선의 제 문제'라는 특집을 기획한 것이다. 이 중 앞의 두 글은 뒤에서 고조선의 건국 시기와 강역 문제를 다룰 때 자세하게 다룰 것이다. 이기동은 윤내현을 이렇게 비난했다.

> 최근 우리 학계의 한쪽에서도 이지린의 견해와 거의 다를 바 없는 주장이 윤내현 교수에 의해 제기되고 있기는 하다. 윤교수가 다루고 있는 중국 쪽의 자료라든지 또한 자료에 대한 비판의 방식이랄까 전반적으로 풍겨지는 논조랄까가 이지린의 그것과 너무도 비슷하여 공교로운 느낌이 드는 것을 떨쳐버릴 수 없는 실정이다.[23]

"전반적으로 풍겨지는 논조랄까가 이지린의 그것과 너무도 비슷하여"라는 문장이 학자가, 그것도 엄밀한 사료 비판을 생명으로 삼아야 하는 역사학자가 쓸 수 있는 문장일까? 위 문장과 '윤내현이 된장찌개를 좋아하는 것이 이지린과 너무나 비슷하여'라는 문장은 다른 것일까? 실제로 식민사학자들이 윤내현을 고발해서 안기부 조사까지 받은 적이 있다는 이야기도 들었다. 일제 식민사관을 유지하기 위해서 반공 매카시즘을 사용하는 것도 서슴지 않는 무리들을 과연 학자라고 불러야 할까? 여기에 이형구가 가세해서 윤내현이 리지린을 표절했다고 공격하는 것이다.

23　이기동, 「북한에서의 고조선 연구」, 『한국사 시민강좌』 2집, 1988, 99쪽

『한국사 시민강좌』는 2011년의 49집에서도 '고조선 연구의 현 단계'란 주제로 매카시즘 역사학자 이기동의 「고조선 연구, 무엇이 문제인가」, 조인성의 「이병도와 천관우의 고조선사 연구」, 이형구의 「리지린의 〈고조선 연구〉 그 후」를 실었다. 논문 제목에서 알 수 있듯이 고조선사에 대한 식민사학의 견해를 요약·정리하고 반복한 것뿐이다.

이기동은 「고조선 연구, 무엇이 문제인가」에서 김정배가 "2010년 출간한 야심적인 대작『고조선에 대한 새로운 해석』에서 몇 가지 새로운 견해를 제시했다."고 극찬했다. 이기동 같은 인물이 비난하는 인물은 조선총독부의 식민사학을 비판한 학자들이고, 거꾸로 칭찬하면 식민사학을 옹호하는 인물이라고 보면 100% 들어맞는다. 이병도 계열의 이기동과 신석호 계열의 김정배가 '고조선'에 대해 의견이 일치하는 것은 당연하다. 뒤에서 다시 이야기하겠지만 김정배는 중국 동북공정과 일본 극우파의 역사 침략에 맞서라고 만든 '고구려연구재단'과 '동북아역사재단'을 망쳐놓은 장본인이다. 식민사학 감별법 중의 하나는 고조선 유물을 북방 유목 민족의 것이라고 아무런 물증 없이 주장한다는 것이다. 김정배도 이 책에서 '고조선식 동검'이라고도 불리는 '비파형 동검'과 관련해서 요서 지역의 비파형 동검은 동호와 같은 유목민족의 것이라고 하여 식민사학의 입맛에 맞게 수정했다. 종래 고조선 문화로 보았던 홍산(홍산紅山) 문화의 샤자뎬(하가점夏家店) 상층 문화를 고조선이 아니라 초원유목적 성격이 강한 동호東胡족이 남긴 문화로 수정했다는 것이다. 동호와 고조선이 같다는 사실은 뒤에 논하겠지만 식민사학자들은 고조선을 부인하기 위해서라면 역사 조작도 서슴지 않는다.

식민사학의 두 번째 문제는 자유롭고 창의적인 학문 본연의 분위기와는 달리 상명하복의 군사 문화, 조폭 문화와 같다는 것이다. 식민사학과 다른 견해가 나오면 조직의 리더가 대원들에게 대검을 차게 하고 '돌격 앞으로!'를 외치면 일제히 '도쓰게키突擊!' 하면서 죽이려고 달려든다. 윤내현을 죽이기 위해서 이기동과 이형구가 펼쳤던 반공 매카시즘이 이를 말해준다. 이기백은 나름의 레벨과 명성이 있으니 이렇게까지는 하지 않고 「고조선의 국가 형성」에서 점잖게 응수하는 척했다. 이기백은 이 글에서 고조선의 건국 연대, 고조선의 국가 성격 및 위치 등에 대해 윤내현의 견해를 극히 부분적으로 반박했는데, 그 논리를 여기서 따지는 것은 생략하고 필자는 좀 다른 각도에서 보고자 한다.

만약 이기백이 윤내현이 틀렸고 이병도의 역사관을 계승한 자신의 논리를 확신했다면 자신이 나서서 1차 사료를 근거로 반박하면 될 것이다. 그러나 이기백은 그렇게 하지 않고 이기동처럼 공부가 부족한 반공 매카시즘 사학자를 동원해 모욕을 가하는 방식을 택했다. 또한 자신들의 학설에 확신이 있다면 윤내현 한 사람의 주장에 대해 이렇게 여러 명이 조폭 같은 방식으로 공격해야 했는지 묻고 싶다. 서영수도 대응을 한다고 했지만 서영수가 창작한 '고조선 중심지 이동설'은 식민사학자들이 1차 사료적 근거가 전무하다보니 수세에 몰려 고조선이 요동에 있었다고 인정한 항복 문서에 불과하다. '우리가 다 틀렸다'고 인정할 수는 없으니까 요동에 있던 고조선의 중심지가 평양으로 이동했다고 뒤늦게 아무런 1차 사료적 근거도 없으면서 우긴 것이다.

필자가 독학으로 역사학을 공부하면서 가장 궁금한 것은 왜 역사학계에는 윤내현처럼 주류와는 다른 주장을 하는 학자들을 찾아볼 수 없는가 하는 점이다. 역사학계가 진정으로 학문을 하는 집단이라면 조선총독부의 시각이 아니라 단재 신채호, 위당 정인보의 학설을 지지하는 학자들도 일정한 세를 형성해야 마땅한데 현실에서는 그런 예를 찾기 힘들다. 윤내현 이후 그를 적대하는 사이비 학자들만 바글바글하지 신채호, 정인보의 학설을 이은 윤내현의 학설을 지지하는 학자들은 찾아보기 힘들다. 자신들의 영역을 지키기 위해 타인의 진출을 조직적으로 방해하고 폭력을 행사하는 조폭들의 행태와 무엇이 다른가 묻지 않을 수 없다.

이는 필자의 일방적 짐작이 아니라 식민사학과 다른 견해를 가졌던 학자들이 공통적으로 당했던 피해란 점에서 사실이다. 식민사학의 『삼국사기』 초기 기록 불신론'을 꾸준히 비판해왔던 원로 사회학자 최재석은 회고록 『역경의 행운』(2011)에서 자신의 연구 논문이 역사 관련 여러 학회·연구소로부터 여덟 번이나 접수를 거절당했다고 털어놓았다. 서강대 총장을 지낸 서강대 사학과 교수 이종욱도 『역사충돌』(2003)에서 몇 년 동안 논문 게재도 거부당하고 책의 출판도 거절당했다고 털어놓았다. 이희진은 『식민사학과 한국고대사』(2008)에서 교수와 학생의 관계는 교주와 신도의 관계에 가깝고 추종자가 되지 않으면 살아남기 어렵다고 말했다.

비단 역사학뿐만 아니라 모든 학문은 서로 다른 견해를 가진 학자들 사이의 치열한 논쟁을 거쳐 발전해나가는 것이다. 그러나 식민사학은 그렇게 하지 않는다. 자신들의 견해가 모두 조선총독부에서 만든 침략 이론으로서 학문적 근거가 전혀 없기 때문이다. 그래서 식민사학을 비판하는 학자들을 무조건 제거해야만 계속 유지할 수 있는 것이다. 식민사학 태동 자체가 학문이 아니라 일본 제국주의의 정치적 필요에 의해서 만들어진 것이기 때문이다. 그런데 대한민국은 왜 계속 식민사학을 유지하고 그들에게 국민들의 피땀 어린 세금을 지원해야 할까?

비판을 용납 않는 교리 체계, 식민사학

식민사학은 비판을 용납하지 않는다. 비판하는 학자를 죽여야만 자신들이 살 수 있는 '제로섬 게임'이기 때문이다. 총독부 시절에는 문제가 없었다. 그러나 대한민국이 수립된 이후에도 이런 행태를 계속하니 문제가 되는 것이다. 식민사학을 논하려면 이병도부터 언급하지 않을 수 없는데 앞서도 말했지만 최근에는 이병도 전집까지 나왔다. 그 전집에는 이병도의 입을 빌어 2년 남짓 조선사편수회에 있었을 뿐 그 후에는 혼자 연구에 전념했다고 쓰여 있다. 과연 그런가?

이병도는 많은 독자적인 학설이 있는 것처럼 포장되었지만 그의 독자적인 학설은 거의 없다. 그의 학설은 쓰다 소키치津田左右吉, 이마니시 류今西龍, 이나바 이와키치稻葉岩吉 같은 식민사학자의 논리를 거의 그대로 베낀 표절 수준이다. 다만 해방 후 뜻밖에도 한국사의 태두로 칭송되다보니까 일본인 스승들의 것을 표절하지 않은 것처럼 위장한 것이다. 이형구가 윤내현에게 리지린의 것을 표절했다고 목소리를 높이기 전에 이병도는 모두 일본 식민사학자들의 것을 표절했다고 먼저 비판했어야 했다.

원로 사학자 김용섭은 자서전에서 이병도가 일본의 국교인 신도 神道를 신봉하는 덴리교天理教의 초청을 받아 일본에 가서 덴리교 교복을 입고 덴리교 예배에 참석했다고 서술했다. 신사참배를 거부하다 수천 명의 한국인이 투옥되고 수십 명이 옥사한 사실이 역사학자 이병도에게는 비국민非國民들의 우매한 항거일 뿐이었다.

이병도는 1989년에 사망했는데 1991년 진단학회에서 『역사가의 유향遺香』이란 추념 문집을 발간했다. 식민사학을 반대하는 사람은 물론 정상적인 사고를 가진 대한민국 사람이 이 문집을 보면 구역질이 절로 난다. '용비어천가'가 따로 없고, "위대한 수령 김일성 동지께서는 다음과 같이 교시하시었다."는 북한 주체 사상이 좀 배워야 할 정도이다. 서울대 국사학과 교수 한우근(1915~1999)은 이병도에 대해서 이렇게 칭송했다.

> …… 1934년에 진단학회를 민족적 여망 속에 창설하시어…… 50여 년간 여러 가지 어려움을 무릅쓰고 그것을 몸소 키워 오시는 동안에 내외학계에 미친 공적은 길이 역사에 남을 것임을 믿어 의심치 않습니다.[24]

『한국사신론』의 저자로 1970~1980년대 한국사의 대표적 학자로

---

24 한우근, 「고 이병도 선생의 서거를 애도함」, 『역사가의 유향』, 일조각, 1991, 316쪽

대접받았던 이기백은 이병도를 이렇게 추앙했다.

> 선생님께서는 학문의 세계에서 거짓이 개재하는 것을 용서하지 않
> 으신 것이다. 이렇게 함으로써 우리나라의 역사학이 학문으로서
> 확고한 기반을 갖도록 하신 것이다. …… 진단학회를 통하여 우
> 리 학계에 끼친 공로는 영원한 생명을 갖고 길이 살아 있을 것임
> 을 믿어 의심치 않는다[25]

'수령님은 우리와 영원히 함께 계시다'는 북한의 행태와 무엇이 다
른가? 반공 매카시즘 사학자 이기동의 '용비어천가'를 보자.

> 선생이 재야사가들의 공격 표적이 되고 나아가 그것이 한국 상고
> 사 연구에 질곡이 되었을 때, 이를 마음속 깊이 안타까워한 것은
> 사학계 인사들의 공통된 심정이었다고 생각된다. …… 선생의 삼
> 한사 연구는 이미 반세기 이상의 세월이 지난 오래전의 것이지만
> 아직도 생명력을 잃지 않고 후학들을 압도하고 있다. 역시 60여
> 년 전에 이루어 놓으신 선생의 고대 역사지리 연구도 현재 학계의
> 정설이 되어 있을 만큼 그 자체 견고한 편이다.[26]

윤내현에 대해 '전반적으로 풍겨지는 논조랄까가 리지린의 그것과

---

25 이기백, 「두계 이병도 선생을 애도함」, 『역사가의 유향』, 일조각, 1991, 318쪽
26 이기동, 「두계 사학의 일면」, 『역사가의 유향』, 일조각, 1991, 152쪽

너무도 비슷'하다고 비난했던 같은 반공 매카시즘 학자의 글이 이렇다. 여기에서 이기동의 '사학계' 또는 '현재 학계의 정설'이란 말 앞에 '식민' 자를 넣어서 '식민사학계' 또는 '현재 식민사학계의 정설'이라고 하면 맞는 말이다. 유향遺香은 글자 그대로 '남아 있는 향기'란 뜻인데 '고인故人이 끼친 미덕美德'이란 뜻도 있다. '역사가의 유향' 대신 '역사가의 유취(遺臭:남아 있는 구린내)'라고 하면 딱 맞는 말이다.

반면에 원로 사학자 김용섭은 이병도에 대해서 이렇게 말했다.

> 일본인들은 이른바 그들의 합리적이고 사료비판적인 고증학으로서 우리나라 전래의 고대사 체계를 부정하고, 우리의 고대 국가·고대 사회의 출발이 중국의 식민지로부터 시작하는 것으로 체계화하고 있었는데, 두계(이병도)가 '합리적으로 해결한' 한사군의 위치는 한반도 안에 있었던 까닭이다.[27]

한국인인 이병도가 한사군의 위치를 한반도 내로 비정해서 한국인의 입으로 일제 식민사학의 고대사 체계를 완성시켜 주었다는 말이다. 해방 후에도 마찬가지였다. 동양사학자인 전해종은 이병도의 한국사 서술 체계에 대해서 이렇게 비판했다.

> 많은 국사서의 장·절의 제목은 일제 시기의 그것을 따르고, 그 내용도 내우외환이 주가 되어, 무의식중에 일인들의 한국 민족성 퇴

---

27 김용섭, 『역사의 오솔길을 가면서』, 지식산업사, 2011, 689쪽

화·말살을 위한 올가미에서 벗어나지 못하고 있다.[28]

　동양사학자의 시각으로 보기에 한국사는 아직도 일제 식민사학
을 그대로 추종하고 있는 것으로 보였던 것이다.
　한편 이병도의 제자 이기백은 스승에 대한 존경의 염 때문에 이성
을 상실한 적이 여러 번 있었다.

　　청동기 시대의 우리나라에서 가장 먼저 건국한 것은 고조선이었
　　다. 그(고조선) 서울은 대동강 유역의 평양이었다는 것은 고조선에
　　대한 현존하는 가장 오래된 기록인『삼국유사』의 설인 것이다. 그
　　이후 오랫동안 우리나라에서는 그렇게 믿어왔으며 약간의 이설이
　　있기는 했으나 실학의 대가들도 역시 그렇게 생각해 왔다. 이것은
　　결코 일본의 어용학자들의 착상으로 그리된 것이 아니다.
　　물론 요하(랴오허) 지역도 오래 전부터 국가가 형성될 가능성이 있
　　는 곳이고 어떤 확실한 근거가 있으면 고조선의 서울이 거기에 있
　　었다고 해도 하나의 학설로서 가능하긴 하다. 그렇다고 해서 대
　　동강설이 마치 반민족적인 학설인 것 같이 말하는 것은 물론 잘
　　못이다. 그것은『삼국유사』의 저자인 일연이나 실학의 대가들을
　　모두 반민족적인 사람들로 만들어버릴 것이기 때문이다. 이 결론
　　이 용납될 수 없을 것임은 누구나 곧 알 수 있다. 비록 서울은 대
　　동강 유역에 있었다 하더라도 그 영토는 남만주에까지 미쳐 있었

28　전해종, '일본인이 왜곡한 한국사', 「경향신문」, 1966년 1월 26일자

으며 중국과 국경을 접하고 대항했다.[29]

　　이기백은 "고조선에 대한 현존하는 가장 오래된 기록인 『삼국유사』라고 말했다. 이기백은 사마천의 『사기』 「조선열전」과 반고班固의 『한서』 「조선열전」이 있는 것도 모르는 모양이다. 이 글을 보면서 필자는 이기백이 과연 식민사학이 사료적 근거가 전혀 없다는 사실을 알고 있는지 궁금했다. 이 글을 보면 아마도 알고 있지 않았을까, 라는 생각이 든다. 서영수가 고조선 중심지 이동설을 주장한 것은 이기백이 이때 제시했던 '도망갈 구멍'을 파고든 것뿐이다. 한마디로 불쌍하다는 생각이 든다. 근거가 부족하니까 일연과 실학자를 끌어들여 자신들의 주장을 합리화한다. 실학자 성호 이익 선생이 한사군은 한반도에 있지 않았다고 서술한 것은 물론 모른 척한다. 그러면서 결론은 항상 고조선의 수도는 '평양'으로 귀결지어진다.

　　중요한 것은 이기백이 식민사학의 깃털이 아니라 이병도의 뒤를 잇는 몸통이었다는 사실이다.

　　　일찍이 『삼국사기』의 「백제본기」, 특히 그 왕실 계보와 왕위 계승의 기사에 대해 철저한 비판을 시도한 것은 쓰다 소키치 박사의 「백제에 관한 〈일본서기〉의 기재」라는 논문이었다.[30]

29　이기백, '우리 역사의 기원', 「경향신문」, 1978년 11월 21~22일자

30　이기백, 「백제왕위계승고」, 『역사학보』 11호, 1959, 2쪽

쓰다 소키치는 『일본서기』와 『삼국사기』를 비교한 후 『일본서기』에 나오는 '임나일본부' 기사가 『삼국사기』에 전혀 나오지 않자 『일본서기』를 살리기 위해서 『삼국사기』 초기 기록을 김부식의 창작으로 몰아 『삼국사기』 초기 기록 불신론'을 창안한 인물이다. 이후 일본인 식민사학자들, 예를 들면 오타 아키라大田亮·이마니시 류, 그리고 겉은 한국인이지만 정신은 일본인인 이병도가 그대로 추종했다. 이기백은 백제가 고대 국가로서 등장하는 것은 13대 근초고왕(재위 346~375) 때라고 주장했는데, 이는 쓰다 소키치의 설을 그대로 따른 것으로서 백제사 4백여 년을 몽땅 부정한 것이다. 물론 어떤 실학자도 이런 주장을 하지 않았다. 식민사학자들은 한국사를 팔아먹기 위해 필요하다면 누구도 끌어들인다는 하나의 사례일 뿐이다.

일본인들이 발명한 『삼국사기』 초기 기록 불신론'을 추종하는 인물들은 이병도·이기백 이외에도 김철준·이기동·문경현 등 일일이 헤아리기도 힘들다. 그런데 최재석은 1987년 『한국고대사회사 방법론』에서 『삼국사기』 초기 기록 불신론'을 주장한 이마니시 류今西龍·스에마쓰 야스카즈末松保和·미시나 쇼에이三品彰英 같은 일본 학자들의 주장을 세밀하게 비판했다. 그러면서 이기동 등에게도 답변을 요구했다. 물론 답변이 있을 리가 없다. 조폭들에게 "왜 내 가게를 빼앗았는지 설명하라"고 하면 주먹이 날아오지 차근차근하게 설명할 리가 없는 것과 마찬가지 상황이다.

식민사학의 각론은 사실상 성역이다

광복 후 우리 사학계가 가장 먼저 했어야 할 일은 일제가 식민 통치의 일환으로 만들어 놓은 식민사학 체제를 해체하고 독립운동가들이 수립한 역사관을 바탕으로 우리의 주체적인 역사관을 재구성하는 일이었다. 그러나 이승만 정권이 친일파들과 손잡고 정권을 유지하는 전략을 선택함에 따라서 이 과제는 무산되고 친일파들이 오히려 사학계의 주도권을 잡게 되었다. 1960년에 4·19혁명이 일어나면서 이런 현상에 대한 비판이 일어나자 역사학계 일부에서 식민사학 비판에 나서게 되었다.

여기에는 이기백처럼 내심으로는 식민사학을 신봉하면서 겉으로는 비판하는 태도를 취하는 이중적인 처신을 한 경우도 있었고, 홍이섭, 김용범처럼 조금 더 앞서 나가서 식민사학을 비판하는 경우도 있었다. 김용섭, 강만길, 송찬식처럼 경제 분야 연구를 통해 한국사 정체성론을 비판하고 자본주의 맹아론을 제기한 경우도 있었다. 4·19혁명의 충격이 그만큼 컸다고 볼 수 있는데, 역사학이 정치 분야에 자극을 주기보다 정치 분야의 사건이 역으로 역사학에 자극을 준 셈이었다.

이기백은 식민사학자들이 해방 후에도 주도권을 장악하기 위해서 채택한 도구인 실증사학을 그대로 추종했던 인물이다. 그러나 4·19 이후 거대한 변화의 바람이 사학계에도 불어오자 이를 외면할 수 없었다. 그래서 자신이 식민사학 비판을 선도한 것처럼 호도하기 시작했다.

일제의 식민사관을 정면으로 비판하는 내용의 글은, 외람된 이야기가 될는지 모르겠지만, 필자의 『국사신론』(1961)의 「서론」이 처음이 아니었던가 한다. 그 전에도 그러한 목적을 가진 글이 한둘 발표되기는 했으나, 어느 편인가 하면 식민사관에서 거론된 주장을 오히려 그대로 되풀이하는 데 그친 형편이었다.[31]

어떤 면에서 보면 이기백은 이병도보다 한 수 위다. 이기백은 자기 위장에 능하다. 많은 사람들이 여기에 넘어갔다. 그는 1961년 「식민주의적 한국사관 비판」을 썼는데, 반도적 성격론·사대주의론·당파성론·정체성론들을 비판했으나 모두 11쪽에 불과했다. 또한 일제 식민사관의 여러 성격을 두루뭉술하게 총론적으로 비판해 놓고 자신이 식민사학 비판의 선두주자인 것처럼 호도했다. 식민사관을 비판하려면 '누가, 어떤 글에서, 어떤 이론을 제기했다'고 적시하고 그를 조목조목 비판해야 하는데, 이기백은 물론 그렇게 하지 않는다. 윗글에서 일본인 학자의 이름은 미시나 쇼에이三品彰英의 「조선사의 타율성」만 두 군데 거론해 놓고 마치 식민사학 비판의 전사인 양 호도한 것이다. 나아가 이기백은 미시나 쇼에이를 비판하는 척하면서 식민사학을 비판한 이인영·김용덕을 비판하는 데 오히려 더 큰 목적을 두었다.

(미시나 쇼에이가) 이러한 주장을 내세운 목적이 무엇이었는가는 설명을 기다리지 않고도 분명하다. 한국의 자주성을 말살함으로써 일

---

31 이기백, 「반도적 성격론 비판」, 『한국사 시민강좌』 1집, 1987, 1~2쪽

본의 침략을 정당화하려는 것이다. 이러한 어용학자의 설에 진실이 있을 수 없음은 뻔한 일이다. 그럼에도 불구하고 이러한 설에 귀를 기울이는 학자도 있는 것이다(이인영, 「우리 민족사의 성격」)······ 또 한편에는 이러한 지리적 제약을 벗어나기 위한 민족적 노력을 북진 운동에서 찾아보려는 견해가 있다(김용덕, 「국사의 기본성격」) 그러나······[32]

이인영은 우리 민족사의 성격을 농업사회적인 내적 요소와 국제상國際上 중간재적인 외적 요소가 서로 긴밀히 작용해서 규정되었다고 보았다. 물론 논란의 여지가 있지만 이기백이 정작 식민사관을 비판하려면 식민사관을 만든 일본인 학자들의 주장을 구체적으로 비판하든지, 해방 후에도 식민사관을 주류로 만든 이병도 학설을 비판했어야 하지만 그렇게 하지 않았다. 총론으로는 식민사학을 비판함으로써 식민사학 비판의 선봉장인 것처럼 호도하고, 정작 비판의 대상은 엉뚱한 사람들을 지목해서 식민사학의 본류를 유지시키는 행태가 식민사학자들이 지금까지도 즐겨 사용하는 방법이다.

이기백은 1987년 8월 『한국사 시민강좌』(1집)를 처음 발간했다. '식민주의 사관 비판'이 특집으로 느닷없이 식민사학 비판을 들고 나왔다. 발간 시점이 6·29선언 직후라는 점에서 역시 시류에 재빠르게 편승한 흔적이 보인다. 그전부터 대학가를 비롯해서 사회 각계에서

---

32 이기백, 「식민주의적 한국사관 비판」, 『국사신론』(1967년에 『한국사신론』으로 개정) 서론, 박영사, 1961.

민주화 운동이 거세게 일어나니까 '식민사학 비판'을 들고나와 시국을 걱정하는 애국자인 양 포장한 것이다. 그런데 내막을 알고 보면 더욱 문제임을 느끼게 된다.

이 특집에서 이기백은 자신의 「반도적 성격론 비판」과 다른 두 명의 '타율성론', '정체성론'에 대한 비판의 글을 실었다. 1987년에 느닷없이 식민사관 비판을 들고 나온 것은 윤내현의 고조선 연구와 최재석의 『삼국사기』 초기 기록 불신론 비판' 등이 잇달아 발표되면서 식민사관에 대한 비판 여론이 일었기 때문이다.

> 이렇게 식민주의 사관의 문제가 거듭 논의되는 데에는 여러 가지 원인이 있을 것으로 추측된다. 그러나 학문적인 측면에 한해서 이야기한다면 한마디로 말해서 합리적이고 논리적인 사고의 결핍에 말미암는 것이라고 생각한다. 감정이 앞서다 보니 논리에 맞지 않는 이야기가 전개되고, 그러다 보면 도리어 식민주의 사관이 파놓은 함정에 빠지고 마는 형국이 되어 버린 것이다. 그러므로 민족을 위하고 나라를 사랑하는 마음에서 우러나온 것이 도리어 그 목적과는 반대되는 결과를 가져오게 했다는 이야기가 된다. 이것은 실로 안타까운 일이 아닐 수 없다. 아무리 목적이 좋더라도 그 목적을 이루기 위한 방법이 잘못되면 안 되는 것이다. 학문에 있어서 방법이 중요하다는 것은 누구나 상식처럼 아는 일이다.[33]

---

33 이기백, 「반도적 성격론 비판」, 『한국사 시민강좌』 1집, 1987, 19쪽

이기백이 식민사관을 비판하고 나올 때는 목적이 있다. 식민사관이 위기에 빠졌을 때 식민사관 비판론자들을 비판하기 위한 목적이다. 이기백의 행태는 '식민사관 비판이라고 쓰고 식민사관 수호라고 읽는다'라고 하면 정확하게 들어맞는다. '아무리 목적이 좋더라도 그 목적을 이루기 위한 방법이 잘못되면 안 되는 것'이란 말에는 전적으로 동의한다. 그러나 식민사학은 '목적도 나빴고, 그 목적을 이루기 위한 방법도 잘못' 되었지만 이기백은 이를 옹호한다. '학문에 있어서 방법이 중요하다는 것은 누구나 상식처럼 아는 일이다'라는 말도 전적으로 옳은 말이다. 역사학은 1차 사료를 통해서 과거를 재구성하는 학문인데, 식민사학에 무슨 1차 사료가 있나? 총독부의 일본인 학자들의 주장이 1차 사료인가? 이병도의 주장이 1차 사료인가? 또한 이기백은 대륙사관이 크게 불편하다.

> 구체적으로 말한다면 압록강과 두만강 이남의 반도에 우리의 국토가 국한되어 있더라도 강대국이 될 수가 있는 것이다. 또 반드시 군사적으로 강대국이 되는 것만이 민족이나 국가의 이상일 수는 없다. 오히려 정치·경제·사회·문화의 여러 면에서 모든 민족 구성원이 균등한 권리와 행복을 누릴 수 있는 국가를 이룩하는 것이 군사적 강대국이 되는 것보다 몇 배나 바람직스러운 일임에 틀림이 없다. 그리고 이러한 이상 국가의 건설이 반도라는 지리적 조건에 의해서 제약을 받을 수는 없는 일이다.
> 그러므로 식민주의 사관의 극복은 역사관의 근본적인 변혁 자체가 이루어져야만 가능하다는 이야기가 된다. 넓은 국토를 개척하

고 군사적 강대국이 되어야만 위대한 국가가 된다는 낡은 역사관 자체로부터 벗어나야 한다.[34]

백범 김구도 「나의 소원」에서 비슷한 말을 했다. 그러나 이기백이 이런 말을 하는 데는 저의가 있다. 이기백이 이 글을 쓴 목적은 고조선이 식민사학의 주장처럼 평안남도 일대의 작은 소국이 아니라 만주 대륙 서쪽부터 한반도 일대에 이르는 대제국이었다는 사실이 드러나자 대륙이 한국 고대사의 무대였다는 사실을 부정하기 위해서 '낡은 역사관' 운운하며 비판하는 것이다.

식민사학자들이 '정치·경제·사회·문화의 여러 면에서 모든 민족 구성원이 균등한 권리와 행복을 누릴 수 있는 국가를 이룩하는 것' 같은 지당한 이야기를 할 때는 그 방점이 다음 문장에 찍혀 있다. 바로 식민사관 비판을 비판하고 해괴한 논리로 식민사관을 수호하는 것이다. 고조선의 사회 성격과 강역이 어떠했는지를 1차 사료와 고고학적 유물을 가지고 객관적으로 밝혀보자는 것이 어찌 '낡은 역사관'인가? 조선총독부에서 식민 통치의 수단으로 만든 '식민사관'의 추종이야말로 '낡은 역사관' 아닌가?

그나마 이기백은 억울할지도 모른다. 자신은 그나마 식민사관의 '반도적 성격론'을 두루뭉술하게나마 두 번 비판한 적이 있는데, 비판을 받으니 말이다. 어떤 측면에서 이병도는 해방 후 식민사관 논문을 쏟아냈기에 지금껏 비판받지만 해방 후 공부 자체를 하지 않고 '국

---

34 이기백, 「반도적 성격론 비판」, 『한국사 시민강좌』 1집, 1987, 19쪽

사편찬위원장과 고려대 사학과 교수' 자리를 오래 차지했던 신석호는 비판에서 비껴나 있는 것과 같은 성격인지도 모른다.

이기백은 일본인 식민사학자들과 이병도의 식민사학적 견해를 고스란히 계승해서 한국 고대 사회를 미개한 야만적 수준의 역사로 전락시켰다. 이런 역사관 속에서 무슨 민족적 자존심과 긍지가 남아서 반도에서 이상 국가를 만들 뜻이나 품겠는가?

동북아역사재단의 매국, 이적 행위

이 책을 한창 집필하고 있는데 동북아역사재단의 매국, 이적 행위가 도마에 올랐다. 그 뿌리는 물론 식민사학이다. 해방 후 한국인들이 받은 역사 교육은 조선총독부 시절과 별반 다를 것이 없었다. 고조선은 미개한 사회라고 가르친 반면 고조선을 멸망시키고 세웠다는 한사군漢四郡은 찬란한 역사로 가르쳤다. 문제는 이런 식민사학자들이 국민들의 세금을 독식해오고 있다는 사실이다. 식민사학자들은 주로 국고로 운영되는 서울대나 교원대, 그리고 국사편찬위원회나 한국학중앙연구원, 동북아역사재단 같은 국가 기관을 모두 장악했다. 다른 기관들에 대한 비판은 지면상 다음 기회로 미루고 여기에서는 식민사관의 확신범임을 거듭 확인시켜주고 있는 동북아역사재단의 행태만 지적해보자.

동북아역사재단은 2005년에 중국의 동북공정과 일본의 역사 왜곡에 맞서라는 정책 목표로 설립된 국가 기관이다. 동북아역사재단

설립·운영에 관한 법률 제1조는 "이 법은 동북아역사재단을 설립하여 동북아시아의 역사 문제 및 독도 관련 사항에 대한 장기적·종합적인 연구·분석과 체계적·전략적 정책 개발을 수행함으로써 바른 역사를 정립"하는 것이라고 명기하고 있다. 그런데 동북아역사재단은 설립 후 줄곧 중국의 동북공정을 옹호하고 일본의 독도 도발에 대해서 방관하는 태도를 취했다.

2012년 경기도교육청 소속 역사 교사 17명이 「동북아 평화를 꿈꾸다」라는 자료집을 발간하면서 단군 사화를 "역사적 실제의 반영"이라고 서술하자 동북아역사재단은 경기교육청에 "고조선 개국 신화는 여전히 신화적 범주에 속하며 역사적 사실이 아닌 것이 자명하다. 신화가 전하는 내용과 역사적 배경은 엄격히 분리해 서술하는 것이 바람직하다"라면서 서술 내용을 바꾸라고 압력을 넣었다. 뿐만 아니라 "간도협약 이전에 간도가 우리 영토에 편입된 사실이 없다", "백두산정계비는 국제법적 인식이 등장하기 전이라 국제법을 적용하기 어렵다"는 내용으로 시정하라고 요구했다. 일제강점기 때 일본인 순사의 눈에 잘 보이기 위해 앞장서서 독립운동가들을 색출하고 고문하던 한국인 앞잡이들의 행태가 21세기 대한민국에서 그대로 반복된 것이다.

이때 한가람역사문화연구소에서 천도교 수운회관에서 「해방 후 식민사관은 어떻게 주류사관이 되었는가?」라는 학술강연회 및 세미나를 열었는데, 7백여 명의 시민들이 자발적으로 참석해 동북아역사재단의 해체를 요구했다. 현재도 이 대회 동영상이 인터넷에 돌고 있으므로 동북아역사재단도 이런 사실을 모를 리가 없을 것이다. 그러니 동북아역사재단은 식민사학 확신범이다.

동북아역사재단은 하버드대학 한국학연구소에 10억 원의 국고를 지원해서 한국 상고사 관련 식민사학 논문들을 6권으로 번역해서 출판했는데, 그중 마지막 권으로 2014년 벽두에 『The Han Commanderies in Early Korean History』를 발간했다. 동북아역사재단은 보도자료에서 이 책의 한국어 제목을 '한국 고대사 속의 한사군'이라고 밝혔지만 보다 정확하게 번역하면 '한국 고대사의 한漢나라 영지領地들'이나 '한국 고대사의 한나라 정복자들'이란 뜻이다.

　　동북아역사재단은 이 책의 내용에 대해 기자들에게, "기원전 108년 한 무제에 의해 설립된 한사군에 대한 최신 연구 성과를 서구 학계에 소개하고 있다. 특히 한사군의 위치와 역사에 대해서는 그간 일본 혹은 중국 학계의 입장이 많이 알려졌으나 한국학계의 시각이 반영된 것이 특징이다."라고 말했다. 이 책은 일관되게 조선총독부에서 만든 한사군관을 따르고 있다. 78쪽 「그림1」에서 알 수 있듯이 한사군은 모두 한반도 북부에 위치해 있으며 대방군은 황해도에 그려놓고 있다. 모두 총독부에서 만든 것이다. 조선총독부에서 만든 식민사관이 언제부터 한사군에 대한 '최신 연구 성과'가 되었다는 말인가? 또 한사군에 대해서 중국 동북공정이나 일본 식민사관과 다른 동북아역사재단의 입장이 있기는 하다는 말인가?

　　동북아역사재단은 이 책이 문제가 될 것으로 전혀 예상하지 못하고 있었던 듯하다. 이 책에 대한 보도자료에서 "일본 학자들의 역사 왜곡을 바로잡았다."라고 말했다. 과거 총론에서는 식민사학을 비판하고 각론에서는 추종하는 행태보다 한 발 더 나아간 것이다. 바늘 도둑이 소 도둑 된다고, 처벌받지 않는 범죄 행위는 더 큰 범죄로 연

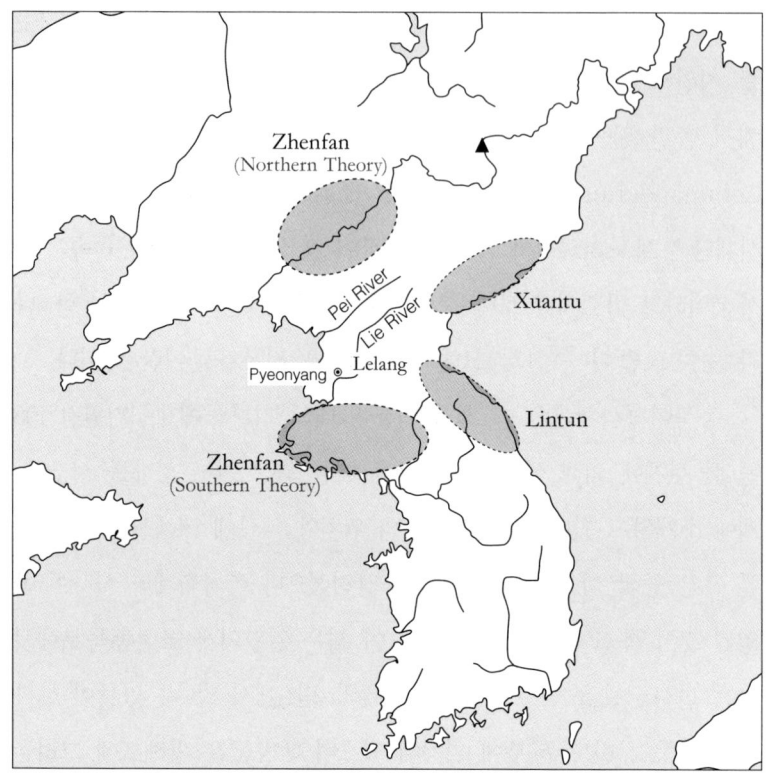

그림1 동북아역사재단의 한사군 지도.

결되게 되어 있다. 영문으로 된 이 서적을 어떤 기자가 읽고 반박하겠
는가? 또한 기자들에게는 이 책을 돌리지도 않았다.

　그러나 이제는 한국 사회도 많이 성장했으므로 동북아역사재단
의 매국적 행태를 주목하는 학자와 인사들이 있었다. 이들이 나서
서 '식민사학 해체 국민운동본부'를 결성하고 그 준비 단계에서 문제
를 제기했다. 이 책에서 한사군이 한반도 북부에 있었다는 조선총독
부의 관점만 추종했지 일본 학자들의 역사 왜곡을 바로잡은 것이 무

엇이 있느냐고 묻자, 동북아역사재단은 "다양한 관점을 수록했다."고 다시 거짓말을 했다. 한사군이 만주 서쪽에 있었다는 견해를 그 책 어디에서 찾을 수 있느냐고 묻자 다시 말 바꾸기를 시도했다. 이런 기관에 연간 수백 억의 국민 세금이 지원되는 것이 대한민국의 현실이다. 그 책 294쪽과 313쪽 지도는 동북아역사재단이 중국 동북공정의 한국 지부이자 아베로 대표되는 일본 극우파의 국내 전초기지라는 사실을 명확하게 보여준다.

위 지도를 보면 한반도 북부에 그려놓은 한사군의 이름을 모두 중국어 발음으로 표기했다. 낙랑樂浪은 Laklang 대신 러랑(Lelang), 임둔은 Imdoon 대신 린툰(Linton), 현도는 Hyundo 대신 수완투(Xuantu), 진번은 Jinbun 대신 쩐판(Zhenfan)으로 표기했다. 그 외에 대방을 다이팡(Daifang), 열수列水는 리에 리버(Lie River)로 표기했다. 북한 강역이 중국 땅이라는 속내의 표출이다.

낙랑군은 평양 지역에, 임둔군은 강원도에 표기했다. 조선총독부에서 만든 그대로다. 심지어 총독부 산하 식민사학자들끼리 견해가 조금 다른 부분까지 충실하게 표기해놓았다. 진번군에 대해 쓰다 소키치津田左右吉는 낙랑군 북부에 있었다는 '북부설'을 주장했는데, 이를 'Northern theory(북부설)'이라며 평안북도 일대에 표기했다. 또 황해도에도 진번군을 표기해 놓고 'Southern theory(남부설)'이라고 써 놨는데, 이는 조선사편수회의 이마니시 류今西龍의 주장을 그대로 표기한 것이다. 대방군은 황해도에 표기했다. 자신들이 조선총독부 산하 조선사편수회의 후신이자 일본 극우파의 국내 전초기지이며 동북공정 한국 지부라는 확신이 없으면 불가능한 행태다. 한가람역사문화

연구소장 이덕일은 2009년도에 발간한 『한국사, 그들이 숨긴 진실』에서 동북아역사재단의 매국적 행태에 대해 이렇게 서술했다.

> 고조선에 관한 동북아역사재단의 공식 견해는 조선총독부 산하 조선사편찬위원회의 주장과 완전히 일치한다. 일제 식민사학자들과 그 한국인 제자들이 계승한 '고조선=대동강(평양) 일대 소국'이란 구도에서 조금도 벗어나지 않는 것이다. 조금 바뀐 부분은 있다.
>
> 과거에는 고조선이 개국부터 멸망까지 대동강 유역에 있던 소국이었다고 확고하게 주장하다가 한중 수교 이후 만주 일대에서 고조선 관련 유물이 쏟아져 나온 사실을 확인하게 되었다. 그러자 고조선의 중심지가 만주에서 평양 일대로 이주했다는 중심지 이동설로 포장을 조금 바꾸었다. 중심지 이동설은 식민사학이 약간 변형된 형태로 위장해 한국사의 주류 이론으로 살아 있는 것이다.[35]

이덕일이 동북아역사재단의 매국 행위를 공개적으로 지적한 것이 2009년이었다. 그런데 앞서 살펴봤듯이 동북아역사재단은 2012년에 경기도교육청 교사들의 「동북아 평화를 꿈꾸다」라는 자료집에 일제 앞잡이 같은 시비를 걸었다. 그래서 한가람역사문화연구소의 주도로 '해방 후 식민사관은 어떻게 주류 사관이 되었는가?'라는 학술강연회

---

35 이덕일, 『한국사, 그들이 숨긴 진실』, 역사의아침, 2009, 29쪽

및 세미나에서 논박을 받았다. 그런데 2014년도에 북한 강역은 중국 땅이 맞다는 내용의 서적을 발간해서 재외 공관에 배포하고 외국 학생들에게 뿌리겠다고 선언했다. 그 책은 하버드대학 출판부에서 나온 것도 아니다. 인쇄는 서울에서 했고, 배포는 하와이대학 출판부에서 했다. 새로 연구한 것도 아니고 기존 식민사학 논문들을 번역해서 싣는 것이니 번역비까지 포함해서 넉넉잡아 권당 3천만 원이면 충분했을 것이다. 그런데 권당 1억 6천만 원씩 들어갔다. 후안무치에도 정도가 있는 것이다.

한국 상고사 및 고대사 관련 6권의 책을 냈다는데 놀랍게도 고조선은 없다. 대신 고조선을 무너뜨리고 그 자리에 세웠다는 한사군은 있다. 그것도 조선총독부 관점만 그대로 추종했다. 고구려·백제·신라도 없다. 대신 삼한은 있다. 『The Samhan Period of Korean History』! 이 책이 왜 느닷없이 튀어나왔을까? 조선총독부의 『삼국사기』 초기 기록 불신론에 따라 삼국의 초기 역사를 부인하고 그 자리에 마한, 진한, 변한의 삼한을 넣기 위해 이 책을 발간한 것이다. 또한 느닷없이 가야가 들어갔다. 마치 새로 발굴된 가야사를 소개하기 위해서인 것처럼 여겨지지만 속셈은 딴 데 있다. 고구려, 백제, 신라를 말살한 동북아역사재단이 가야인들 높이겠는가? 그 속셈은 가야가 임나일본부라는 것이다.

동북아역사재단의 초대 이사장 김용덕(2006~2009)은 서울대 동양사학과 교수 출신이며, 2대 이사장 정재정(2009~2012)은 서울대 국사학과 출신으로 서울 시립대 교수를 역임했고, 현재 이사장인 김학준은 서울대 정치학과 교수 출신이다. 이들 중 누구라도 기본적인 학자적 자질이 있다면 두 주장 중에서 어느 것이 사료적 근거가 있는지 금방 알아봤을 것이다. 그런데 김학준은 2013년도 국정감사에서 여야 의원들이 한 목소리로 이 문제를 지적하자 이렇게 답변했다.

> 저희는 국가가 설립한 목적에 부응해야 할 의무도 가지고 있습니다. 그러나 대단히 중요한 학술적인 쟁점에 대해서 어느 일방적으로 결론을 내리면 저희로서는 국제적으로 신용도에 문제가 걸릴 수가 있습니다.[36]

김학준은 '저희는 국가가 설립한 목적에 부응해야 할 의무도 가지고 있습니다'라고 말했다. '의무를 가지고 있다'가 아니라 '의무도 가지고 있다'는 것이다. 국가에서 설립한 국가 기관의 설립 목적은 졸지에 선택 사항으로 전락해 버렸다. 중국 동북공정을 주도하는 중국의 마다정馬大正은 「중국의 동북변강 연구」에서 "우리들이 종사하는 학술 연구는 순수한 학술 연구가 아니고 국가의 이익을 위해 봉사하는 학술 연구이다."라고 말했다. 마다정은 김학준을 어떻게 볼까? 한국인의 세금으로 동북공정을 앞장서서 지지해주는 고마운 분이 아닌가? 김학준은 "또한 대단히 중요한 학술적인 쟁점에 대해서 어느 일방적으로 결론을 내리면"이라고 말했다. 마치 동북아역사재단이 한사군 문제에 대해 다양한 관점을 소개하고 있는 듯이 거짓말을 한 것이다.

『고조선 연구』, 『한국고대사신론』 등의 저서로 조선총독부와 다른

---

36 김학준, 2013년 10월 18일, 동북아역사재단 국정감사

관점을 제시한 윤내현은 「교수신문」과의 인터뷰에서 이렇게 말했다.

> 중국의 동북공정, 즉 중국의 한국 고대사 왜곡보다 더 문제가 되
> 는 것은 우리 역사학자들의 떳떳하지 못한 학문적 태도다. 주류
> 사학계는 지금도 그렇지만, 일본 총독부에서 만들었던 한국사,
> 그 기초를 벗어나지 못하고 있었다. …… 고고학 자료도, 해석을
> 정확하게 해야 한다. 중국에서 고고학 조사 자료를 발표하면 우
> 리 학계에서는 그걸 그대로 따른다. …… 한번은 중국 중학교 역
> 사 시간 수업을 견학해본 적 있다. 중국 지도를 그려놓고 설명을
> 하는데, 거기에 청천강까지 만리장성이 그려져 있다. 그 근거가 한
> 국의 유명한 역사학자가 고증한 내용이라고 가르친다. …… 나
> 같은 사람은 주류학계의 주장과 전혀 다른 주장을 해왔다. 그렇
> 다면 한 번쯤 불러서 '당신 얘기도 해보시오' 해야 하지 않나. 동
> 북아역사재단은 단 한 번도 내 얘기를 경청한 적이 없다.[37]

김학준은 독실한 기독교 신자로 알려져 있다. 김학준이 이런 내
용을 알고도 다양한 견해를 취합한 것처럼 말했다면 성서의 가르침
과는 달리 거짓말을 한 것이고, 모르고 했다면 자신의 무능을 표출
한 것으로서 당장 그만둬야 한다. 김학준은 또 이 국정감사에서 이렇
게 말했다.

---

37 윤내현, 2012년 「교수신문」 윤내현 교수 인터뷰 중

돌이켜보면 만주 쪽이 다 우리가 지배하던 땅이었다, 이것을 강력히 부르짖은 사람은 5공 후반부였습니다. 5공이 그걸 장려를 했어요. 왜냐하면 쟁점을 다른 데로 돌리려고, 또 애국심에 호소하게 되니까 5공이 그것을 전적으로 부채질했는데 그때 그것에 편승했던 사람들은 사실 학계에서 지금 얼굴을 못 들고 다닙니다.[38]

김학준의 전력을 모르는 젊은이들이 보면 김학준이 5공 때 민주화 운동이라도 한 것으로 오해할 만한 발언이다. 그래서 김학준의 이력을 찾아보니 12대 민정당 소속 국회의원(1985~1988)을 했다. 이때 민정당 총재는 전두환 전 대통령이었는데, 그것도 지역구도 아니고 전국구였다. 자신을 전국구 국회의원으로 지명해준 전두환에게 감읍해 허리를 90도로 숙였을 김학준이 5공을 비판했다. 후안무치厚顔無恥란 말은 아는지 모르겠다.

38 김학준, 2013년 10월 18일, 동북아역사재단 국정감사

제2부

고조선의 발자취를 찾아서

- 쟁점별 식민사학 비판1

1 한국 고대사의 무대

대륙에서 활동한 구이九夷

사대주의 유학자나 일제 식민사학이 맨 먼저 없애고 싶어 했던 대상이 단군이다. 사대주의 유학자들은 단군을 부정하고 중국에서 왔다는 기자箕子를 우리 민족의 시조로 삼고 싶어 했다. 일제 식민사학은 단군을 조직적으로 말살하고 신화로 전락시켰다. 동북아역사재단을 비롯한 한국의 식민사학자들도 단군을 말살하려고 발버둥을 친다. 그러나 이런 식민사학자들이 해방 후 깨끗이 청산되고 상식적인 역사학이 발전했다면 지금쯤 우리는 단군은 말할 것도 없고 고조선의 전사前史를 이야기하고 있을 것이다. 중국 내몽골內蒙古 츠펑시(적봉시赤峰市)의 훙샨紅山으로 상징되는 훙샨 문화를 연구하기 바쁠 것이다.

고조선의 전사前史는 물론 고조선의 역사를 제대로 이해하기 위해서는 무엇보다 중국 고대 사서에 기록된 동이東夷에 대해 살펴보아야 한다. 동이는 중국 사서에서 중국사의 시작과 함께 기록되고 있는데 오늘날 중국의 북쪽과 동쪽, 즉 지금의 산시성(산서성山西省)·허베이성(하북성河北省)·산둥성(산동성山東省)·랴오닝성(요령성遼寧省) 등에 위치하고 있었다.

중국인들은 오랜 옛날부터 그들 주위에 있던 민족들을 이夷라고 불렀는데, 여러 이족夷族이 있었기에 이들을 총칭해서 구이九夷라고 불렀다. 또한 거주하는 지역에 따라 동이東夷·서이西夷·남이南夷·북이北夷라고 불렀다. 그러나 시대가 흐르면서 동쪽의 동이 외에 서·남·북쪽의 이족夷族들은 서융西戎·남만南蠻·북적北狄으로 구분해서 부르게 되었다. 필자는 2년 전에 낸 졸저『동북아 대륙에서 펼쳐진 우리 고대사』에서 동이·서융·남만·북적이 모두 한 뿌리로서 같은 계통의 종족임을 고찰한 적 있다. 그러나 여기서는 동이에 관해서만 논하고 나머지는 다음 기회를 엿보겠다. 옛 동이조차도 한국사의 조상이 아니라고 주장하는 판국이니 동이만이라도 확실하게 인식하는 것이 중요하다고 보기 때문이다.

동이에 대해 처음으로 항목을 나누어 소개한 중국 역사서는『후한서』「동이열전」이다. 거기서는 '부여·읍루·고구려·동옥저·예·한韓' 등에 대해 기록했다. 이들이 모두 동이족이라는 뜻이다.『후한서』이전에는 동이에 대해 따로 기록한 역사서는 없지만 사방의 이족에 대해서는 단편적으로 자주 기록했다.

그런데 식민사학에서는 동이라는 말을 거의 사용하지 않는다. 고조선 연구가라는 한국교원대의 송호정은 "동이란 종족은 산둥山東 반도 일대의 조이·래이·우이·회이 등 여러 오랑캐를 포괄하는 개념이었다."라고 서술했다. 송호정은 자신의 조상이 한국인인지 일본인인지 중국인인지 모르는 것이 분명하다. 그렇지 않다면 '동이＝오랑캐'라고 부를 수 없다. 국어사전을 찾아보니 '오랑캐'는 '이민족을 낮잡아 이르는 말'이라고 정의하고 있다.

> 『사기』 등에는 산둥성 일대에 아홉 개의 동이족이 살고 있었다고 한다. 만일 동이족을 우리 민족의 조상으로 본다면 단군이 등장하기 이전에 이미 우리 조상이 산둥성 일대를 중심으로 살면서 중원을 지배했다는 주장도 가능하게 된다.[39]

식민사학계의 고질적인 병폐 가운데 하나가 사료를 무시하거나 취사선택한다는 것이다. 송호정 말대로 『사기』 등에는 산둥성 일대에 아홉 개의 동이족이 살고 있었다고 쓰여 있다. 그리고 『후한서』 「동이열전」은 '부여·읍루·고구려·동옥저·예·한韓' 등을 동이족의 나라로 묘사하고 있다. 중국은 고래로 자신들에게 불리한 역사는 되도록 서술하지 않는 이른바 중화사관을 갖고 있는 나라다. 그런 나라의 역사서가 자신들과 대립했던 이족에 대해서 서술하고 있다면 그것은 최소한의 사항만 적은 것이다. 그러나 이미 식민사학이 머릿속에 가득 찬 송호정은 고대 사료 자체를 부인하고 들어간다. 한마디로 역사학의 기본 방법론을 무시하는 것이다.

송호정은 "만일 동이족을 우리 민족의 조상으로 본다면 단군이

---

39 송호정, 『단군, 만들어진 신화』, 산처럼, 2004, 291쪽

등장하기 이전에 이미 우리 조상이 산둥성 일대를 중심으로 살면서 중원을 지배했다는 주장도 가능하게 된다."고 말도 안 된다는 식으로 말하고 있다. 말이 되는지 안 되는지 진지하게 고대 사료 여행을 떠날 생각은 처음부터 없다. 하긴 처음에는 고조선이 평안남도 일대의 소국이었다고 주장하다가 만주와 내몽골에서 고조선 관련 유물이 쏟아져 나오니 슬그머니 중심지 이동설로 후퇴한 인물들에게 산둥성이 보이겠는가?

동이東夷의 역사를 추적하기 전에 먼저 이夷의 뜻을 알아보자. 이夷 자는 '큰 대大' 자와 '활 궁弓' 자의 결합이다. 중국 후한後漢 때의 학자 허신許愼이 편찬한 『설문說文』[40]이라는 고대 사전은 이夷 자가 '큰 것을 따르고 활을 따른다'는 뜻이라고 했다. 청나라 때의 언어학자 단옥재段玉裁는 허신의 『설문해자』를 풀이한 『설문해자주說文解字注』를 편찬했는데, 이夷 자가 숙신肅愼씨가 큰 활을 썼던 데서 쓰이게 된 것으로 설명하고 있다. 여기에서 숙신은 열국 시대에 오늘날 지린성(길림성吉林省)에 있던 부족을 말하는 것이 아니라 고조선, 즉 조선을 한자로 달리 적은 표기였다.

숙신의 활과 화살은 특산품으로 유명해서 『사기』를 비롯한 중국의 고대 기록에도 많이 등장한다. 고대에 활은 먼 거리의 적을 공격할 수 있는 첨단 무기였으므로 좋은 활을 갖고 있는가는 전쟁의 승패를 좌우할 수 있는 중요한 요소였다. 숙신의 활은 물론 화살과 돌촉은 특히 품질이 좋아 중국인들이 크게 선호하던 물품이었다.

---

40 『설문해자』라고도 불린다.

이夷 자의 뜻에 대해서 『설문해자』나 『강희자전康熙字典』은 '어질다·착하다·인자하다'라는 뜻이라고 설명하고 있다. 이는 이夷가 처음에는 '큰 활을 잘 쓰는 어진 사람들'이란 뜻이었다가 중화사관이 형성되면서 이도 비하하기 시작해서 이夷 자를 '오랑캐'로 전락시키고, '상하게 하다'는 뜻이 부가되었음을 알 수 있게 해준다. 송호정은 민족 분포의 개념과 민족 이동의 역사에 대해서 무지하다.

> 그러나 『후한서』 이후의 기록을 보면 동이족은 고조선·부여·고구려·선비·말갈 등 철기 시대 이후에 만주 전역에서 활동한 종족이나 국가를 가리키는 개념으로 사용되고 있다.[41]

송호정은 『후한서』가 만주에서 활동한 종족이나 국가를 동이라고 불렀다고 했다. 그러나 『후한서』에는 그런 말이 나오지 않는다. 식민사학자들은 어떻게 해서든지 한국사의 시간과 공간을 축소하려고 애쓴다. 한국사를 보는 관점이 처음부터 잘못되었기 때문이다. 한국사를 보는 관점이 식민사학에서 출발한 것이 그 시초이다. 식민사학이란 무엇인가? 일본 제국주의자들의 침략을 역사적으로 정당화하는 관점이 아닌가? 이렇게 일본 극우파의 식민사관을 추종하는 관점으로 역사를 바라보는 것이 식민사학자들이 이른바 강단에서 배우기 시작한 역사였다. 그러다 보니 이제는 중화 패권주의자들의 관점을 추종한다. 그래서 어떻게 해서든지 한국사의 시간과 강역을 축소하려

41 송호정, 『단군, 만들어진 신화』, 산처럼, 2004, 291~292쪽

고 애쓰는 것이다.

중국에서는 현재 만주를 '동북東北'이라고 부르지, '동東'이라고 부르지 않는다. 중국인들에게 동東이라는 방위는 만주가 아니라 주로 황해 쪽을 말하는데, 여기에서는 산둥 반도다. 『후한서』「동이열전」 서문에는 "동이에는 아홉 종류가 있으니 견이畎夷, 우이于夷, 방이方夷, 황이黃夷, 백이白夷, 적이赤夷, 현이玄夷, 풍이風夷, 양이陽夷이다."라고 설명하면서, "옛날 요임금이 희중羲仲에게 명해서 우이嵎夷에 살도록 하면서 양곡暘谷이라고 했으니 대개 해가 뜨는 곳이다."라고 말하고 있는데, 여기서 말하는 우이嵎夷, 즉 양곡暘谷이 어디인지를 알면 동이족이 살던 지역을 알 수 있을 것이다.

『사기』「오제본기」 '제요帝堯' 조에도 "희중羲仲에게 따로 명해서 욱이郁夷에 살게 했는데 이곳을 양곡暘谷이라고 했다."라는 구절이 있는데, 『후한서』「동이열전」에서 말하는 우이가 『사기』「오제본기」에서 말하는 욱이라는 사실은 쉽게 알 수 있을 것이다. 『사기』의 이 구절에 대한 주석에서 『사기집해史記集解』는 "동표(東表:동쪽 바깥)의 땅을 우이嵎夷라고 칭한다. 해는 양곡暘谷에서 나온다. 희중羲仲은 동방東方을 다스리는 관직이다."라고 설명하고 있다. 또 『사기정의史記正義』는 "상고해 보니 우이嵎夷는 청주靑州이다. 요堯가 희중羲仲에게 명해 동방 청주靑州 우이嵎夷 땅을 다스리게 했는데, 해가 나오는 곳을 양명지곡陽明之谷이라고 이름지었다."라고 설명하고 있다. 청주(靑州, 칭저우)는 산둥 반도에 있는 지명이다. 이 무렵 중국인들이 말하는 동방이 곧 산둥 반도라는 뜻이다.

중국 고대 사료를 보면 송호정도 인정하지 않을 수 없었던 것처럼 동이족은 산둥 반도에 살았다. 그러면 한국 고대사 학자라면 이 산둥 반도의 동이족에 대해 연구해야 한다. 그러나 이들이 그렇게 할 리는 만무하다. 어떻게 하든지 한국사의 강역을 축소하기에 여념이 없기 때문이다. 다시 송호정의 말을 보자.

> 그러나 춘추 시대를 지나면서 전통적 의미의 동이들은 사실상 소멸되었다. 따라서 동이 개념은 한漢 대 이후에는 조선을 비롯한 그 주변의 여러 민족들을 아우르는 일반적인 칭호로 변하였다.[42]

"춘추 시대를 지나면서 전통적 의미의 동이들은 사실상 소멸되었다."는 것이다. 그러나 동이는 소멸한 것이 아니라 송호정의 머릿속에서 소멸된 것, 즉 송호정이 머릿속에서 지운 것에 지나지 않는다. 왜일까? 식민사학과 맞지 않기 때문이다. 이들이 정상적인 역사학자라면 전통적 의미의 동이가 소멸되었다는 문헌적 근거를 댔을 것이다. 그러나 아무런 문헌적 근거를 대지 않고 그냥 "전통적 의미의 동이들은 사실상 소멸되었다."고 주장한다.

그런데 이들의 국내 교주인 이병도는 산둥성의 동이족과 관련해서 흥미로운 말을 했다.

> 그건 또 돌멘(Dolmen:고인돌·지석묘)을 봐도 그렇지요. 그 지석묘의

---

42 송호정, 『한국고대사 속의 고조선사』, 푸른역사, 2003, 54쪽

분포가 우리 반도에 많이 있지만 중국과 요동과 우리 서북 해안 지대에 말발굽 모양으로 있습니다. …… 조거룡장(鳥居龍藏:도리이 류조. 일선동조론 주창자)가 『연경학보』에 쓰기를 산동에서 돌멘 두 개가 발견되었는데 그게 북방식, 테이블식이에요. 또 요동 반도에 열일곱 개나 되는 돌멘도 다 형태가 우리 북방식이지요. 우린 서북 해안 지대에 죽 있는데, 그러므로 황해를 중심으로 말발굽형으로 분포되어 있어요. 또 돌멘뿐만 아니고, 산동·요동에서 나오는 흑도黑陶가 우리나라 강계에서도 나오는 것으로 보아 흑도의 분포라든지 또 지리적인 측면에서 보더라도 말발굽형의 지방이 원 우리 민족의 보금자리가 아니었는가 해요.[43]

이병도의 글이나 말을 보다보면 여러 가지 생각이 든다. 그는 현재 대한민국 주류 역사학계를 일제 식민사학의 추종자로 만든 장본인이지만 그래서 그런지 현재의 식민사학자들보다는 나은 점이 있다. 그는 양아버지의 거짓말을 한 치의 의심도 없이 믿는 착한 양아들이다. 그가 고조선 강역이나 한사군 위치, 삼한 위치 등을 진지하게 비정한 것을 보면 문제의식 있는 학부생만도 못하다. 그런데 양아버지가 가르쳐 준 거짓말의 범위를 벗어나는 부분에서는 때로 꽤 뛰어난 통찰력도 돋보인다. 위의 말이 이를 말해준다. 그러나 그 결론이 항상 양아버지의 거짓말로 귀결되기 때문에 종국에 가서는 모두 말짱

---

43 진단학회, 『역사가의 유향』, 일조각, 1991, 238쪽. 『한국학보』 4, 1976년 가을호의 「한국 고대사의 제 문제」를 수록

도루묵이다.

> 그것이 한漢민족에게 자꾸 밀려서 만주와 한반도로 들어오고 그
> 나머지는 다 중국 민족에 동화되고 흡수되었지요. 그건 중국 문
> 헌에도 나오고, 김상기 선생도 동이족에 대해 연구했지 않습니까.
> 그건 뭐 의심할 여지도 없습니다. 그래서 이제 아사달 사회가 차
> 차 동진해온 것이 아닌가 생각됩니다.[44]

"우리 민족이 한족에 쫓겨 만주와 한반도에 들어왔다."는 말은 얼
핏 맞는 것 같지만 그 시기가 문제다. 이병도는 아사달 사회, 즉 고
조선 사회가 동진해 왔다는 것으로서 고조선이 평양 일대에 있었다
고 본다. 그래서 그 자리에 한사군을 세웠다는 것이다. 서론은 조금
다른 듯하지만 결론은 늘 일제 식민사학이다.

한韓과 예濊의 위치

한국 고대사의 무대를 이해하려면 반드시 알아야 하는 나라들
이 있다. 예濊와 한韓도 그런 나라들인데, 예는 맥貊과 함께 예맥濊貊이
란 연칭으로 많이 언급되고 있고, 한은 통상 삼한으로 언급된다. 그
동안 식민사학은 예濊 앞에 동東 자를 붙여 동예東濊라고 부르면서 오

---

44 위와 같음

른쪽 「그림2」처럼 강원도 부근에다 위치시켜 놓았다. 식민사학에서 말하는 동東 자는 한반도의 동쪽을 뜻한다는 사실을 알 수 있다. 또한 한韓도 한강 이남에 위치시켜 놓았다. 시종일관 모두 한반도 내에 있었다는 뜻이다. 과연 그럴까?『후한서』「동이열전」 '예' 조에는 이런 구절이 있다.

> 예군濊君 남려南閭 등이 우거右渠에게 반해서 28만 명을 이끌고 요동遼東에 와서 내속하니 무제가 창해군蒼海郡으로 삼았다가 몇 년 후 폐지했다.[45]

우거는 고조선의 준왕을 내쫓고 집권했던 연나라 망명객 위만의 손자다. 예나라 군주인 예군 남려가 위만조선의 우거와 갈등을 빚다가 28만 명을 거느리고 요동으로 가서 내속했다는 것이다. 그러자 나중에 위만조선을 멸망시키는 한 무제가 일시 창해군으로 삼았다는 것이다.『한서』「무제본기」는 예군 남려가 한나라에 내속한 때를 원삭元朔 원년, 즉 서기전 128년이라고 설명하고, 한 무제가 창해군을 설치했다가 이를 폐지한 해를 원삭 3년(서기전 126)이라고 전한다.

식민사학의 설명대로라면 강원도에 있던 예로부터 28만 명을 이끌고 요동까지 가니 한 무제가 창해군으로 삼았다는 이야기가 된다. 그런데 식민사학에서 그린 「그림2」를 보면 한반도의 동예 북쪽에는 옥저가 있고, 동예 서쪽에는 고조선이 있다. 예군 남려는 어느 길

---

45 『후한서』「동이열전」 '예'

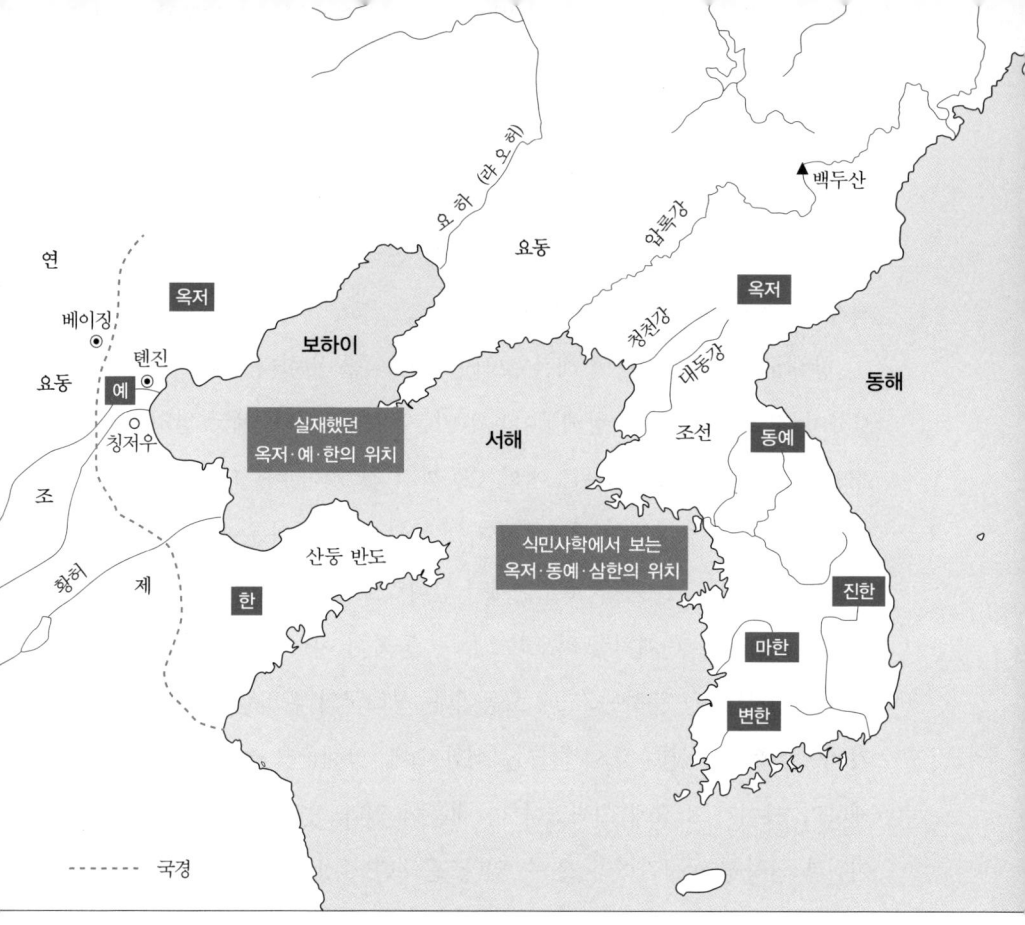

그림2 옥저·예·한의 실재 위치와 식민사관의 입장 비교.

로 요동까지 갔을까? 먼저 서쪽으로는 갈 수가 없다. 고조선이 두 눈 뜨고 구경하고 있지는 않을 것이기 때문이다. 북쪽도 마찬가지다. 자신들의 강역으로 28만 명이나 되는 무리가 통과하는 것을 묵과할 수는 없을 것이다. 식민사학의 논리대로라면 예군 남려는 28만 무리를 배에 태우고 동해와 남해와 서해를 빙 돌아 요동으로 갈 수밖에 없다. 아니면 비행기를 타고 가든지.

식민사학의 위치 비정이란 지도를 그려놓고 문헌 사료를 대비해보면 거의 대부분 공상 속에서나 가능한 이야기라는 사실을 알수 있다. 이런 식민사학이 해방 후 70여 년 동안 유지되었다는 자체가 한국 사회의 큰 수수께끼다.

창해군은 어디일까? 창해란 보하이(발해勃海)를 뜻한다. 예가 당시보하이 지역에 있었기에 창해군이라고 이름 지은 것이다. 예군 남려는 28만 무리를 거느리고 강원도에서 요동까지 간 것이 아니다. 보하이연안에 있던 예는 우거의 정책에 반기를 들고 서쪽 가까운 곳에 있던요동으로 가서 그 소속을 고조선에서 한나라로 바꾸려고 한 것이다. 이때의 요동군은 현재처럼 랴오허(요하遼河) 동쪽이 아니라 97쪽 「그림2」의 베이징 부근을 뜻하는 '고대 요동'이다. 창해군의 위치를 말해주는기록으로 『사기』 「평준서」와 『한서』 「식화지」에 "창해군을 설치하자 연·제나라 사이가 소요에 휩싸였다."는 내용이 있다. 연·제 사이라면 베이징과 산둥성의 중간이라 볼 수 있다. 윤내현도 창해군을 보하이 서부 연안의 톈진 남쪽 칭저우(창주蒼州)라고 비정했는데[46] 이는 타당한결론이라고 볼 수 있다.

예군 남려의 요동 내속과 창해군의 위치에 대해 이병도는 무엇이라고 비정했을까?

…… 위의 『후한서』의 (남려 관련) 기사는 찬자撰者가 이 예맥을 후한 시대의 반도 동북쪽의 예맥과 혼동하여 이를 예濊 전에 편입한 것이다. 이것은 찬자의 큰 두찬(杜撰:틀린 곳이 많음)으로

---

46 윤내현, 『고조선연구』, 일지사, 1994, 409쪽

서 이 오류를 계승한 후세의 사서가 모두 그렇게 (자못) 오해하고 말았다. 당시 예맥 즉 창해군의 방위는 재론할 필요도 없지만, 『한서』「식화지」에 "팽오가 예맥·조선을 뚫어 창해군을 두자 연·제 사이가 소요에 휩싸였다."고 하고 『후한서』에 "요동에 와서 내속했다."고 한 것으로써, 그곳이 연·제 및 요동 지방과 지리적으로 접근한 것을 더욱 알 수 있다. "연·제 사이가 소요에 휩싸였다燕齊之間靡然發動"고 한 것은 무엇인가 하면 신 개척지인 창해군(예맥 지방)을 향해 화북 지방의 인민이 대대적으로 움직이고 있다는 것인즉, 그곳이 결코 화북 지방에서 초원(稍遠:멀고 먼)한 반도 동북 해안 지대가 될 수 없음은 더 말할 것도 없다.[47]

식민사학자들의 고질적 병폐 가운데 하나가 자신들의 고정관념과 다른 사료가 나오면 사료가 틀렸다고 주장하는 것이다. 『후한서』의 저자가 서기전 126년의 '예'를 후한 시대(서기 23~220)의 반도의 '예'와 혼동하고 기록했다면서 이를 큰 잘못이라고 질타했다. 이병도는 예는 한반도 동해안에 있었다는 고정관념을 갖고 있는데, 이병도의 논리대로 따지더라도 반도의 예와 다른 대륙의 예가 또 있었다고 인정한 꼴이 아닌가? 또한 이병도는 연·제 사람들이 멀고 먼 한반도 동해안의 창해군까지 왔다고는 볼 수 없다고 못 박았다. 창해는 보하이(발해)의 다른 이름이라는 사실은 중국 고대 지명을 공부하는 사람들 사이에서는 상식에 속하는 내용이지만 이병도는 이를 무시하고 있다.

---

47 이병도, 「한사군 문제의 연구」, 『한국고대사연구』, 한국학술정보, 2012, 193쪽

한국 고대사를 반도 내로 가두어두어야 속이 풀리는 이병도는 아래 글에서 보듯이 예濊를 고구려 지역인 압록강 내륙으로 중국에 조금 더 가까이 가져오지만 그곳 역시 산둥에 있던 제나라로부터는 너무 먼 지역이란 사실은 고려하지 않는다.

> 그렇다고 하면 남려 때의 고구려 예맥 사회는 상당한 지역에 걸쳐 있었던 것으로, 줄잡아 후일 중국 삼국 시대의 '지방은 2천 리, 가구는 3만'의 고구려국과 백중伯仲의 차로 보아도 좋을 것이다. 즉 압록강 본류역의 대수맥大水貊 사회와 혼강渾江 유역의 소수맥 小水貊 사회를 포함한 대부족 연맹 사회로 그 중심지는 역시 대수 맥 사회의 중심지요, 고구려 시대의 수도인 오늘의 통구 지방에 있었던 것으로 보아야 하겠다.[48]

이병도는 남려 때의 예를 후일의 고구려와 비슷한 국세라면서 압 록강 유역의 통구 지방을 중심으로 있었을 것으로 비정했다. 또한 바다 해海 자가 들어감에도 바닷가를 피해서 창해를 설정했다. 대수 맥·소수맥에 후일 건국되는 고구려는 이병도의 견해처럼 압록강변에서 건국된 것이 아니라 뒤에서 패수·열수 등을 논할 때 볼 것처럼 허베이 성 북부의 소요수(차오허潮河) 부근에서 건국되었다. 이는 이 책의 끝부 분에서 고구려·백제의 건국을 논할 때 다시 이야기할 것이다.

예가 보하이 연안에 있었다는 내용 또한 앞의 『후한서』 「동이열

---

48 이병도, 「한사군 문제의 연구」, 『한국고대사연구』, 한국학술정보, 2012, 195쪽

전」'예' 조에 있다.

> 한나라 초에 대란이 일어나자 연燕, 제齊, 조趙나라 사람들로 그
> 지역(예)으로 피난한 자가 수만 명이었다.[49]

한나라 초의 대란이란 한 고조 유방劉邦과 항우(項羽:서기전 232~서기전
202), 진승(陳勝:?~서기전 208) 등이 천하의 패권을 두고 다투던 때로, 대략
서기전 200년 무렵이다. 이때는 예군 남려가 스스로 한나라 요동군
에 복속된 원삭元朔 원년, 즉 서기전 128년보다 70~80여 년 전이다.
연, 조, 제나라는 어디에 있었는가? 연나라는 지금의 베이징 부근, 조
나라는 지금의 허베이성과 산시성 등지, 제나라는 산둥 반도에 있던
나라들이었다. 허베이성, 산시성, 산둥 반도 지역에 살던 수만 명의
사람들이 유방과 항우의 천하대란을 피해서 중국 북부와 드넓은 만
주 들판을 지나서 강원도로 피난한다는 것이 가당키나 한 말인가?
또한 식민사학에서 말하는 97쪽 「그림2」에 의하면 평안남도 지역에는
고조선이 있었고, 함경도 지역에는 옥저가 있었는데 연, 조, 제나라
사람들이 고조선과 옥저를 지나 강원도의 예까지 피난 왔다는 것이
된다. 지리 개념을 모두 버린 식민사학자들의 책상 위, 또는 몽상 속
에서만 가능한 이야기들이다.

예가 식민사학이 비정했던 위치처럼 강원도에 있었을 가능성이란
0.001%도 없다. 앞서 말한 대로 동이족이 분포하고 있었던 산둥 반

---

49 『후한서』 「동이열전」 '예'

도에서 약간 북쪽 지역에 있었다고 보는 것이 합리적이다.

마한·진한·변한도 마찬가지다. 식민사학은 삼한의 위치를 지금의 충청도, 전라도, 경상도라고 비정하고 있다. 그런데 『후한서』 「동이열전」 '한韓' 조에 따르면 삼한은 사방 4천여 리라고 말하고 있다. 한반도 전체를 통상 '3천리 반도'라고 말하는데, 지금의 충청, 전라, 경상도는 모두 합쳐도 1천여 리밖에 되지 않는다. 다음 구절을 보자. 현재 식민사학은 진한辰韓을 낙동강 동쪽 지방으로 비정하고 있는데, 『후한서』는 진한에 대해 다음과 같이 설명한다.

> 진한辰韓은 나이 많은 사람들이 스스로 말하기를 '자신들은 진秦나라에서 망명한 사람들인데, 부역賦役의 괴로움을 피해서 한국韓國으로 왔는데, 마한에서 동쪽 땅을 나누어 주었다고 했다.[50]

이때는 진시황 집권기인 서기전 3세기 무렵으로 해석된다. 당시 진나라의 부역이 심하다는 이유로 진나라 사람들이 드넓은 만주 벌판을 지나서 한반도 동남쪽 끝, 낙동강 동쪽까지 와서 정착했다는 것이 말이 되겠는가? 이때 진나라 사람들이 망명한 한국은 한반도 남부가 아니다. 『후한서』 「동이열전」 '한' 조는

> 마한은 서쪽에 있는데, 54국이 있으며 그 북쪽은 낙랑, 남쪽은 왜倭와 접해 있다. 진한은 동쪽에 있는데, 12국이 있으며, 그 북쪽

---

50 『후한서』 「동이열전」 '한' 조

은 예맥濊貊과 접해 있다. 변진弁辰은 진한의 남쪽에 있는데 또한 12국이 있으며 그 남쪽은 왜와 접해 있다.[51]

고 하여 예의 남쪽에 한이 있다고 설명하고 있다. 이때의 한은 97쪽 「그림2」와 같이 보하이 만의 서쪽과 남쪽에 걸쳐 있었던 것이다.

이를 다른 각도에서 살펴보자. 진시황이 전국 시대戰國時代의 혼란을 끝내고 통일 제국을 이룩했을 때, 진나라의 영토는 "동쪽으로는 바다에 이르고 조선에 도달했다(地東至海曁朝鮮, 『사기』 「진시황본기」 26년 조)."라고 말하고 있다. 진나라의 동쪽 강역 끝이 바다와 조선에 경계했다는 것인데, 이 구절에 대해 『사기』 주석자인 당나라의 장수절張守節은 『사기정의』에서 이렇게 설명하고 있다.

여기서 바다는 발해 남쪽의 양주揚州, 소주蘇州, 대주台州의 동쪽 바다를 이른다. 기曁란 미친다는 뜻이다. 동북쪽이 조선국이다.
海謂渤海南至揚, 蘇, 台等州之東海也·曁, 及也·東北 朝鮮國.[52]

진나라의 동쪽 강역이 남쪽으로는 보하이(발해) 남쪽의 양주, 소주, 대주 등의 동쪽 바다를 뜻하고, 동북쪽으로는 고조선과 경계하고 있다는 뜻이다. 남쪽으로는 보하이(발해) 남쪽 바다와 접하고 동북쪽으로 고조선과 접해 있다면 고조선이 과연 평안남도에 있을 수

---

51 『후한서』 「동이열전」 '한' 조
52 『사기정의』 「조선열전」

있겠는가? 『사기정의』는 '발해 남쪽의 양주, 소주, 대주 등의 동쪽 바다'를 동해東海라고 표기하고 있다. 실제 진나라 때 동해군東海郡은 산둥성 남쪽으로 현재의 장쑤성(강소성江蘇省) 북쪽을 뜻했다. 양주, 소주, 대주 등은 현재의 장쑤성과 저장성(절강성折江省)에 있던 지명들이었다.

즉 이때의 고조선 영역은 장쑤성 북쪽의 산둥성 동해안과 그 북쪽의 보하이 연안을 뜻하는 것이었다. 물론 고조선이 서기전 24세기부터 서기전 2세기 무렵까지 장구한 세월에 걸쳐서 존속했던 나라이기 때문에 고조선 강역도 여러 상황에 따라 증감이 있고, 이동이 있지만 한때는 산둥성 동해안과 그 북쪽의 보하이 연안에 걸친 강역을 갖고 있었다는 뜻이다. 즉 97쪽 「그림2」의 보하이 연안의 예와 한도 조선의 강역이었던 것이다. 식민사학에서 주장하는 것처럼 고조선이 평안남도 지역에 있었다면 『사기』 「진시황본기」 '26년' 조의 기술과 그에 대해 설명한 『사기정의』 주석과 전혀 맞지 않게 된다.

한편 『삼국지』 「위서 동이전」 '한韓' 조는 위만과 고조선 준왕의 관계를 이렇게 설명하고 있다.

> 준準이 참람되게 왕이라고 일컫다가 연나라 망명인亡命人 위만에게 공격을 당해 나라를 빼앗기고, 그의 좌우 궁인宮人들을 거느리고 바다로 달려 들어가 한韓 지역에 거주하면서 스스로 한왕韓王이라고 칭했다.[53]

이 기록을 기존의 식민사학에서는 평양에 있던 고조선의 준왕이

---

53 『삼국지』 「위서 동이전」 '한' 조

위만의 공격을 받자 배를 타고 남쪽 충청도로 도주해서 한왕이 된 것이라고 해석했다. 평양에서 남쪽으로 도주하려면 그냥 육로로 도주하면 되지 굳이 해로를 이용할 이유가 없다. 당시 조선과 한漢나라의 국경이었던 패수浿水는 식민사학의 해석대로 대동강이나 청천강, 또는 압록강이 아니었다. 패수는 보하이 부근에 있었으므로 준왕이 보하이 남쪽으로 건너서 산둥성에 있던 한韓으로 간 것이다.

같은 『삼국지』 「위서 동이전」 '한韓' 조에는 또 중국의 삼국 시대인 3세기 초의 상황에 대해 이렇게 기록하고 있다.

> 한韓은 대방帶方의 남쪽에 있는데 동쪽과 서쪽은 바다로 한계를 삼고 남쪽은 왜倭와 접경하는데 면적은 사방 4천 리가 된다.[54]

한은 대방의 남쪽에 있는데, 대방은 낙랑의 남쪽에 있다. 낙랑군이 보하이 서안에 있었음을 보았으므로 그 남쪽은 산둥 반도를 뜻하는 것으로 여겨진다. 그동안 한의 동쪽과 서쪽이 바다라는 점을 들어서 한반도 남부로 기술했다고 해석했는데, 지금의 영·호남과 호서(충청도)는 모두 합쳐도 사방 1천여 리 밖에 되지 않는다. 그래서 이병도는 또 전가의 보도를 꺼내든다. 사료가 틀렸다는 것이다.

> 전 삼한全三韓의 지방을 4천 리라고 한 「위서」의 기사에 대해서는 의심이 없지 아니하니, 물론 여기 지방이니 방方이니 한 것은 동서

---

54 『삼국지』 「위서 동이전」 '한' 조

남북의 면적을 의미한 말이거니와 한·위漢·魏 시대의 1리는 조선의 구 1리에 해당한 즉 전 삼한의 면적이 4천 리라 하면 암만해도 실제와는 부합치 않는 지나친 리수라고 하지 않을 수 없다. 이 역시 정확한 측량에 의한 리수는 아닐 것이므로 이러한 숫자에는 신용을 둘 수 없고 다소 할인해 보지 않으면 안 된다.[55]

삼한을 한반도 남부라고 본 자신의 시각이 틀렸을 수도 있다는 생각은 결코 하지 않는다. 자신의 생각과 다르면 원 사료가 틀린 것으로 여긴다. 그러니 학문에 발전이 있을 수 없다. 그 제자들도 스승의 그릇된 학문 풍토를 본받아서 자신의 생각과 원 사료가 다르면 원 사료가 틀렸다고 단정한다. 다른 나라에서 역사학을 했다가는 밥 굶기 딱 좋은 태도다. 그러나 여기가 어디인가? 해방 70년이 되도록 일제 식민사관이 주류 노릇을 하는 대한민국 아닌가? 그래서 그들은 오늘도 '사료가 틀렸다'를 중얼거리며 대한민국 국민 세금으로 먹고 산다.

---

55 이병도, 『한국고대사회사론고』, 한국학술정보, 2012, 57쪽

2 고조선을
   찾아서

고조선의 건국 시기

일연은 『삼국유사』 '왕검조선' 조에서 단군 조선의 건국 시기에 대해 이렇게 말했다.

> 『위서魏書』에서 말하기를, "지금으로부터 2천여 년 전에 단군왕검檀君王儉이 있어서 아사달阿斯達에 도읍하고 나라를 개창하고 국호를 조선이라고 했는데, 요堯 임금과 같은 시기이다.[56]

일연은 단군이 ㈔조선을 건국한 때가 중국의 요 임금과 같은 시

---

56 『삼국유사』 「기이(紀異) 1」 '고조선'

기라고 적었다. 그러나 일연은 자신의 생각을 적어놓은 것이 아니라 『위서』에 기록된 내용을 옮겨 놓은 것이다. 위서는 선비족 국가로서 중국에서 북위北魏라고 부르는 위魏나라의 역사서를 뜻하는 것으로 보이는데, 현재 전해지는 『위서』에는 이런 내용이 없다. 그렇다고 해서 일연이 옮겨 적은 『위서』가 위서僞書라는 뜻은 아니다. 『삼국지』 「동이 열전」에도 『위서』에서 인용한 구절이 다수 등장하지만 현재 전해지는 『위서』에는 나오지 않기 때문이다. 그렇다고 해서 『삼국지』를 위서僞書 라고 보지 않는다. 유독 『삼국유사』에 대해서만 시비를 거는 것은 단군을 부인하려는 식민사학의 속셈 때문이다. 현재 전해지는 『위서』에는 애당초 더 많은 내용이 담겨 있었으나 많은 내용이 누락된 불완전한 역사서가 전해지는 것일 뿐이다.

일연은 『삼국유사』에서 『위서』만 인용한 것이 아니다. 우리 쪽 역사서로 추측되는 『고기古記』도 인용했다.

> 환웅이 이에 사람으로 변해서 웅녀와 혼인해서 잉태해 아들을 낳았는데, 단군왕검檀君王儉이라고 불렀다. 당唐의 고(高:요) 임금이 즉위한 지 50년인 경인庚寅년으로 평양성平壤城에 도읍하고, 처음 조선이라고 칭했다. 또 도읍을 백악산 아사달로 옮겼는데, 홀산忽山이라고도 하고, 또 금미달今彌達이라고도 한다.[57]

『고기』는 『위서』보다 조금 자세한 내용을 전한다. 단군조선의 건

---

57 『삼국유사』 「기이 1」 '고조선'

국 시기가 요 임금이 즉위한 지 50년인 경인년이라는 것이다. 그런데 일연은 이 경인년 조항에 자신의 견해를 붙였는데, "당의 요堯 임금 즉위 원년은 무진戊辰년이니 50년은 정사丁巳년이요 경인년이 아니다. 사실을 갖추지 못한 것이 아닐까 의심스럽다."라는 내용이다. 이는 일연이 붙인 일종의 주석으로, 일연이 이 내용을 창작한 것이 아니라 『고기』에 나온 내용을 전재했음을 말해준다. 그런데 강단사학자 송호정은 이렇게 말한다.

> 재야사학자들은 기본적으로 우리 건국 신화인 단군 신화가 실재한 역사라는 입장에서 접근하기 때문에 많은 오해와 오류를 낳고 있다.[58]

송호정은 단군 사화가 신화神話라는 입장에서 바라보고 있다. 매국 기관인 동북아역사재단에서 송호정이 중요한 역할을 하고 있다는 것은 이제 알 만한 사람은 다 안다. 송호정이 단군 '신화'라고 표현한 것은 '실재한 역사가 아니라 믿지 못할 이야기라는 뜻을 함축하고 있다. 일제 식민사학의 입장에서 무조건 한국사를 깎아내리는 데다 공부도 부족하니 신화의 기본 개념도 모른 채 "많은 오해와 오류를 낳고 있다."고 말하고 있다. 신화는 신이나 영웅들의 사적을 전하는 신성한 이야기 형태로서 그것을 만든 사람들의 세계관과 역사관을 반영하고 있다. 그렇기에 신화는 해석이 중요해지는 것이다. 신화에 담

---

58 송호정, 『단군, 만들어진 신화』, 산처럼, 2004, 297~298쪽

긴 내용이 무엇을 뜻하는지를 해석하는 것은 후세 학자들의 몫이다.

송호정은 나이 상 이병도에게 직접 배우지는 않았지만 그의 식민사관을 학맥으로나 사관으로나 충실하게 이은 계승자다. 이병도는 『삼국유사』에서 기술한 단군조선의 건국 시기에 대해 이렇게 말했다.

> 하나는 누구나 상상할 수 있음과 같이 역사적 의식과 민족적 자존심에서 유래된 것이니, 즉 우리의 역사적 발족이 중국의 그것과 같이 구원하다는 것이다. 제요帝堯는 말할 것도 없이 중국의 가장 오랜 역사 고전인 『상서(尚書: 서경)』 첫머리에 오른 제왕의 이름이다. 이러한 의식과 자존심은 이미 고려 이전 고구려 시대로부터의 산물인지도 모르겠다. 다른 하나는 『상서』 「요전堯典」에, '희중에게 나누어 명을 내려 우이에 살게 하고 양곡이라 했다'고 한 것에 근거를 가진 것이 아닌가 하는 생각이다. 여기 우이는 산둥 반도에 있던 동이를 말함이요 양곡暘谷은 곧 양곡陽谷으로 동쪽 끝 해 뜨는 곳을 말한 것이니 후에 말할 '아사달'·'조선' 등과 마찬가지의 말이라 하겠다. 환언하면 '아사달'·'조선' 등과 동의어인 양곡의 이름이라든지 또 우이의 명칭이 「요전」에 나타난 것을 한 꼬투리로 삼아 고조선의 건도개국建都開國 을 요堯 시대에 구한 것이 아닐는지, 이것도 전자前者와 같이 상상할 수 있는 문제라고 생각된다. 어떻든 필자는 위의 두 가지 해설을 제시하여 후일의 재고를 요하려고 하는 바이다.[59]

---

59 이병도, 「고조선 문제의 연구」, 『한국고대사연구』, 한국학술정보, 2012, 40쪽

이병도 논리의 문제점은 다른 모든 식민사학자들과 마찬가지로 아무런 사료적 근거가 없다는 점이다. 일연은 『삼국유사』에서 『위서魏書』와 『고기古記』를 근거로 단군조선의 건국 시기를 서술했다. 그런데 이병도는 일연이 단군조선의 건국 시기를 날조했다는 전제를 깔고 『상서』를 끌어들였다.

아마도 자신도 『상서』 정도는 보았다는 자랑이 담겨 있는 듯한데, 일연이 『상서』가 아니라 『위서』와 『고기』를 근거로 단군조선의 건국 시기를 서술했으면 이에 대해서 설명해야 했다. 그나마 이병도는 그 제자 식민사학자들보다는 중국 고전을 조금 더 읽은 편이라서 산둥 반도에 동이가 살고 있었다는 사실은 알고 있었다. 어쨌든 산둥 반도의 동이와 고조선을 연결시킨 것은 진일보한 셈이다. 그러나 항상 결론은 식민사학으로 나기 때문에 문제가 지속된다. 이병도의 제자 이기백의 논리를 보자.

> 최근 일부에서는 단군이 건국했다고 전하는 지금으로부터 4,311년 전이라는 연대에다가 1,200년 가량을 보탠 약 5,500년 전부터 우리나라 역사를 서술해야 한다는 설이 나왔다. 그 근거는 확실하지 않으나 중국 삼황三皇의 첫째인 복희씨가 우리나라 역사를 처음 시작했으며 따라서 그렇게 봐야 한다는 뜻인 듯하다. …… 중국에서는 삼황오제三皇五帝가 전설적 존재이고 실존했던 인물이 아니라는 것은 이미 오래전에 학계의 정설로 굳어 있다. …… 그런데 그 전설적 인물을 우리나라 역사를 처음 시작한 실제의 인물로 보고 그때부터가 우리 역사의 시초라고 주장하며, 또 그렇

게 교육을 하라고 한다면 이것은 심각한 문제가 아닐 수 없다.[60]

이기백은 그동안 여러 재야 사학자들이 자신에게 한 대부분의 질문에는 침묵하면서 자신에게 유리한 이야기가 나오면 즉각 반응했는데, 위 문장도 그중 하나다. 식민사학은 단군이 서기전 24세기에 고조선을 건국했다는 내용을 철저하게 무시해 왔다. 그러다가 일부에서 여기에 1,200년 가량을 더 보태야 한다는 주장이 나오자 '잘 걸렸다'라고 즉각 반응하는 것이다. 그러면서 '삼황오제가 전설적 존재이고 실존했던 인물이 아니라는 것은 중국학계의 정설'이라고 덧붙였다. 그러나 사마천은 『사기』에서 삼황은 전설 속 인물로 보아 배제했지만 오제는 실존했던 인물로 보아서 첫 머리에 실었다. 이기백은 오제가 모두 실존했던 인물이 아니라는 것이 중국 학계의 '정설'이라고 말했지만 이는 그의 생각일 뿐이다. 지금으로부터 4천여 년 전에 황허 유역에는 희성姬姓을 쓰는 부족이 있었다고 보고 있는 학자들도 상당수 있다.

특히 중국학자 뤄빈지(낙빈기駱賓基)를 주목하자. 뤄빈지는 본명이 창푸쥔(장박군張璞君)이며 1917년 훈춘(혼춘琿春)에서 태어나 중일전쟁 와중인 1938년 중국 공산당에 가입했다. 그는 1940년대에 구이린(계림桂林), 홍콩, 충칭(중경重京), 상하이(상해上海) 등지에서 문학 활동에 종사하다가 1949년 중국 공산당이 중원을 통일한 후 산둥으로 가서 문련文聯 부주석을 지냈고, 1962년에는 베이징으로 와서 베이징시 작가협

---

60 이기백, '우리 역사의 기원', 「경향신문」, 1978. 11. 21~22일

회 부주석을 지냈다. 그는 문화대혁명 때 지식인으로 몰려 반신불수가 되는 고초를 겪지만 1974년부터 베이징시 문사관文史館에 강제 배치된 것이 큰 전환점이 되었다. 그는 이곳에서 청동기에 새겨진 금문金文을 중심으로 한 고문자학에 흥미를 느끼고 시력이 급격히 쇠퇴하는 상황에도 연구에 몰두해서 1978년 『금문신고金文新考』 상·하를 발간했다. 『금문신고』는 허신의 『설문해자說文解字』의 방법론을 채택해 옛 금문의 뜻과 음의 변화를 분석하면서 여러 역사 문헌을 대조해 그동안 베일에 싸여 있던 여러 역사 사실을 밝혀냈다. 그래서 그는 중국에서 '중국 상고사 연구의 새로운 지평을 개척했다'는 평가를 받는다.

이때만 해도 중국이 동북공정을 진행하지 않을 때이기 때문에 이런 책이 출간될 수 있었을 텐데, 그 내용은 중국 학계에 큰 충격이었다. 『금문신고』는 청동기에 새겨진 금문金文과 여러 역사서의 내용을 분석해서 중국 고대 하·상·주夏商周 나라는 모두 동이족의 역사라고 논증했다. 또한 복희씨 다음인 신농神農씨부터는 실존했던 인물이라고 논증했는데, 신농씨는 물론 황제헌원黃帝軒轅, 소호금천少昊金天, 전욱顓頊, 제곡帝嚳, 당요唐堯, 우순虞舜 등이 모두 동이족이라고 밝혀내어 중국 학계에 충격을 주었다. 중국 학자가 금문과 역사서를 가지고 중국인들이 동이족의 역사를 중국인의 역사로 변조했다는 사실을 밝혀냈으니 충격이 얼마나 컸겠는가. 동이족의 역사는 오히려 고조선 건국 시기보다 더 올라가는 것으로 밝혀지고 있는 것이다. 요컨대 식민사학에 사로잡힌 이기백의 생각과는 달리 중국사를 연구하면 할수록 동이족의 역사는 유구해지고 있다는 것이다. 그러나 이기백은 이렇게 말하고 있다.

단군조선의 연대는 신화에 나타나 있는 대로를 믿을 수가 없음은 분명하다. 따라서 어떠한 뜻에서건 이 연대에 기초를 둔 추론은 무의미한 것이며…… 한국의 청동기 시대 상한上限을 현재의 통설에 따라 BC 10세기 경으로 본다면 이것이 곧 고조선의 상한 연대가 될 것이다.[61]

이기백의 어법은 이병도와 또 이병도의 스승들인 이나바 이와키치, 쓰다 소키치 등과 비슷하다. 식민사학의 논리를 펼칠 경우 어투가 단정적이 된다는 점이다. 자신들의 주장을 뒷받침할 수 있는 1차 사료적 근거가 전혀 없기 때문에 역설적으로 단정적이 되는 것이다. 역사학자가 "단군조선의 연대는 신화에 나타나 있는 대로를 믿을 수가 없음은 분명하다."라고 말해서는 안 된다. 왜 믿을 수 없는지 1차 사료적 근거를 제시해야 한다. 아무런 근거도 없이 '믿을 수가 없음은 분명하다'라고 전제하고 "이 연대에 기초를 둔 추론은 무의미한 것"이라고 하는 것은 역사학적 방법론이 아니다. 이기백은 고조선의 상한 연대는 서기전 10세기 무렵이라면서 고조선의 역사 1,400여 년을 삭제하고 있는데, 그 근거라는 것이 겨우 청동기의 상한 연대라는 것이다. '현재의 통설'이란 '현재 식민사학자들의 하나뿐인 견해'라고 읽으면 정확하다.

현재 우리나라에서는 우리 민족의 고대 역사, 특히 그 기원에 대

<hr>

61 이기백, '고조선의 제 문제', 「월간중앙」, 1973년 5월호

해서 많은 논란이 있다. 그리고 그러한 논란은 민족을 사랑한다는 이유로 역사적 진리를 무시해도 괜찮다는 생각 때문에 일어나고 있는 부분이 많이 있다. 그러나 그런 사람은 민족에 대한 사랑에서 누구에게도 뒤지지 않을 박은식 선생의 말을 재삼 음미해보아야 할 것이다. 민족을 사랑하면 할수록 역사적 진리도 사랑해야만 하는 것이다.[62]

식민사학자들의 글을 보다보면 말이 거칠어지게 되어 있다. 이기백이 자신의 식민사학 논리를 합리화하기 위해서 박은식 선생을 끌어들인 부분이 그렇다. 대한민국 임시정부 제2대 대통령이었던 박은식 선생은 『한국통사』에서 "나라는 형形, 역사는 신神"이라고 말했다. 박은식은 만주 지역에 거주했던 몽골, 여진 등의 여러 민족들을 모두 민족사의 범주로 통합하는 호쾌한 고대사 체계를 제시했다. 이기백의 역사관과는 정확하게 대척점에 서 있는 역사관이다. 이기백이 식민사학을 옹호하기 위해서 끌어들일 인물은 이나바 이와키치, 이마니시 류, 쓰다 소키치, 이병도, 신석호 등이지 박은식 선생이 아니다. 한민족으로서의 양심은 그만두더라도 인간으로서 양심은 있어야 할 것이 아닌가?

"역사적 진리도 사랑해야만 하는 것"이란 말은 이기백에게 돌려주고 싶은 말이다. 식민사학의 틀에서 벗어나 뤄빈지처럼 금문도 좀 보고 중국 고대 문헌도 좀 찾아보면 '역사적 진리'가 보인다.

---

62 이기백, '한국 민족의 사회·문화적 기원', 「육사신보」, 1985년 7월 15일

중국 고대 사료에 등장하는 숙신肅愼을 찾아보자. 『사기』 「오제본기」 '제순帝舜' 조에 식신息愼이 나온다. 이 식신에 대해서 후한 때 인물인 정현鄭玄은 "식신은 혹 숙신이라고 이르는데 동북의 이夷족이다."라고 말했다. 제순은 제요帝堯 바로 다음의 인물인데, 이 숙신이 (고)조선임은 정약용을 비롯해 신채호, 정인보, 그리고 북한의 고대사학자 리지린이 이미 밝힌 바이다. 이기백은 일본 식민사학자의 시각으로 한국사를 바라보기 때문에 중국 고대 문헌에서 한국사의 자취를 찾을 생각 자체를 하지 않는다. 그러면서 불리한 근거를 보충하기 위해 박은식 선생 같은 정반대 입장의 인물들도 마구 끌어들인다. 한마디로 양심불량이다.

고조선이 서기전 24세기에 건국되었을 수 있다는 것은 식민사학자들이 좋아하는 고고학을 통해서도 밝혀지고 있다. 홍산 문화 중에 내몽골 츠펑시(적봉시赤峰市) 부근의 샤자뎬 하층 문화에서 발굴된 초기 청동기 문화의 상한 연대는 서기전 2,500년까지도 올라간다. 샤자뎬 하층 문화가 직접적으로 고조선 문화인지는 좀 더 연구해봐야겠지만 이 시기 이 지역에 국가를 건설할 만한 세력은 고조선밖에 없었다. 더구나 서기전 16~14세기 무렵부터 비파형 동검이 현재의 랴오시(요서遼西)·랴오둥 지역과 한반도에서 두루 출토되는데 비파형 동검은 다른 말로 '고조선식 동검'이라고 한다. 그런데 송호정 등은 '고조선식 동검'이 만주 일대와 한반도 일대에서 출토되는 사실이 식민사학에 큰 위협이란 사실을 느끼고 새로운 논리를 만들어냈다. 비파형 동검이 고조선이 아니라 산융, 동호 등의 북방 이민족이 만든 것이라는 논리다. 물론 식민사학의 특징대로 비파형 동검이 산융, 동호의 것이라는 1차 사료적 근거는 전혀 제시하지 못하고 우기는 것이다. 하긴 식민사학자들이 산융, 동호가 어떤 세력인지 어떻게 알겠는가? 산융, 동호 등이 고조선의 다른 명칭임은 다음 장에서 논증할 것이다.

이기백은 식민사학자들의 통설이라면서 청동기를 근거로 고조선의 건국 상한이 서기전 10세기라고 했지만 국내에서도 이미 서기전 25세기의 청동기가 출토되었다. 윤내현은 『고조선 연구』에서 한반도 내 두 곳의 발굴 결과를 언급했는데, 하나는 경기도 양평의 고인돌 유적으로 방사성 탄소 연대 측정 결과를 교정한 연대가 서기전 2325년 무렵이라고 말했다. 또 하나는 전남 영암군 주거지 유적으로 방사성 탄소 측정 연대로 서기전 2630~2365년이라고 말했다. 물론 이런 연구 결과를 제시해도 식민사학계는 꿈쩍도 않는다. 식민사학은 학문이 아니라 정치 논리이기 때문이다. 그러나 식민사학의 정치 논리는 불행하게도 한국인의 시각에서 바라본 정치 논리가 아니라 일본 침략자의 시각에서 바라본 정치 논리이며 매국 기관 동북아역사재단처럼 중국 동북공정의 논리로 바라본 정치 논리이기 때문에 대한민국 입장에서는 반드시 극복해야 하는 논리이다.

그런데 요즘 식민사학계와 관련해서 재미있는 현상이 있다. 이덕일 소장을 주축으로 하는 한가람역사문화연구소에서 일련의 저작들을 통해 식민사학이 아무런 1차 사료적 근거가 없는 삼류소설임을 꾸준히 밝혀냈다. 그중 낙랑군 수성현이 황해도 수안이라는 이나바 이와키치와 이병도의 주장은 그야말로 코미디 수준으로 전락했다. 이덕일 소장의 『한국사, 그들이 숨긴 진실』을 본 사람들은 국내 주류 식민사학이 아무런 문헌 사료적 근거를 갖고 있지 않다는 사실에 경악을

금치 못했다. 아무런 문헌적 근거가 없다는 사실이 널리 알려지자 식민사학계는 곤궁해졌다. 그러자 식민사학이 만들어낸 또 하나의 도피처가 고고학이다. 한국 고고학은 고고학계의 대부라는 서울대 고고미술사학과 교수였던 김원룡이 쓰다 소키치의 『삼국사기』 초기 기록 불신론'을 고고학적으로 뒷받침하는 이른바 '원삼국론'을 만들어서 최근까지 각 국립박물관에 '원삼국실'이 있었을 정도로 식민사학에 경도되어 있는 현실이다.

문헌적 근거가 전무하다는 사실 때문에 궁지에 몰린 식민사학계가 고고학에 매달리는 이유는 분명하다. 고고자료는 말이 없으므로 자신들이 마음대로 해석해도 되기 때문이다. 그래서 식민사학계는 고조선 문제에 대해 문헌 사료적 고증을 포기했다고 해도 과언이 아닐 정도로 고고학에 매달린다. 심한 경우 설명의 전부를 고고학적 설명에 의존하고 있다. 앞서 말한 대로 송호정이 '고조선식 동검'이라고 불리는 '비파형 동검'을 산융, 동호의 것으로 마음대로 갖다 붙이는 것도 이런 종류의 일환이다.

그런데 식민사학의 태두 이병도는 자신의 후예들이 훗날 고고학에 의존해서 목숨을 겨우 부지하게 될 줄은 꿈에도 모르고 이런 말을 했다.

> 또 한 가지 고대사 연구에서 주의할 일이 있어요. 선사 시대는 고고·인류학이 주가 되겠지만 역사 시대의 역사는 원래 문헌을 주로 하는 것이고 고고학·인류학·언어학 등은 보조 과학인데 요즘은 역사 시대에 있어서도 으레 고고학이 앞장서는 경향이 있는 듯해

요. 고고학이 주체인지 문헌이 주체인지 모를 지경이야.

가령 주종관계로 따진다면 사학은 문헌을 주로 하고 고고학·인류학·언어학은 종으로 해야 하는데 이것이 거꾸로 되는 경향이 있어요. 고대의 유물이란 항시 굴러다니는 것이어서 꼭 그 유물이 어디에서 출토되었다는 것만 가지고, 그 사실이 역사를 지배하고 역사를 규정한다고 생각하는 것은 잘못이지 …… 역사는 역시 문헌을 중심으로 하고 다음에 고고·인류·언어학 등을 보조 과학으로 해야 할 것이라고 거듭 말하여 둡니다.[63]

이는 1975년 5월 「서울평론」에서 이기백과 나눈 대화를 전재한 내용이다. 식민사학의 교주 이병도는 "고고학이 주체인지 문헌이 주체인지 모를 지경"이라고 한탄했다. 이병도는 자신이 다 밝혀놓았으니 그대로 따르기만 하면 된다는 전제로 이런 말을 한 것이지만 이병도 자신의 설이 일체의 문헌사료적 근거가 없다는 사실은 모른 체했다. 그때만 해도 식민사학이 영원할 줄 알았기 때문이다. 그러나 이기백이 인용한 '역사적 진리'가 점차 드러나면서 생존 자체가 급급해진 식민사학계는 고고학에 기생할 수밖에 없었다.

그런데 이병도가 "고대의 유물이란 항시 굴러다니는 것이어서 꼭 그 유물이 어디에서 출토되었다는 것만 가지고, 그 사실이 역사를 지배하고 역사를 규정한다고 생각하는 것은 잘못"이라고 말한 것은 현재 식민사학계의 현황에 비춰볼 때 중요한 말이다. 식민사학이 고고

---

63 진단학회, 『역사가의 유향』, 일조각, 1991, 230~231쪽

학에 의존한다는 말은 고고학 사료를 과학적으로 접한다는 뜻이 아니다. 자신들에게 불리한 것은 배제하고 유리한 것만 선택적으로 채택하는 것이다. 1997년 중국에서 동북공정의 일환으로 랴오닝성 진시시(금서시錦西市) 롄산구(연산구連山區)에서 고성 터를 발굴하던 중에 임둔태수장臨屯太守章 봉니封泥[64]가 발견되었다. 진시시는 지금의 후루다오시(호로도시葫蘆島市)인데, 랴오닝성 서쪽으로서 허베이성 가까운 지역이다. 식민사학계는 그간 임둔군이 강원도 지역이라고 우겨왔는데, 강원도에서 출토되었어야 할 봉니가 랴오닝성 서쪽에서 발견된 것이다. 그러자 식민사학계는 약속이라도 한 것처럼 일제히 이 사실을 외면했다.

그런데 현재의 평양시 한 무덤에서 낙랑군의 호구와 인구수를 적은 목간이 발견되었다. 그러자 식민사학계는 일제히 환호하면서 평양시가 낙랑군이라는 증거를 찾았다고 떠들썩했다. 그러나 식민사학의 교주 이병도 박사께서 "고대의 유물이란 항시 굴러다니는 것"이라고 밝혀주셨다. 목간이란 누구든지 손쉽게 휴대할 수 있는 물건이다. 고구려는 수많은 낙랑인들을 포로로 잡아왔고, 또 많은 중국 사람들이 고구려로 망명했다. 이 과정에서 낙랑 목간이 출토된 것으로 보는 것이 합리적일 텐데 식민사학자들은 그렇게 하지 않는다. 낙랑 목간이란 낙랑군의 위치를 적은 것도 아니고 낙랑군 산하 속현들의 인구가 얼마인가를 적은 것일 뿐이다. 일본 도쿄, 교토, 오사카 등에서 일제 강점기 때 가져간 조선 시대 행정문서가 나오면 조선이 일본 도쿄, 또는 교토나 오사카에 있는 것이 되는가? 그래서 이병도 말대로

---

64 대나무 죽간 등의 공문서를 상자에 넣어 묶은 끈을 봉하고 도장을 찍은 진흙덩이.

"그 유물이 어디에서 출토되었다는 것만 가지고, 그 사실이 역사를 지배하고 역사를 규정한다고 생각하는 것은 잘못"인 것이다.

이병도는 1976년 『한국학보』에 실린 대담에서도 비슷한 내용을 또 강조했다.

> 그런데 우리 사학도로서 주의해야 할 것은 문헌을 주로 해야 한다는 것입니다. 먼저 고고학 자료를 가지고 말하고 그 다음 문헌적 자료를 말하는데, 이건 주객이 전도된 것 같아요. 고고학은 하나의 보조 과학이니까 참고로 해야 하는 것이지 먼저 고고학을 가지고 덤벼서는 안 된단 말예요. …… 하여튼 고고학은 상당히 중요하다고 생각되지만 편년 문제가 해결되기 전에는 우리 사학도로서는 문헌을 중심으로 연구를 해야겠어요.[65]

그런데 이병도는 왜 이렇게 거듭해서 고고학의 가치를 낮춰보는 이야기를 했을까? 그것은 고고학적 발굴 결과 『삼국사기』 초기 기록 불신론'을 부정하는 내용이 나왔기 때문일 가능성이 크다. 1964년 서울대의 김원룡은 풍납토성을 시굴 조사하고 풍납토성의 초축初築을 1세기로 비정하고 475년 백제가 공주로 천도할 때까지 전후 약 5세기의 유적으로 추정했다. 『삼국사기』 초기 기록 불신론'이 고고학에 의해 무너지는 순간이었다. 김원룡이 이 과학적 결론을 그대로 유지했다면 그는 식민고고학자라는 꼬리표를 떼는 것은 물론 식민사학

---

65 진단학회, 『역사가의 유향』, 일조각, 1991, 239~240쪽

에 맞서 민족사학을 바로 세운 위대한 학자로 대접받았을 것이다. 그러나 이병도 중심의 식민사학계는 학문하는 사람들의 집단이 아니라 일종의 조폭 집단이었다. 그래서 김원룡은 자신이 발굴한 과학적 결과를 부정하고 이 집단의 구성원으로 살아남는 길을 택했다. 그래서 그는 식민사학자로 전락하고 말았다. 나아가 원삼국 시기라는 용어를 만들어서 서기 300년 무렵까지 삼국은 국가 상태가 아니었다는 원삼국론을 주창했다.

그런데 1997년 풍납토성에 대한 발굴 조사 결과 김원룡이 1964년 발굴한 결과보다 더욱 앞선 시기에 축조되었다는 사실이 확인되었다. 방사성 탄소 연대 측정법에 의하면 서기전 2세기 무렵의 것까지 출토되어 이르면 이 시기, 늦어도 서기 2세기에는 풍납토성이 축조되었다는 사실이 과학적으로 입증된 것이다. 김원룡이 지하에서 이 소식을 들으면 어떤 표정을 지을지 궁금하다.

필자는 역사를 연구하는 역사학자들이 사후의 명예에는 무관심하다는 사실이 놀랍기만 하다. 호랑이는 죽어서 가죽을 남기고, 사람은 죽어서 이름을 남긴다는데 사후에 '식민사학자'라는 꼬리표가 붙는 것이 아무렇지도 않다는 생각일까? 어차피 영혼이 없는 사람들이니 '죽은 후에 욕 먹는 것이야 무슨 상관이냐? 살아서 부귀영화를 누리면 그만이지'라는 생각일까? 그러나 필자가 여러 분야의 사람들을 두루 접촉해 본 결과 식민사학자들이 살아서 영예를 누리는 기간도 거의 끝나간다는 사실을 확인할 수 있었다. 그렇게 역사적 진실은 더디지만 승리하고 있는 것이다.

고조선의 거수국渠帥國들

식민사학자들은 고조선의 시간과 공간을 끌어내리기에 여념이 없다. 그들은 고조선이 강력한 고대 국가였다는 사실이 견딜 수가 없는 모양이다. 부족국가, 성읍국가 등 온갖 용어를 끌어대어서 고조선을 폄하하기 위해서 광분하고 있다. 그러나 윤내현은 서기전 24세기에 고조선이 국가 단계로 발전했다고 말하고 있다.

> 고을나라 단계를 거쳐 서기전 2333년에는 고조선이 건국되기에 이르렀던 것이다. 이렇게 보면 한국은 고대에 '무리사회'로부터 '마을사회'와 '고을나라'의 세 단계를 거쳐 '고조선'에 이르렀음을 알 수 있다. 그리고 국제 학계에서 통용되는 정의에 따르면 고조선은 국가 단계의 사회였음도 알 수 있다. 여기서 유의해야 할 것은, 고조선이라는 국가 사회 단계는 이전의 고을나라 단계와 완전히 다른 사회인 것은 아니며, 고을나라 단계에 있었던 사회 요소들이 그대로 계승되어 양적으로 팽창되면서 법이라는 새로운 요소가 추가되었다는 점이다.[66]

국제 사학계에서는 국가 단계의 진입 여부를 법의 출현으로 구분하는데, 『한서漢書』「지리지」에 고조선에는 〈범금犯禁 8조〉가 시행되었다고 하므로 그 이전에 국가 단계에 진입한 것으로 보아야 한다는

---

66 윤내현, 『고조선연구』, 일지사, 1994, 118쪽

것이다. 〈범금 8조〉는 기자가 조선에 와서 시행했다고 하는 것으로 은殷나라가 주周나라로 교체되던 서기전 12~11세기 때의 사건이다. 그러나 기자와 〈범금 8조〉가 실제 관련 있는지 여부나 8조가 구체적으로 언제 시행되었는가 등은 더 연구해 보아야 할 과제이다.

중국의 경우 청동기 문화가 시작되는 얼리터우(이리두二里頭) 문화를 하夏나라의 국가 단계로 보고 있다. 얼리터우 문화란 서기전 2100년에서 서기전 1500여 년까지 황허 유역에서 나타나는 문화인데, 1952년 허난성(하남성河南省) 덩펑(등봉登封)의 왕춘(왕촌王村)에서 처음 유적이 발견되었고, 1959년 허난성 옌스(언사偃師)의 얼리터우에서 발견된 유적이 대표적이라 얼리터우 문화라고 부른다. 얼리터우 문화는 상(商·은)나라의 청동기보다 이른 시기에 나타난 문화다. 그래서 중국에서는 전설상의 국가로 여겼던 하夏나라의 존재를 증명할 수 있는 문화로 크게 주목했다. 그러나 상나라의 존재를 입증했던 갑골문자 같은 문헌 사료가 발견되지 않아 상商나라의 전기前期 문화로 보기도 했다. 그러나 방사성 탄소 연대 측정을 통해 상나라보다 이른 시기의 유적임이 밝혀지면서 중국 학계에서는 얼리터우 문화를 하夏나라 유적이라고 보는 견해가 일반적이다. 그러나 한편에서는 모두 네 시기로 구분되는 얼리터우 문화 중에서 앞부분의 유적은 상나라 문화로 보기도 한다.

중국에서는 이처럼 방사성 탄소 연대 측정 결과를 가지고 하夏나라의 유적이라고 주장하고 있지만, 샤자뎬 하층 문화와 한반도 내에서 서기전 25세기 무렵이라는 방사성 탄소 연대 측정 결과가 나와도 한국 학계는 고조선의 실재 건국 연대로 인정하지 않는다. 일본인과 중국인의 시각으로 한국사를 보기 때문이다.

윤내현은 또 고조선의 국가 구조가 고대 중국의 국가 구조와 비슷했다고 서술했다.

> 고조선의 국가 구조는 다음과 같이 설명된다. 고조선 국가 구조
> 는 중앙에 단군이 직접 통치하는 직할지가 있었고, 각 지역에 거
> 수渠帥들에 의해 통치되는 거수국이 있었는데, 각 지역의 거수들
> 은 중앙에 있는 단군을 그들의 공주(共主:공통의 임금)로 받들었으며
> 종교·정치·경제 등의 면에서 일정한 의무를 지고 있었다. 그러므로
> 고조선은 봉건제 국가 또는 거수국제 국가라고 부를 수 있을 것
> 이다.[67]

중앙에 천자가 있어서 여러 제후국을 거느린 중국의 고대 왕조들처럼 고조선도 산하에 거수渠帥들이 통치하는 많은 거수국들을 거느린 나라였다는 것이다. 이런 사실은 고려 충렬왕 13년(1287) 이승휴가 쓴 『제왕운기』에 부여·비류·신라·고구려·옥저·예·맥 등 70여 국의 혈통이 단군으로부터 이어졌다고 한 데서도 알 수 있다. 『후한서』 「동이열전」에 등장하는 산둥 반도의 구이九夷 등의 기록들도 고조선의 거수국을 설명한 것으로 이해할 수 있다.

『시경詩經』에 나오는 한후韓侯 역시 고조선과 관련해서 살펴볼 수 있다.

---

67 윤내현, 『고조선연구』, 일지사, 1994, 484쪽

선조의 명을 받아서 그때 백만百蠻을 부탁해 以先祖受命因時百蠻

왕께서 한후韓侯에게 王錫韓侯

그 추追국과 그 맥貊국과 북쪽 나라를 주어 위로하게 하시니 其追

其貊奄受北國[68]

『시경詩經』은 중국에서 가장 오래된 시가詩歌집으로, 공자가 집대성
한 것이다. 모두 350편이 수록되어 있는데, 시가의 일종인 아雅는 모
두 105편이 있으며, 그중 대아大雅는 31편이고, 소아小雅는 74편이다.
대아는 군주가 신하를 맞을 때 국왕이 권고하고 경계하는 가사이다.
다수는 조정 관리 및 공경 대부의 작품이고 소수가 민간에서 불리던
시가이다.

한후는 주나라의 제후인 것처럼 묘사되었지만 동이의 통치자이다.
『시경』은 한후가 이미 여러 나라, 즉 백만을 다스리는 통치자인데, 그
에게 추, 맥과 그 북쪽의 나라를 더해주었다는 내용이다. 맥貊은 주
로 예맥濊貊이란 연사로 호칭되니 추追는 예濊로 해석할 수도 있을 것
이다. 한후韓侯는 고조선과 밀접한 관련이 있는 인물인데, 후한 때의
왕부王符는 『잠부론潛夫論』에서 한후와 관련해서 의미심장한 기록을 남
겼다.

옛날 주周나라 선왕宣王 때 또한 한후韓侯가 있었는데, 그 나라는
연나라에 가까웠다. 옛 시(『시경』)에서 말하기를, '저 커다란 한성韓

---

68 『시경』「대아(大雅)」한혁(韓奕)

城은 연나라 군사들이 쌓은 것이다'라고 노래했다. 그 후 한韓나라 서쪽도 역시 성姓이 한韓이었는데, 위만衛滿에게 정벌당해서 바다 가운데로 옮겨 거주했다.

昔周宣王亦有韓侯, 其國也近燕, 故詩云, '普彼韓城, 燕師所完' 其後韓西亦姓韓, 爲衛滿所伐, 遷居海中[69]

『잠부론』의 위 기사에서 주목해야 할 것은 한韓의 위치다. 주나라 선왕 때인 서기전 9세기의 한후韓侯는 단군조선을 뜻하는 것이다. 한韓나라 서쪽에 있다가 서기전 2세기 때 위만에게 쫓겨난 한韓씨는 기자조선의 준왕準王을 뜻한다. 후한 때 쓴 『잠부론』은 한후의 나라, 즉 단군조선의 서쪽 변경에 기자국이 있었는데, 그 성이 한씨였다는 것이다. 그런데 한韓은 성씨라기보다는 고조선 통치자의 호칭으로서 알타이어 계통에서 군장을 부르는 한(汗:Han), 또는 가한(可汗:Kahan)의 표기로 해석할 수 있다. 후한 때 기록인 『잠부론』의 위치 비정은 고조선 서쪽에 기자국이 있었다고 보는 것이다. 그런데 이는 식민사관의 위치 비정과 맞지 않았다. 그래서 식민사관 특유의 '원 사료 마음대로 고치기'가 시도되었다. 이병도의 글이다.

……(『잠부론』의) 서西는 확실히 방위를 의미한 것이 틀림없다. 그러나 한후국의 서쪽이라고 해서는 아래의 구절과 부합되지 않는다. 왜냐하면 아래의 구절은 분명히 조선에 관한 이야기인데, 조선의

---

69 왕부, 『잠부론』 권9, 지씨성(誌氏姓)

위치가 한후국의 서쪽에 있었다고 해서는 말이 되지 아니하므로, 나는 일찍부터 '한서韓西'를 '한동韓東'의 오(誤:그릇된 것)라고 보았다. 왕부의 말은 즉『시경』「대아」'한혁'편에 보이는 한후의 나라는 그 위치가 연나라에 가까웠으므로 "저 큰 한성은 연의 군사가 완성한 것"이라고 한 것이며, 그 후에 이 한후국의 동쪽(조선)에서도 또한 한씨의 성을 일컫더니 (그 후) 위만에게 침벌되어 해중(海中:남한 지방)으로 천거(遷居:옮겨 거주함)했다는 것이다. 해중으로 천거한 사람은 즉 조선의 말왕 준準 그이이니, 준왕의 성이 한씨인 것을 말해주는 것이 아니고 무엇이랴?[70]

이병도는 앞에서 "우리 사학도로서 주의해야 할 것은 문헌을 주로 해야 한다는 것"이라고 말했다. 그러면서도 자신의 생각과 맞지 않는 문헌 사료가 나오면 문헌이 틀렸다고 주장한다. 왕부의『잠부론』에는 분명 '한서(韓西:한나라 서쪽)'라고 쓰여 있는데, 이를 마음대로 '한동(韓東:한나라 동쪽)'을 잘못 쓴 것이라며 동쪽으로 바꾸어놓는다. 정상적인 학자라면『잠부론』에서 왜 한동韓東이라고 쓰지 않고 한서韓西라고 썼을까를 고민하겠지만 고정관념에 사로잡힌 식민사학자들은 그렇게 하지 않는다. 준왕이 위만에게 나라를 빼앗기고 도주한 곳이 남한 지역이라는 식민사학의 고정관념에 사로잡혀서 원사료의 위치를 마음대로 바꾸어놓는 것이다. 한마디로 학문이 아니다.

단군 조선 서쪽에 기자국이 있었다는『잠부론』의 위치 비정이 맞

---

70 이병도,『한국고대사연구』, 한국학술정보, 2012, 55쪽

을 것이라는 생각은 하지도 않는다. 이병도는 한후의 나라를 고조선이 아니라 주나라의 제후국으로 오인하고, 또 한후의 나라 서쪽에 있는 기자국의 위치를 마음대로 동쪽으로 바꾸어놓는 것이다. 그러면서도 기자국의 성이 한씨였다는 내용은 그대로 믿어서 기자조선을 '한씨조선'이라고 써 왔다. 한 사료 내에서 마음에 드는 구절은 그대로 취택하고 마음에 들지 않는 구절은 바꾸어버리는 비문헌적 행태를 보이는 것이다.

고조선의 문화

고고학을 그토록 좋아하는 식민사학이 정작 연구해야 하는 분야를 방기하는 경우가 바로 현재 중국 랴오시(요서) 지역의 홍산 문화를 필두로 하는 일련의 문화 유적들이다. 서기전 4500~서기전 3000여 년 무렵의 홍산 문화와 서기전 3000~서기전 2000여 년 무렵의 샤오허옌小河沿 문화, 앞에서 서기전 2400여 년 무렵의 청동기가 발굴된 샤자뎬夏家店 하층 문화 등이 그런 유적들이다. 홍산 문화는 1935년 내몽골 츠펑시 홍산에서 처음으로 유적이 발견되면서 붙은 이름인데, 현재는 내몽골 동남부와 랴오닝성과 지린성 서부, 허베이성 북부 등지에서 발견된 여러 유적을 통칭해서 홍산 문화라고 한다. 대표적인 것은 랴오닝성 젠핑(건평建平)현 뉴허량(우하량牛河梁) 유적인데, 제단·여신상·적석총·옥기 등이 발견되어서 초기 국가 단계로 비정할 수 있다. 중국에서는 홍산 문명이 세계 4대 문명의 하나로 자랑해왔던 황허 문명과 다를 뿐만 아니라 더 앞선 문화이자 동이 계열의 문명으로 드러나자 당황했다. 그러나 현재 한국이 식민사학계가 완전히 장악하여 자신들을 도와주고 있는 형국이란 사실을 알고 기뻐하고 있다. 홍산 문명은 '랴오허(요하) 문명'이라고도 하는데, 뉴허량 유적에 대한 설명을 보자.

> 대표적인 유적은 우하량(뉴허량) 유적지인데, 길이 160m에 너비 50m의 규모인데, 거대한 적석총들과 내부에 석관묘들이 있었고 기원전 3,500년 경의 것으로 추정된 여신상의 파편들이 출토됐고 제단도 발견됐다. 적석총 안의 석관에서는 다양한 형태의 가공 수준이 뛰어난 옥玉 제품들이 다수 나왔다. 조보구(자오바오거우趙寶溝) 문화의 뒤를 이어 채색 토기가 출현한다. 청동 제조 도기, 청동 슬래그들이 발견돼서 청동기 시대에 돌입했다고 주장하는 학자들도 있다. 이미 국가 단계에 들어온 고국古國이라고 말한다. 홍산 문화의 주체가 동이라는 설이 중국학자들에게서 나오고 있음은 주목할 만한 일이다.[71]

홍산 문화의 대표격인 뉴허량 유적에서 나타나는 제단과 여신상 등은 이 문화를 만든 사람들의 높은 정신세계를 말해준다. 또한 적석총은 뉴허량 유적뿐만 아니라 만주 지안(집안輯安)의 고구려 장군총

---

71 윤명철, 「발해 유역의 역사 문화와 동아시아 세계의 이해」, 『한국상고문화기원연구』, 학연문화사, 2013, 422~423쪽

과 서울 석촌동의 백제 적석총 등에서 알 수 있는 것처럼 만주와 한반도 일대에 널리 분포하는 우리 민족과 북방 민족 특유의 무덤 형태다. 또 비파형 옥검도 발견되었는데, 고조선식 동검이라고도 불리는 뒷날의 비파형 동검으로 연결된다.

뉴허량 무덤은 의심할 여지없이 동이족의 유적이다. 청동기를 만드는 데 필요한 구리 광산, 즉 동광銅鑛이 내몽골 자치구 린시(임서林西)현에서 발견되었다. 한국 고대 금속 기술에 대한 연구를 보면 한국형 청동기만의 특징이 있다. 청동에 아연을 적절하게 배합하면 합금의 색깔과 유동성을 조절할 수 있는데, 아연은 높은 온도에서 쉽게 증발하기 때문에 아연을 다루는 기술이 청동 제조 기술의 핵심이다. 그런데 한국형 청동기는 아연을 마음대로 다루어 청동기를 만들었는데, 이는 동시기의 중국식 청동기보다 높은 기술을 갖고 있었음을 말해주는 것이다.

북한에서는 서기전 8세기 무렵의 고조선에서 철기를 사용하기 시작했다고 본다. 식민사학자들은 청동기는 서기전 10세기, 철기는 서기전 3세기에 들어서, 그것도 중국 한漢나라에서 들어왔다고 아무런 사료적 근거도 없이 우기고 있다. 고조선은 초기에 연철을 사용하다가 서기전 7~6세기 무렵에는 선철을 사용하게 되었는데, 철의 종류는 탄소 함유량을 기준으로 나눈다. 금속 용어 사전 등에 따르면 연철은 탄소 함량이 약 0.01% 이하의 철로 순철에 가까운 철이다. 선철은 주철이라고도 하는데, 탄소 함량 2.6~5%의 철로서 모든 철기 제품을 만드는 기본이 되는 철이다. 고조선은 서기전 3세기 무렵에는 강철을 사용하게 되었는데, 강철은 탄소 함량이 0.04~1.7%이다. 고조선에서는 철의 질을 높이기 위한 열처리 기술을 갖고 있었으며, 철을 생산·가공하기 위한 제철로와 송풍 장치도 있었음이 확인되었다. 고조선의 제철 기술은 서구와 비교할 때 1천여 년 이상 빨랐다. 서구에서 선철을 널리 사용하게 된 것은 서기 14세기 무렵으로 보고 있는데, 선철에서 강철을 얻는 방법도 이 시기에 와서야 사용하게 되었다고 한다.

랴오둥 반도 끝자락 다롄(대련大連)의 강상崗上 무덤은 고조선 무덤인데, 북한에서는 강상 무덤에서 청동실을 이용해 장식품을 만들었다고 말하고 있다. 직경 0.25밀리미터 정도의 가느다란 청동실로 그물 모양의 장식품을 만들었는데, 이는 현재의 기술로도 쉽지 않다는 것이다.

3 고조선과 북방 민족

'숙신=조선'이다

고조선은 연구할수록 만주 일대와 한반도는 물론 한때는 산둥 반도까지 차지했다는 사실이 밝혀지고 있다. 그런데 그동안 일제 식민사학과 그 한국인 후예들, 즉 식민사학의 앞잡이들은 고조선이 부여·예맥·진번 등과 같은 계통의 한 소국으로서 대동강 유역에 있었다고 줄곧 주장해왔다. 그러다가 한중 수교 후 만주 대륙에서 수많은 고조선 유물이 쏟아져 나왔다는 사실이 알려지자 슬그머니 이동설을 내놓았다. 요동에 있던 고조선이 대동강 유역으로 이동했다는 것으로서 서영수와 노태돈 등이 주장했는데, 식민사학답게 아무런 문헌 사료적 근거도 없이 그렇다고 우긴 것이다. 물론 고고학적 근거도 전혀 없는 순수 창작이다.

중국 춘추 시대 때 활동했던 관중管仲을 관자管子라고 한다. 관중의 사상을 집대성한 서적이 『관자管子』인데, 전국 시대에 만들어졌을 것으로 이해되고 있다. 서기전 26년 전한의 유향劉向이 그때까지 전해지던 『관자』를 편집했다는 사실이 전해지고 있다. 그 『관자』에 이런 내용이 있다. 『관자』 제80편 「경중갑輕重甲」에 제나라 환공(桓公:서기전 685~643)과 관중이 나누는 대화가 실려 있다.

환공이 말했다. "사이四夷가 불복하니 그들이 나의 정치에 역행하는 것이 천하에 퍼져서 과인을 상하게 할 것이 두렵다. 과인의 행위를 어떻게 해야 이 도가 있겠는가?"

관중이 대답하여 말했다. "오월吳越이 입조入朝하지 않는 것은 구슬과 상아를 예물로 삼았기 때문이고, 발조선發朝鮮이 입조하지 않는 것은 문피文皮와 털옷綖服을 예물로 청했기 때문입니다. 옹씨禺氏가 입조하지 않는 것은 백옥을 예물로 청했기 때문이고, 곤륜崑崙이 입조하지 않는 것은 여러 옥[璆琳琅玕]을 예물로 청했기 때문입니다. 고로 무릇 쥐고 있으면 손을 볼 수 없고, 다물고 있으면 입을 볼 수 없으니 구슬을 천금으로 쳐준 연후에 8천 리의 오월이 입조할 수 있을 것이고, 한 마리 표범의 가죽을 금으로 쳐서 준 연후에 8천 리의 발조선이 입조할 수 있을 것입니다……."

桓公曰:「四夷不服, 恐其逆政, 游於天下, 而傷寡人, 寡人之行為此有道乎?」管子對曰:「吳越不朝, 珠象而以為幣乎! 發朝鮮不朝, 請文皮綖服而以為幣乎! 禺氏不朝, 請以白璧為幣乎! 崑崙之虛不朝, 請以璆琳琅玕為幣乎! 故夫握而不見於手, 含而不見於口, 而辟千金者珠也, 然後八千里之吳越可得而朝也. 一豹之

皮容金而金也. 然後八千里之發朝鮮可得而朝也……[72]

위의 구절에서 8천 리는 이민족의 강역을 가리킬 때 사용하는 관용어지 실제로 8천 리라는 뜻이 아니다. 오월도 8천 리, 발조선도 8천 리, 또 웅씨도, 곤륜도 모두 8천 리라고 표기하고 있는 점에서 이를 알 수 있다. 그러나 식민사학은 어떻게 해서든 고조선을 대륙에서 멀리 떨어뜨려 놓아야 하므로 이를 제나라와 고조선의 거리라고 주장한다.

조선은 제나라(지금의 산둥 반도에 위치)에서 8천 리 떨어진 곳에 있다고 했다. 여기서 8천 리라고 하는 것은 그만큼 거리가 멀다는 뜻이다.[73]

『태평어람太平御覽』은 "비건국毗騫國은 부남에서 8천 리 가면 바다 가운데 있다(去扶南八千里, 在海中)."라고 '갈 거去' 자를 썼다. "8천 리의 발조선八千里之發朝鮮"이란 말은 제나라에서 조선까지의 거리를 말한 것이 아니다.

『관자』는 서기전 8세기 때의 일을 기록한 것인데, 서기전 23세기 무렵의 일을 기록한 『사기』「오제본기」 '제순帝舜' 조를 보면 "북쪽에는 산융과 발과 식신(發, 息慎)이 있다."는 구절이 나온다. 이 구절에 대해

---

72 『관자』 제80편 「경중갑(輕重甲)」
73 송호정, 『한국고대사 속의 고조선사』, 푸른역사, 2003, 59쪽

정현鄭玄은 "식신은 혹은 숙신肅慎이라고 이르는데, 동북의 이夷족이다."
라는 주석을 달았다. 서기전 23세기 무렵의 일을 기록한『사기』'제
순' 조의 '발·숙신'이 1,600여 년 후인 서기전 8세기 무렵의 일을 기록
한『관자』에는 '발·조선'으로 표기된 것이다. 즉 '숙신=조선'이다. 그래
서 정약용, 신채호, 정인보 및 북한의 리지린 등이 모두 숙신을 조선
과 같은 명칭으로 보았던 것이다. 그러나 송호정은 식민사학에 따라
서 어떻게 해서든지 고조선을 반도 북부로 쑤셔넣기 위해서 선학先學
들의 이런 탁견을 코웃음쳐버린다. 송호정의 논리를 보자.

> 기원전 7세기 이전 숙신은 북경(베이징) 동북 지방에 존재했다 하더
> 라도 기원전 8~7세기를 전후한 춘추 시대 이후에는 길림성 북쪽
> 일대로 이주한 것으로 보인다. …… 바꾸어 말하면 종래 중국 정
> 사상에는 상·주 대의 '숙신'을 여진족의 선조로 인정하고 있으며
> 현재도 일반적으로 이렇게 인정하고 있다. 따라서 신채호나 북한
> 학계의 주장처럼 숙신과 조선이 발음과 명칭상 유사하다는 점만
> 을 근거로 내세워 고조선과 동일한 실체로 보는 것은 잘못이다.[74]

서기전 7세기 이전에 중국 북쪽에 있던 숙신이 지린성吉林省 북쪽
일대로 옮겼다는 것이다. 송호정은 중국에서 숙신을 여진족으로 보
고 있으니 고조선과는 다르다는 것이다. 외형은 한국인으로서 고조
선을 전공했다는 송호정은 대학 재학 시절이나 교원대에 재직하고 있

---

74 송호정,『한국고대사 속의 고조선사』, 푸른역사, 2003, 49~50쪽

는 현재나 모두 국민 세금으로 연명하고 있는데 어떻게 해서든 고조선을 말살하기에 여념이 없다. 그러니 매국 기관인 동북아역사재단에서 그토록 떠받드는 것이리라. 그러나 송호정의 주장은 다음에 제시하는 짧은 구절 하나로도 무너진다.

> 또 제나라는…… 동북쪽으로 숙신과 이웃하고 있으며 오른쪽은 탕곡과 경계를 이루고 있다
>
> 且齊…邪與肅愼爲鄰, 右以湯谷爲界[75]

이 구절의 '사邪' 자에 대해 『사기정의』는 "동북으로 접하고 있는 것을 이른다."라는 주석을 달았다. 숙신은 송호정의 머릿속에서는 지린성 북부로 이주했는지 모르지만 이는 아무런 사료적 근거가 없는 공상이고, 제나라와 동북쪽으로 접하고 있었던 것이다. 이 글은 한나라 경제景帝와 무제武帝 때인 서기전 2세기 무렵의 사부가辭賦家인 사마상여司馬相如의 「자허부子虛賦」라는 사부辭賦에 나오는 내용인데, 사마상여는 초나라의 자허子虛 선생과 제나라의 오유烏有 선생의 대화 형식으로 「자허부」를 작성했다. 숙신은 송호정의 머릿속 구상대로 지린성 북쪽으로 이전하지 않았고, 제나라와 동북쪽으로 접하고 있었으며, 탕곡으로 경계를 이루었다는 내용이다. 탕곡은 앞에서 이미 살펴본 대로 『사기』 「오제본기」의 '제요帝堯' 조에 "희중羲仲에게 따로 명해서 욱이郁夷에 살게 했는데 이곳을 양곡暘谷이라고 했다."라는 구절에 대

---

75 『사기』 「사마상여(司馬相如) 열전」

한 주석에서 현재 산둥 반도에 있는 칭저우青州라고 했다고 이미 언급했다. 이 숙신이 바로 조선으로, 서기전 2세기 무렵까지도 만주는 물론 산둥 반도에도 존재하고 있었음을 말해준다. 조선은 전국 시대에도 연나라 동쪽과 제나라 동북쪽에 존속하고 있었던 것이다.

식민사학은 말로는 실증사학을 한다면서 이런 문헌 사료에 대해서는 침묵으로 일관하고 있다. 보고도 모르는 체하는 것인지, 선배 식민사학자들이 해놓은 것만 외우면 되니까 이런 사료의 존재 자체를 모르고 있는 것인지 알 수 없다. 어느 쪽이든 역사학자 자격이 없기는 마찬가지다. 서기전 2세기 무렵까지 조선은 만주와 산둥 반도에 있었는데, 그 도읍지가 왜 한반도 서북부 평양에 있었겠는가?

평양 이야기가 나왔으니 그 위치를 한 번 찾아보자. 한국 고대사의 위치 비정에서 평양의 정확한 위치를 찾는 것은 대단히 중요하다. 어떻게 보면 식민사학이 잘못된 근본 뿌리 중의 하나가 평양의 위치를 현재의 한반도 서북부 평양으로만 보기 때문에 비롯된 측면도 있다. 식민사학은 평양의 위치를 현재의 평양으로 비정한다. 다른 가능성은 아예 생각도 않는다. 이 전제가 무너지면 모든 논리가 무너지기 때문이다. 한두 개의 전제만 무너지면 전체가 무너져 내리는 식민사학같이 허술한 논리가 어떻게 해방 후 70여 년 동안 주류의 지위에 있는지 신기하다. 온 나라 역사학계를 두 손아귀에 틀어쥐고 있지만 기둥 한두 개만 빠지면 와르르 무너져 내리는 큰 건물 같은 것이 식민사학이다. 그러니 기를 쓰고 다른 논리의 등장 자체를 막는 수밖에 없다. 죄업이 쌓여서 악행 자체가 생존 수단이 된 불쌍한 군생群生들이다.

평양은 현재의 한반도 서북부 평양만을 뜻하는 고유명사가 아니었다. 평양은 여러 군데가 있었는데 그중 하나는 단군 왕검의 도읍이기도 했다. 이런 내용은 다름 아닌 『삼국사기』 「고구려본기」 '동천왕' 조에 등장한다.

> 21년(서기 247) 봄 2월 동천왕은 환도성이 난리를 치러 다시 도읍할 수 없게 되었으므로 평양성을 쌓고 백성과 종묘사직을 거기로 옮겼다. 평양은 본시 선인仙人 왕검王儉의 택지宅地였다. 혹 말하기를 왕의 도읍지를 왕험王險이라고 한다.[76]

고구려 11대 동천왕이 재위 21년(247) 평양성을 쌓고 천도했는데, 그곳은 본래 단군왕검의 도읍지였다는 것이다. 이때의 평양은 장수왕 15년(427) 평양으로 천도하기 180년 전의 평양이다. 『삼국유사』의 단군왕검을 일연의 창작이라고 주장하는 식민사학자들은 '선인 왕검'이 등장하는 『삼국사기』의 이 구절도 부인하지 않을 수 없었다. 사료에 자신들의 생각을 맞추는 것이 아니라 자신들의 고정관념에 사료를 맞추는 비학문적 방법이 식민사학의 특징이기 때문이다. 그런데 『삼국사기』 「고구려본기」 '고국원왕' 조에는 이 평양과 다른 또 다른 평양이 등장한다.

> 13년(343) 가을 7월 평양 동쪽 황성黃城으로 이거移居했는데, 성은

---

76 『삼국사기』 「고구려본기」 '동천왕' 조

지금의 서경西京 동쪽 목멱산에 있다.[77]

서기 247년 동천왕의 평양 천도 후 약 1백여 년 후인 343년 고국
원왕이 평양 동쪽의 황성黃城으로 이거했다는 내용이다. 이를 평양 동
쪽의 황성이 아니라 동황성東黃城이라고 해석하는 경우도 있다. 이 내
용은 『삼국사기』「지리지」'국도國都' 조에도 "혹 말하기를 고국원왕 13
년(서기 343)에 평양 동쪽 황성으로 이거했는데, 성은 지금의 평양 동쪽
목멱산 중에 있었다고 하는데, 그 사실 여부를 알 수 없다."라고 거
듭 등장한다. 『삼국사기』 편찬자들은 고국원왕이 천도한 평양 동쪽
황성이 현재의 평양과 다르다는 사실에 주목해서 '그 사실 여부를 알
수 없다'라고 부기한 것이다. 그런데 이병도는 동천왕의 평양 천도 기
사 자체를 잘못된 기록으로 취급하고 있다.

> 이때 평양 부근은 낙랑(군)의 수도가 엄연히 존재했던 터이므로 거
> 기로 이도한다는 것은 무엇보다도 사실 불가능한 일이라고 아니
> 할 수 없는 까닭이다.[78]

식민사학자들은 고구려 미천왕이 재위 14년(313) 낙랑군을 멸망시
킬 때까지 오늘날의 평양 일대에는 낙랑군이 있었다고 주장했다. 그
런데 동천왕 21년(247)은 낙랑군이 지금의 평양에 있을 때의 사건이다.

---

77 『삼국사기』「고구려본기」'고국원왕' 조
78 이병도 역주, 『국역 삼국사기 상(上)』, 을유문화사, 1980, 396쪽

그러니 이병도는 『삼국사기』 기사가 잘못되었다는 것이다. 식민사학자들은 공부하기 편하다. 자신들의 고정관념과 다른 사료가 나오면 사료가 틀린 것이다. 역사 앞에서 학생이 아니라 선생님이 된다. 시험을 보는데 자신의 생각과 다른 문제가 나오면 문제가 틀렸다고 우기는 것이다.

동천왕이 재위 21년(247) 환도성에서 평양성으로 천도한 까닭은 위魏나라 장수 관구검의 침입으로 난리를 겪었기 때문이라고 천도 이유까지 밝혀 놓았는데도 '믿을 수 없다'는 것이 실증주의를 표방하는 식민사학의 역사 이해 태도다. 동천왕 때 평양은 오늘날 평양이 아니었다. 마찬가지로 왕검의 택지, 곧 고조선의 수도 역시 오늘날 평양이 아니었다.

『후한서』 주석에도 평양성을 고조선의 수도 왕험성이라고 비정하는 기술이 나온다. 『후한서』 「동이열전」 '동옥저' 조에는 "동옥저는 고구려 개마대산蓋馬大山의 동쪽에 있는데, 동쪽으로는 큰 바다와 잇닿아 있다."라는 대목이 나온다. 여기의 동쪽으로 잇닿았다는 큰 바다는 한반도 동쪽의 동해가 아니다. 그런데 이 구절의 개마에 대한 주석에서 "개마蓋馬는 현의 이름으로서 현도군에 속한다. 그 산은 지금의 평양성 서쪽에 있는데, 평양은 곧 왕험성이다(蓋馬, 縣名, 屬玄菟郡. 其山在今平壤城西. 平壤即王險城也)."라고 설명하고 있는 것이다. 왕망의 신나라를 무너뜨리고 들어선 후한後漢은 서기 220년 무렵에 멸망한다. 후한 때의 개마대산은 현재의 함경도 개마고원을 뜻하는 것이 아니라 대륙에 있었던 대산이다.

식민사학은 고대 고조선과 한나라의 국경 역할을 한 패수의 위치를 대동강, 청천강, 압록강 등으로 마음대로 비정해 놓는데, 그 결론은 한결같이 오늘날 평양이 옛 고조선의 수도라는 것에 맞춰진다. 그런데 『사기』「조선열전」을 보면 "위만은 동쪽으로 변방 요새[塞]를 나와서 패수를 건넜다."고 기록하고 있다. 패수가 대동강, 청천강, 압록강이라면 위만은 남쪽으로 건너야 했지 동쪽으로 건널 수가 없었다. 식민사학자들의 위치 비정이 처음부터 틀렸다는 사실을 알 수 있다.

『사기』「조선열전」에는 위만이 "점차 진번과 조선의 만이蠻夷를 복속시키고 이에 연나라와 제나라의 망명자들의 왕이 되어 왕험성에 도읍했다."는 구절이 있는데, 이 왕험성에 대한 주석에서 응소應邵는 "『지리지』에 요동군 험독현이 조선왕의 옛 도읍이다."라고 말했다. 고조선의 옛 도읍에 세운 험독현이 요동군 소속이라는 사실만으로도 고조선의 수도가 지금의 평양이라는 논리는 설 곳이 없다. 또한 신찬臣瓚은 "왕험성은 낙랑군 패수의 동쪽에 있다."라고 말했다. 패수가 대동강, 청천강, 압록강이라면 평양성은 패수의 동쪽이 아니라 남쪽에 있어야 할 것이다. 패수라는 지명은 여러 번 변하는데 중요한 것은 고조선 시절에 한나라와 국경 노릇을 한 패수가 어디냐는 것이다.

여기서 『삼국사기』 독해법을 잠깐 설명하자. 『삼국사기』는 고려 인종 23년(1145) 김부식이 인종의 명을 받아서 여러 사관史官들과 함께 편찬한 책이다. 『삼국사기』에는 그때까지 전하던 사료를 보고 그대로 쓴 것이 있고, 김부식을 비롯한 편찬자들이 자신들의 생각을 적어 놓은 부분이 있다. 『삼국사기』를 편찬하던 12세기 중엽에는 김부식이 유학자인 데서 알 수 있는 것처럼 이미 유학 사대주의가 상당히 깊숙히 침투해 있을 때였다. 그래서 『삼국사기』에 사관의 견해를 적어 놓은 대목은 12세기 중반의 의식이 반영되어 있는 것으로 조심해서 해석해야 한다. 김부식은 『삼국사기』 「지리지」 '고구려 국도國都' 조에서 "평양성은 지금의 서경인 것 같고 패수는 대동강이다."라고 써놨는데, 이는 12세기 때의 견해를 적은 것이다. 한사군이 설치되었던 때보다 1,300여 년 후 사람들의 생각을 적어 놓은 것이다.

동천왕 때나 고국원왕 때의 평양은 오늘날 평양이 아니다. 심지어 장수왕 때 천도한 평양도 오늘날 평양이 아니라는 기록도 있다. 『요사遼史』 「지리지」 '동경도' 조에는 고구려의 마지막 도읍지 평양이 오늘날 평양이 아니라 랴오허(요하) 동쪽 현재의 랴오양(요양遼陽)이라고 전해 주고 있다. 고구려의 마지막 도읍지였던 평양이 오늘날 평양인지 『요사』 「지리지」의 기록처럼 랴오닝성 랴오양시인지는 조금 더 자세한 검토가 필요할 것이다.

숙신과 조선은 만주와 산둥 반도에 있던 같은 나라다

다시 숙신으로 돌아와보자. 숙신이 조선과 같은 이름이라는 사실은 대단히 중요한 의미를 갖는다. 무엇보다 절대적으로 부족했던 고조선에 대한 사료가 늘어남을 뜻한다. 식민사학에서는 입만 열면 사료가 부족하다는 것을 공부 안 하는 것에 대한 핑계로 삼는다. 그러면서도 대한민국의 입장에서 불리한 사료는 귀신 같이 찾아낸다. 매국 기관인 동북아역사재단에서 낸 기록을 보니 고구려도 자료가 부족해서 연구하기 어렵다고 써 놓았다. 공부하기 싫으면 다른 일을 하면 되는데, 굳이 국록을 축내면서 한국사 깎아내기를 하니 이해할 수 없다. 하긴 그런 자세로 무엇을 하든 밥 세끼 먹고 살겠나? 죽으나 사나 식민사학을 하는 수밖에.

물론 고조선에 대한 체계적인 사료는 『삼국유사』 외에는 찾기 어렵다. 그러면 잠깐 살펴본 대로 『삼국사기』는 물론 중국 고대 사료에서 고조선의 흔적을 열심히 찾아야 한다. 그렇게 연구하다 보면 '조선=숙신'이라는 사실을 알게 된다. 또한 중국 고대 사서의 '이夷·만蠻·융戎·적狄' 같은 민족들에 대해서도 세밀하게 검토해서 고조선과 연관성을 찾는 작업을 해야 한다.

그러나 식민사학은 무슨 수를 써서라도 고조선사를 축소시키려고 광분하고 있다. 앞서 송호정이 본 대로 산둥 반도에도 있었던 숙신을 자기 마음대로 지린성 북부로 이전시키고는 한국사와 분리시키고 있다. 역사를 통합의 관점이 아니라 분리의 관점에서 보니 숙신은 여진족의 선조로 한정시켜 한국사에서 떼어낸다. 그리고는 대륙에서 펼쳐진 고조선 문명을 산융, 동호 등의 것이라고 덮어씌운다. 그러면서 산융, 동호를 조선과는 다른 유목 민족으로 분리시켜 '사라진 역사', '사라진 문명'으로 만든다.

문제는 이런 모든 작업들을 대한민국 국민들이 낸 세금, 즉 독자들이 낸 세금으로 한다는 것이다. 대학도 국민 세금으로 다니고 지금 먹는 밥도 대한민국 국민 세금으로 먹으면서 정작 하는 행위는 대한민국의 역사와 강역을 팔아먹는 매국노 노릇이다. 일제 식민사관이란 고정된 틀이 있으므로 새로운 사실을 밝히는 것은 일제 식민사학이 틀렸다는 자승자박이 되므로 새로운 연구가 나오면 무조건 폄하하기에 여념이 없다. 대한민국 사회의 수준이 올라가고 식민사학에 반기를 드는 일부 양심적이고 실력있는 학자들이 나타나고, 재야에서도 고수들이 등장하자 식민사학은 새로운 지주를 찾기 시작했다. 그것이 바로 중국 동북공정이다. 동북공정에 맞서는 이론을 개발하라고 설립한 동북아역사재단이 동북공정 한국 지부라는 것은 이제 알 만한 사람은 다 아는 사실이 된 것도, 재단에 직간접으로 관여하고 있는 학자들이 식민사학자 일색이기 때문이다. 일본에 나라와 역사를 팔아먹더니 이제는 중국에 역사와 북한 강역을 팔아먹는 매국노 노릇을 서슴지 않는 것이다.

중국 사료에 나타나는 산융, 동호는 때로 고조선을 뜻하거나 고조선과 인접해 있었던 친연한 민족이었다. 크게 보아서 모두 동이족들로 같은 민족이었다. 중국인 중에서도 푸스녠(傳斯年:1896~1950) 같은 학자는 '숙신=조선'이라고 인식하고 있다.

> 사마상여의 「자허부」에, '제나라는 동북쪽으로 숙신과 경계하고 있다'고 한 것에 의하면, 옛 숙신은 당연히 한나라 때의 (고)조선으로 후세의 읍루와는 관계가 없다.
> 據司馬相如子虛賦, 齊斜與肅愼爲界, 是故肅愼當卽漢之朝鮮, 與後世之挹婁無涉[79]

푸스녠은 산둥성 료성聊城 사람으로 국립 베이징대학 대리총장,

---

79 푸스녠, 「이하동서설」, 『푸스녠 전집』 제3책, 연경출판, 1980.

국립 타이완대학 총장을 역임한 당대 최고의 학자다. 또한 1928년 구제강顧頡剛 등과 함께 중앙연구원中央研究院 역사어언연구소歷史語言研究所를 만든 인물로서 20세기 중국 최고의 역사학자 가운데 한 명으로 평가받고 있다.

그러나 송호정은 푸스녠이란 이름도 못 들어봤는지 숙신과 고조선을 분리해서 이민족으로 만들기에 여념이 없다. 송호정이나 노태돈은 푸스녠 같은 당대 최고의 학자가 아니라 동북공정에 종사하는 저급한 학자들의 동북공정 논리만을 반복하고 있다.

『산해경』에 나오는 숙신에 대해서 알아보자.

> 숙신씨의 나라가 백민白民 북쪽에 있다. 낙당雜棠이라는 이름의 나무가 있는데, 성인聖人이 대를 이어서 서면 이 나무에서 옷을 취해 입는다.
>
> 肅慎之國在白民北, 有樹名曰雜棠, 聖人代立, 于此取衣[80]

여기서 숙신을 다스리는 성인聖人이란 누구이겠는가? 바로 단군이다. 『산해경』「대황동경大荒東經」에는 백민국 바로 다음에 청구국青丘國이 기록되고 있다. 『산해경』「해외동경海外東經」에는 청구국이 중국 동남쪽부터 시작해서 북쪽으로 군자국君子國 등 몇 개의 나라를 지나서 기록되어 있는데, 일설에는 조양 북쪽에 있다─曰在朝陽北라고 말하고 있다. 조양朝陽이란 고조선의 수도 아사달이라고 해석해도 무리가 없다.

---

80 『산해경』「해외서경(海外西經)」

이를 종합해보면 중국의 동남해 쪽에서부터 북쪽으로 군자국·청구국·백민국 등이 있고, 그 북쪽에 숙신이 있다는 뜻이다. 군자국·청구국·백민국·숙신국 등은 우리 민족의 별칭이며, 군자라거나 흰옷을 좋아한다 등은 우리 민족의 특징을 나타내는 용어들로서 우리 민족의 선조들을 뜻한다.

청구靑丘는 『사기』 「사마상여 열전」에도 보이는데, 앞서 제나라가 숙신과 동북쪽으로 접하고 있고, 탕곡과 경계를 이루고 있다고 한 바로 다음 구절에 청구가 등장한다. 이 청구에 대해 『사기정의』는 복건服虔의 입을 빌려 "청구국은 해동海東 3백 리에 있다."고 설명하고 있다. 또 『사기집해』는 곽박郭璞의 입을 빌려 "청구는 산의 이름이다. 역시 밭이 있고 구미호九尾狐가 나오는데, 해외海外에 있다."라고 설명하고 있다. 여기에서 해외란 바다 건너란 뜻이 아니라 중국의 실질적인 강역 바깥이란 뜻이다.

『사기』 「평진후 주부열전平津侯主父列傳」에는 "위엄을 해외海外에 떨치기 위해서 북으로 호胡를 공격하게 했다."는 구절이 나온다. 이 역시 고조선과 한나라가 충돌했다는 내용의 기사인데, 북쪽 육지를 공격하면서 해외海外란 표현을 쓴 것이다. 그래서 청구국과 숙신국의 위치는 지금의 산둥성 바닷가였다고 보면 될 것이다. 이는 『산해경』 「해내경海內經」에서 "동해 안쪽, 북해 가隅)에 나라가 있으니 이름이 조선이다."라고 한 것과 마찬가지 위치이다. 조선은 동해의 안쪽, 즉 장쑤·산둥성 등의 해안 지역과 북해, 즉 발해(보하이) 가에 고조선이 있었다는 것이다. 따라서 고조선의 강역은 148쪽 「그림3」에서 알 수 있는 것처럼 산둥·허베이·랴오닝성 등지의 보하이 연안을 거쳐서 한반도까지

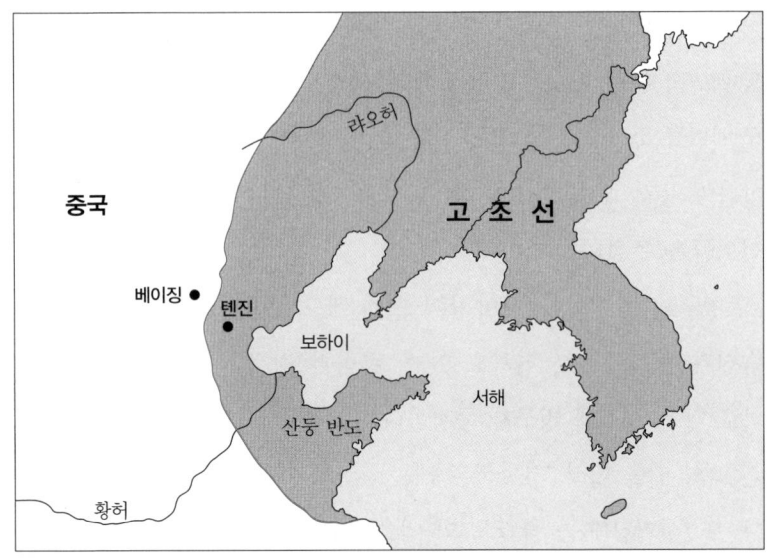

그림3 고조선 전성기의 강역.

말발굽 형으로 분포해 있었다.

『산해경』에서 말하는 고조선의 위치 비정은 고조선에 대한 후대의 왜곡이 나오기 전이라는 점에서 중요하다. 그러니 무조건 고조선의 강역을 축소시켜야 학문 권력을 유지할 수 있는 식민사학에서 『산해경』의 내용이 불편하지 않을 리 없다. 송호정의 견해이다.

(『산해경』) 「해내경」에서 '동해의 안 북해의 가'라고 한 것은 조선이 크게 말해 동해의 범위 안 즉 동해에 면했고 좀 더 구체적으로 말하면 그 동해 북부의 한 쪽 가에 있다는 뜻으로도 볼 수 있다. 결국 『산해경』의 기사는 개략적인 상황을 이해할 수 있을 뿐 고조

선의 본래 위치를 논하는 자료로는 부적합하다.[81]

송호정의 글을 읽으면 자신이 무슨 말을 하는지 알고서 하는 것인지 의심이 가지 않을 수 없다. 송호정의 논리는 『산해경』이 '크게 말해' '개략적인 상황'을 이해할 수 있을 뿐이기 때문에 고조선의 본래 위치를 논하는 자료로는 부적합하다는 것이다. 이게 도대체 문장인가? 송호정의 말이 맞는다고 치면 이렇게 된다. 예를 들어 중동을 장악했던 식민사학자들이 '이집트는 아시아에 있다'라고 주장했는데, 고대의 어떤 사료가 '이집트는 대략 아프리카 동북부에 있다'라고 말했다고 치자. 조사해보니 이집트는 아프리카 동북부에 있었다. 그러면 '이집트가 아시아에 있다'라고 주장한 식민사학이 틀렸음이 입증된 것이다. 그러나 중동판 식민사학자는 '이집트는 대략 아프리카 동북부에 있다'라고 말한 사료는 '이집트의 위치를 논하는 자료로는 부적합하다'라고 결론지은 것이다.

그런데 1차 사료에 대한 기본적 해독 능력도 없고, 논리적 구조도 맞지 않는 이런 논문 따위가 국립 서울대 국사학과에서는 박사학위 논문으로 통과된다. 송호정의 말이 기본적 논리에 맞으려면 『산해경』에서 말하는 동해가 중국의 동해가 아니라는 사실을 입증해야 한다. 이 논문을 심사한 노태돈도 마찬가지다. 도대체 이 사람들은 기본적인 국어 교육을 받았는지, 기본적 논술 훈련을 받았는지 의심스럽기 그지없다.

---

81   송호정, 「고조선 국가형성과정 연구」, 서울대 박사 학위 논문, 1999, 19쪽

『산해경』에서 고조선이 '대동강 유역에 있다'라고 말했다면 기뻐서 날뛰면서 '정확한 사료로 보지 않으면 안 된다'라고 했겠지만 식민사학에 불리한 내용의 사료라고 해서 '자료로서는 부적합하다'라고 말해서는 어찌 역사학자라고 할 수 있겠는가? 그들의 스승인 이병도도 '문헌 사료가 중요하다'고 말하지 않았나? 요즘 웬만한 초등학생도 이런 주장을 펴지 않는다. 그런데도 이런 초등학생만도 못한 수준으로 논문을 쓰고 이것이 서울대에서 나온 첫 번째 고조선 관련 박사 학위라고 자랑을 해대니 국사학과를 나오지 않은 내 얼굴이 화끈거린다.

송호정은 또 『산해경』의 조선 관련 기록이 언제 것인지 단정하기 어렵다고 지적했다. 『산해경』은 우禹 임금이 작자라는 설도 있지만 정확한 작자나 작성 연대는 알 수 없다. 대략 전국 시대 초부터 한漢나라 초기에 이르는 시기 동안에 초楚나라 사람이 작성한 것으로 추정하고 있다. 그러니 고조선에 대한 내용도 전국 시대에서 한나라 초기에 이르는 시기의 것이라고 볼 수 있다. 세상에 어느 고대 사료가 '이것은 서기전 몇 세기의 사항을 기록한 것이다'라는 인덱스가 붙어서 나오는가? 그래서 사료를 연구하는 것이 역사학의 기초가 아닌가? 도대체 서울대 국사학과에서는 학부 입학 때부터 박사 학위를 줄 때까지 역사학의 가장 기초적인 이런 사실도 안 가르친다는 말인가? 아무리 식민사학에 경도되었어도 역사학의 기본 원칙은 지키면서 우기기 바란다. 이런 초보적인 내용까지 지적해야 하는 필자의 마음도 편치만은 않다. 우기지 말고 학문을 하라! 1차 사료를 바탕으로 역사를 바라보라! 필자가 해주고 싶은 말이다.

동호東胡와 조선

　지금까지 『관자』에 나오는 조선이 『사기』에 나오는 숙신과 같은 것이며 그 강역이 산둥까지 이르렀다는 사실을 살펴보았다. 그런데 고조선에 대해서 알기 위해 숙신과 함께 알아야 하는 존재가 동호東胡이다. 식민사학자들은 고조선을 지우기 위해 동호東胡나 산융山戎을 주로 이용했다. 고조선이라고 써야 할 자리에 동호나 산융을 끌어들여서 희석시키는 물귀신 작전이다. 서기전 3세기 무렵의 상황을 적은 『사기』의 아래 기록을 보자.

　　그 후 연나라의 현장賢將 진개秦開가 (동)호에 인질로 가 있었는데, (동)호는 그를 매우 신임했다. 진개는 연나라로 귀국하자 동호를 습격, 격파해서 동호는 천여 리나 물러났다. …… 연나라 역시 장성을 쌓았는데, 조양造陽에서 양평襄平까지 이르렀다. 상곡上谷, 어양漁陽, 우북평右北平, 요서遼西, 요동군遼東郡을 두어 (동)호胡를 방어했다.[82]

　연나라 현장 진개가 동호에 인질로 가 있다가 신임을 얻어서 풀려나서는 거꾸로 동호를 공격했다는 내용이다. 동호는 이 때문에 그 강역을 천여 리나 후퇴할 수밖에 없었다는 것이다. 이 기록은 연나라가 동호에 인질을 보내지 않을 수 없을 만큼 강력한 나라임을 말해준

---

82 『사기』 「흉노열전」

다. 이 동호는 과연 어디일까? 『사기』 「흉노열전」의 주석을 보면 "동호
는 오환烏丸의 선조인데, 후에 선비鮮卑족이 되었다."라고 말하고 있다.
동호의 정체를 찾기 전에 먼저 진개가 고조선과 싸웠다는 『삼국지』의
내용을 살펴보자.

> 『위략魏略』에 이르기를, '……연나라에서 장군 진개秦開를 보내 그
> (고조선) 서쪽을 공격해서 2천여 리의 땅을 취하고 만·번한滿番汗에
> 이르러 경계를 삼았다. 조선이 비로소 약해졌다.[83]

이때는 연燕나라의 전성시대라는 소왕(昭王:서기전 311~서기전 279) 때로
이해되고 있다. 『사기』 「흉노열전」은 진개가 동호를 1천 리 물리쳤다
고 했는데, 『삼국지』 「오환·선비·동이전」에서는 조선을 2천 리 물리쳤
다고 쓰고 있다. 이 부분이 고조선의 역사 지리를 밝히는 데 대단히
중요한 기록이므로 상세히 고찰해보자.

먼저 진개가 동호를 공격한 데 대한 이병도의 말을 들어보자.

> 여기에 의하면 연의 장수 진개는 일찍이 인질로서 동호에 가 있다
> 가 돌아와 동호를 정벌하여 (북쪽으로 쫓고) 천여 리를 개척하였다
> 는 것이며, 또 그 후 연은 거기에 상곡·어양·우북평·요서·요동의 5
> 군을 두고 제1의 상곡군치治인 조양(금 하북성 회래현)에서 마지막
> 요동군치治인 양평(금 요양)에 이르기까지 장성을 쌓아 호족胡族들

---

83 『삼국지』 「오환·선비·동이전」 '한(韓)' 조의 주석

을 막았다는 것이다. 이때의 소위 동호란 것은 일본 시라토리 구라키치白鳥庫吉의 설과 같이 몽골종을 골자로 하여 여기에 퉁구스종을 가미한 것으로, 지금의 요하(랴오허) 상류인 서랄목륜(西喇木倫:Shilamulen)하를 근거로 하여 그 좌우에 만연하였던 것이다. 다시 말하면 동호는 즉 오환(烏桓:선비)의 전신前身으로, 흉노 동쪽에 있었기 때문에 동호의 칭을 얻게 된 것이니, 원래 조선과는 구별이 되어야 한다. 따라서 '동호는 천여 리 물러났다'는 순전히 동호족의 쫓겨난 지역의 리수里數로서, 특히 신치新置된 상곡군(조양)에서 (제4번인) 요서군(차로且盧)에 이르기까지의 거리를 개산槪算한 것이라고 볼 수 있다. 그리고 당시 요동 방면에까지 연급(延及:펼쳐 이름)한 신축의 장성은 차대次代 진秦의 만리장성의 일부를 이룬 것으로, 지금의 장성에 비하여 훨씬 북방을 통과하였던 것이다.[84]

이병도는 우선 동호는 연의 북쪽에 그리고 조선은 연의 동쪽에 있는 다른 민족으로 보아 진개는 동호를 천 리 물리침과 아울러 『위략』의 기록처럼 조선을 2천 리 물리쳤다고 보고 있는 것이다. 동호가 오환(선비)의 조상이기 때문에 조선과 구별되어야 한다는 그의 견해는 식민사학자 시라토리 구라키치의 설을 추종한 데 불과한 허설虛說이다. 이병도는 동호는 흉노 동쪽에 있기 때문에 얻은 이름이라고 주장했다. 『사기』「조세가趙世家」에는 "조나라의 북쪽에는 연燕이 있고, 동쪽에는 호가 있다(北有燕, 東有胡)."라고 말하고, 또 "동쪽에는 연燕이 있

---

84 이병도, 『한국고대사연구』, 한국학술정보, 2012, 76~77쪽

는데, 동호와 경계를 이루고 있다(東有燕, 東胡之境)."라고 말했다. 조나라의 동쪽이나 연나라의 동쪽은 조선이 있었는데, 호胡가 있다고 말하고는, 이 호가 동호東胡라고 설명하고 있다. 즉 조선을 호胡, 또는 동호東胡라고 설명하고 있는 것이다.

『한서』「지리지」'현도군' 조는 "현도군은 무제 원봉元封 4년에 설치했다. 왕망은 고구려를 하구려라고 불렀는데, 유주幽州에 속해 있다(玄菟郡, 武帝元封四年開. 高句驪, 莽曰下句驪. 屬幽州)."라고 설명하고 있는데, 이에 대해 응소應劭는, "옛 진번인데, 조선 호국이다(應劭曰, 故眞番, 朝鮮胡國)."라는 주석을 덧붙이고 있다. 진번과 고조선을 호국胡國이라고 표현하고 있는 것이다. 즉 호국이란 동호라는 나라를 가리키는 특정 명사가 아니라는 뜻이다. 『삼국지』「동이전」'예濊' 조에는 "한 무제가 조선을 공벌해서 멸망시키고 그 땅을 나누어 사군으로 삼았는데, 이때부터 호胡와 한漢이 점차 구별되기 시작했다(漢武帝伐滅朝鮮, 分其地爲四郡. 自是之後, 胡·漢稍別)."고 말해서 조선을 호胡라고 불렀음을 알려주고 있다. 연나라에서 장성을 쌓아 호胡를 막았다는 것도 조선을 막았다는 뜻이다.

이 점을 더욱 분명하게 알 수 있는 것은 진개秦開가 동호를 공격해서 얻은 결과가 진개가 조선을 공격해서 얻은 결과와 같다는 점이다. 앞에서 인용했듯이 『사기』「흉노열전」은 연나라의 진개가 동호를 물리치자 장성을 쌓고 다섯 군을 설치했는데, 마지막 군이 요동군이라며 "……요서, 요동군을 두어 호胡를 방어했다."라고 말하고 있으며, 『삼국지』「오환·선비·동이전」'한韓' 조의 주석은 "연나라 장군 진개가 조선 서쪽을 공격해서 2천 리 땅을 취하고 만·번한滿番汗에 이르러 경계를 삼았다."라고 말했는데, 만·번한현은 요동군의 문현·번한현을 뜻한다고 설명되고 있다. 동호를 쫓아내고 요동군을 설치했다는 『사기』「흉노열전」의 기록과 조선을 쫓아내고 만·번한을 경계로 삼았다는 『삼국지』「오환·선비·동이전」 '한韓' 조의 기록은 같은 내용을 설명한 것임이 틀림없다.

동호와 조선을 다른 나라로 보아서 연나라 진개가 북쪽으로 동호를 천 리 물리치고, 동쪽으로 조선을 2천 리 물리쳤다면 그 두 지점의 끝이 같은 요동군일 수는 없는 것이다. 진개가 얻은 강역을 1천 리, 또는 2천 리라고 한 것은 정확한 면적을 표시한 것이 아니라 대략 설명한 것에 불과하고, 진개가 실제로 얻은 땅은 다음 쪽의 「그림4」에 표시한 것처럼 요동군 하나에 지나지 않는다. 진개의 조선 침략 이전인 연 문후(文侯:서기전 362~서기전 333) 때 소진蘇秦은 문후에게 "연燕의 동쪽에 조선과 요동이 있고, 북쪽에 임호林胡와 누번樓煩이 있습니다(燕東有朝鮮, 遼東. 北有林胡, 樓煩)."[85]라고 말했다. 이때의 요동은 조선에 속했음을 알 수 있으며 또한 진개가 쳐들어간 동호는 연나라 북쪽일 수 없음도 말해주고 있다. 연나라 북쪽에는 임호와 누번이 있기 때문에, 진개가 동쪽으로 공격한 호胡, 즉 동호는 조선을 말하는 것이다. 상곡·어양·우북평·요서는 이때 연나라의 것이었으니 결국 진개의 조선 공격으로 요동군 하나를 얻은 것이다.

『삼국지』는 연나라에서 중국의 가장 동북쪽 끝 지역이었던 요동까지 장성을 쌓았다고 했으며, 『사기』는 연 장성이 조양에서 양평까지 이르렀다고 말하고 있다. 이병도는 "조양(오늘날 허베이성 화이라이현)에서 마

---

85 『사기』「소진열전」

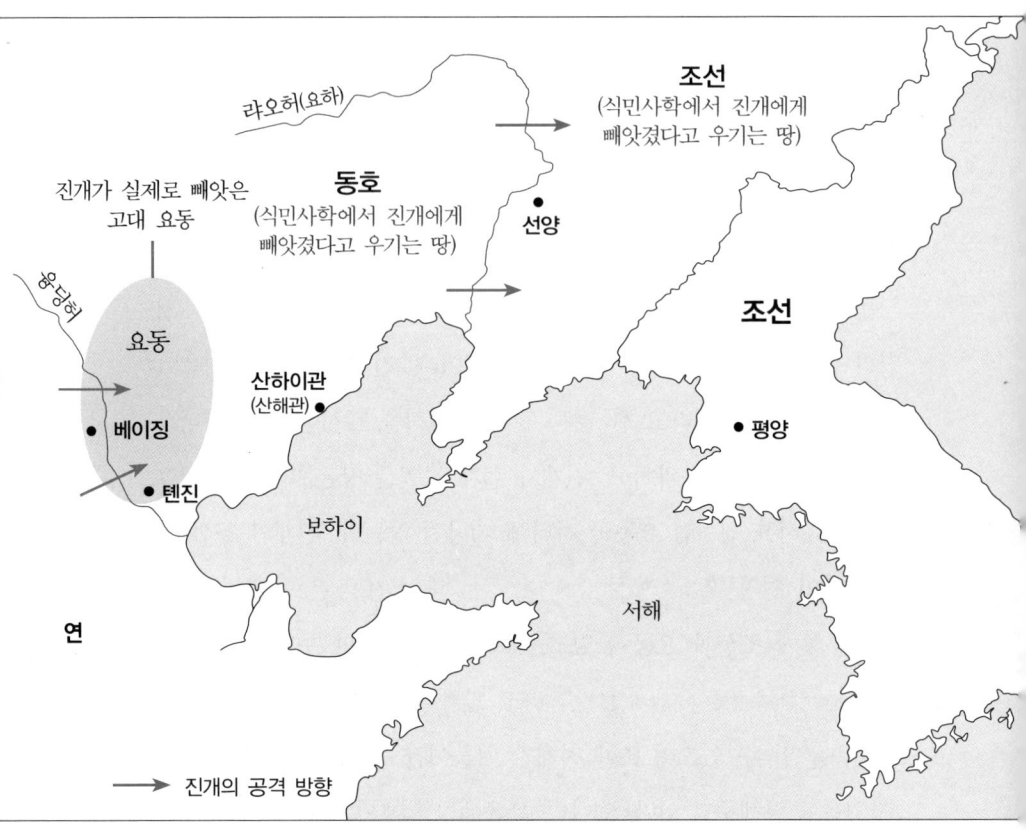

라오허(요하)

조선
(식민사학에서 진개에게
빼앗겼다고 우기는 땅)

진개가 실제로 빼앗은
고대 요동

동호
(식민사학에서 진개에게
빼앗겼다고 우기는 땅)

● 선양

융딩허

요동

산하이관
(산해관) ●

조선

● 베이징

● 평양

● 텐진

보하이

연

서해

⟶ 진개의 공격 방향

그림4 식민사학에서 보는 잘못된 진개의 동호·조선 침략.

지막 요동군치治인 양평(오늘날 랴오양)에 이르기까지 장성을 쌓아 호족
胡族들을 막았다."고 했지만 이 역시 잘못된 견해이다. 이때의 요동은
지금의 랴오둥이 아니라 그보다 수백 킬로미터 서쪽인 지금의 베이징
부근에 있었다. 현도군이 속해 있다는 유주가 대략 베이징 부근이다.
옛 요동의 위치는 추후에 다시 언급할 것이다.

그 다음 이병도는 연 장성을 상곡에서 지금의 랴오둥(랴오양)까지

동서로 쌓았다고 말했다. 그러나 그렇게 되면 북방 민족들의 공격으로부터는 방어가 되겠지만 요양(랴오양)의 남쪽과 그 동쪽의 조선으로부터는 방어가 되지 않는다는 문제가 있다. 『회남자淮南子』「인간훈人間訓」에는 진시황이 몽염을 시켜서 쌓은 장성에 대해 "서쪽은 유사流沙에 속했고, 북쪽으로는 요수를 마주보며, 동쪽으로는 조선과 국경을 맺고 있다(西屬流沙, 北擊遼水, 東結朝鮮)."라고 말하고 있다. 연나라 장성은 동쪽으로 조선을 막기 위해 쌓은 것이 분명하다. 동쪽으로는 조선을 막기 위해 쌓은 장성이라면 그 동북쪽 끝이 되는 요동의 양평에서 남쪽으로 연과 조선의 경계를 따라 쌓아야 하므로 그 남쪽 끝이 조양이 되어야 할 것이다.

이병도는 조양을 상곡군치라고 했지만 『한서』「지리지」 '상곡군' 조에는 조양이 없다. 또한 어양·우북평·요서·요동군에도 없다. 『중국고금지명대사전』에는 조양이 한나라 때 요서군 유성柳城현이었다고 말하고 있다. 조선의 서호수는 『연행기』에서 조양에 대해서 "한나라에서는 여기에 유성군을 두어 요서군에 속하게 했다."고 쓰고 있다. 그런데 이때의 조양은 훗날 지금의 자리로 옮겨온 것이며 진개 당시의 조양현은 옛 요서군 유성현으로서 지금의 융딩허(영정하永定河) 남쪽에 있었다.

그러므로 연 장성은 융딩허 남쪽의 유성현(즉 조양)으로부터 융딩허를 가로질러 북쪽으로 요동군 양평현까지 남북으로 쌓은 것이다. 연 장성은 동쪽의 동호와 또 그 동쪽의 조선을 막기 위해서 쌓은 것이 아니다. 연나라 동쪽에는 조선만이 있었다. 다만 중국 기록에서 조선을 동호, 또는 호로 표기한 것뿐이다. 그러나 이병도는 "동호는 즉 오환의 전신前身으로, 흉노 동쪽에 있었기 때문에 동호의 칭을 얻게 된 것이니, 원래 조선과는 구별이 되어야 한다."고 동호와 조선을 구별했다. 무슨 수를 써서라도 조선의 강역을 축소시키고 싶어 하는 그의 심리를 짐작할 수 있는데, 이런 논지를 조금 더 살펴보자.

이때 진개의 경략은 비단 동호에만 그치지 않고 일보갱진一步更進하여 조선에도 미쳐 그 서부의 땅을 많이 빼앗았다. 이것이 『위략』에 '2천여 리의 땅을 취했다'는 설이 나온 소이所以어니와, 여기 소위 2천여 리라는 그 전부가 조선의 서부 지방이라고는 생각되지 않는다. 왜냐하면 아래에 말할 만번한(진개의 동침東侵 종점)까지의 2천여 리를 서쪽으로 환산시키면, 그 지역은 요하를 넘어 동호의 구주지(舊住地:옛 주거지) 거의 전체에 미치는 까닭이다. 그러므로 나는 이 2천여 리 중에는 실상 『사기』의 동호가 천여 리 물러났다'는 거리도 포함된 것으로 보는 동시에 『위략』의 찬자 혹은 그 이전 기록자가 이것을 망각하였던 것이라고 생각된다. 즉 그 절반은 동호의 땅, 다른 절반은 조선 서부 지방에 해당한 것이라고 보아야 하겠다. 그리고 동호와 조선과의 경계는 지금 요하 상류 부근이었을 것이다. 그런즉 연의 새 5군 중 요동만이 조선의 서부 지방에 속했던 모양이다. 『위략』의 찬자가 진개의 약지略地 2천여 리를 모두 조선의 서부 지방으로 보아 그중에 동호의 땅이 포함된 것을 망각하였음과 같이 『사기』의 찬자도 연의 5군을 전부 동호의 것인 양 말하여, 요동군과 조선과의 관계에 대해서는 한 마디도 언급치 아니하였다. 요컨대, 연의 약지略地 2천여 리 중에 조선이 실질적으로

잃은 부분은 약 천 리 가량밖에 되지 않았던 모양이다.[86]

　동호가 조선의 이칭임을 모르고, 조선 서쪽에 동호를 배치하다 보니 앞뒤가 너무 안 맞게 되었다. 그래서 특유의 소설이 다시 시작된다. 이병도는 조선이 천 리 땅을 뺏기고 반도로 들어왔다는 것이다. 이 기록에 따르면 조선은 2천 리나 되는 땅을 빼앗기고도 만·번한을 경계로 연나라와 맞서는 강국이 된다. 이병도는 이런 사실을 인정하고 싶지 않기 때문에 이 2천 리 중에서 1천 리는 동호에게 떼어줬다. 그래서 진개가 요서 천 리를 동호에게 빼앗아 4군을 두고, 조선에게 요동 천 리를 빼앗아 요동군을 두었다고 정리했다.

　그러면서 동호에서 1천 리를 빼앗은 사실을 『위략』의 찬자가 잊어버리고 조선에서 2천 리를 빼앗은 것이라고 자기 마음대로 결론 냈다. 이병도는 자신이 "동호를 정벌하여 (북쪽으로 쫓고) 천여 리를 개척"했다고 쓴 사실은 잊어버리고 연나라 동쪽에 동호를 갖다 놓고, 그 동쪽에 또 조선을 갖다 놓았다. 이들 민족은 이병도의 마음대로 갖다 놓는 장기판의 졸들인가? 연의 동쪽에 동호가 아니라 조선(요동)이 있었다는 『사기』「소진蘇秦열전」의 기록은 자신의 머릿속 그림과 맞지 않으니 없는 것으로 치부하고 마음대로 땅을 1천리 씩 뗐다가 갖다 붙이는 것이다. 이런 논리를 서영수, 송호정 등이 그대로 따라서 조선 서쪽에 동호가 있었다고 주장하고 있는 것이다(「그림4」 참조).

　『사기』에서는 진개가 동호의 강역 1천여 리를 빼앗았고, 『삼국지』

86　이병도, 『한국고대사연구』, 한국학술정보, 2012, 77쪽

인용의 『위략』은 ㉠조선의 서쪽 강역 2천 리를 빼앗았다고 했다. 『사기』와 『위략』의 기록을 모두 믿는다면 진개는 동호의 땅 1천 리, 고조선의 땅 2천 리 해서 도합 3천 리의 땅을 빼앗은 맹장이 된다. 당시 연나라는 『사기』 「소진열전」에서 알 수 있듯이 2천여 리 정도의 작은 나라였다. 연나라 전체 강역보다 1.5배나 큰 강역을 획득했다면 진개는 중국 고대사의 명장 중의 명장으로 길이길이 후세에 이름을 날리고 있어야 한다. 그러나 진개는 『사기』 「연 소공 세가」에도 이름이 나오지 않는다. 사마천도 마땅히 『사기』 「열전」에 진개 항목을 서술했어야 하지만 누락시켰을 뿐만 아니라 『전국책戰國策』에도 이름이 나오지 않는다.

『사기』 「흉노열전」의 주석인 『색은索隱』에서 복건服虔은, "동호는……흉노의 동쪽에 있으므로 동호라고 했다(在匈奴東, 故曰東胡)."고 말하고 있다. 흉노의 동쪽에 동호가 있었다. 그런데 위에서 본 『사기』 「소진열전」에는 "연나라의 동쪽에는 조선이 있다燕東有朝鮮"라고 말하고 있다. 여기서 연나라 동쪽에 동호가 있고, 다시 그 동쪽에 조선이 있다는 뜻이 아니다. 중국 기록에는 같은 대상을 여러 명칭으로 기록하는 경우가 자주 있다.

앞에서 동호의 선조라고 말했던 오환烏丸 같은 경우가 그것이다. 실제로 『사기』에는 "오환을 공격했다."는 기록도 있고, 앞서 본 대로 진개가 "동호를 공격했다."는 기록도 있다. 같은 세력을 공격한 것인데, 대상의 이름이 다른 것이다. 필자는 고조선과 동호도 같은 경우라고 본다. 앞서 『사기』 「흉노열전」은 "동호를 물리치고 상곡·어양·우북평·요서·요동군을 두었다."고 말했다. 『삼국지』 「오환·선비·동이전」은

"고조선이 서쪽 영토 2천 리를 빼앗기고 만·번한滿番汗을 경계로 삼았다."고 말했다. 『한서』「지리지」'요동군' 조를 보면 요동군에는 번한番汗현이 있다. 고조선이 동쪽 강역 2천 리를 빼앗기고 국경으로 삼았던 곳이 한반도 내가 아니라 요동군에 있었다는 뜻이다.

또 『한서』「지리지」요동군에는 번한현 바로 앞에 문文현이 있는데, 이 문현을 『삼국지』의 만현으로 보는 견해도 여럿 있었다. 이런 점들로 볼 때 『사기』「흉노열전」에서 진개가 빼앗았다는 동호 강역 1천 리나 『삼국지』에서 진개가 빼앗았다는 고조선 강역 2천 리는 결국 같은 사건을 약간 달리 설명한 것이란 결론이 나온다. 언어학자들에 따르면 동호어는 한국어와 같은 알타이어 계통이라고 한다.

서영수의 고조선 중심지 이동설을 비판한다

연나라는 진개를 보내 고조선의 동쪽 강역을 빼앗고 요동군을 설치했다. 이 요동은 현재의 랴오허(요하)를 중심으로 그 동쪽을 뜻하는 랴오둥(요동)이 아니라 베이징 부근에 있었던 요동이다. 식민사학은 고조선이 진개에게 2천 리 강역을 빼앗겼기 때문에 고조선의 중심, 즉 수도가 요동에서 반도로 이동했다고 주장했다. 식민사학은 이때의 요동군이 압록강까지 차지했다고 보고 있다. 과연 이때 연나라가 차지했던 요동군의 위치는 어디일까?

연나라의 전성기는 연 소왕(昭王?~서기전 279) 때인데, 재위 30년(서기전 284)에 진·조·한·위나라와 함께 제나라를 공격한 일이 있었다. 이때 제나라 서쪽을 공격했다고 기록했다.[87] 연나라를 제외한 다른 나라들은 모두 제나라 서쪽에 있었으므로 제나라 서쪽을 공격했다는 기사는 당연하다. 그러나 연나라의 진개가 고조선을 공격해서 현재의 압록강까지 강역을 확대했다면 연나라는 제나라 북쪽과 접해 있어야 한다. 따라서 연나라는 제나라 서쪽이 아닌 북쪽을 공격했어야 하는 것이다. 그러나 다른 연합국들과 함께 제나라 서쪽을 쳤다는 기사는 진개 이후에도 연나라가 제나라 북쪽에 있지 못했음을 뜻한다. 즉 그곳은 여전히 고조선이 차지하고 있었다는 뜻이다.

제나라 북쪽이며 연나라 동쪽은 여전히 고조선 강역이었다는 뜻이다. 이는 앞에서 살펴본 『사기』 「사마상여 열전」에서 '제나라는 동북쪽으로 숙신과 이웃하고 있다'고 말한 것에서도 알 수 있다. 중국 학자 푸스녠傅斯年이 이 구절의 숙신을 고조선으로 보고 있다는 사실도 이미 언급했다.

그동안 식민사학자들은 고조선이 평안남도 일대에 걸쳐 있던 소국이었다고 주장했다. 처음부터 평양 일대에서 시작했다가 그곳에서 망했다는 것이었다. 식민사학은 다른 생각을 가진 사람들과의 교류와 개방을 두려워하고 거부한다. 이들에게 한중 수교는 거대한 재앙이었다. 그 전에도 만주 지역에서 고조선 관련 유물이 있다는 사실은 알려지고 있었지만 이는 아무 상관없었다. 조직 폭력배의 방식으로 국내 학계를 완전히 장악하고 있으니 이런 사실을 무시하거나 자의적으로 왜곡해서 받아들이면 그뿐이었다. 그러나 중국의 문이 열리면서

---

87 『사기』 「진본기」 소양왕 23년 조

만주 일대에서 고조선 유물이 쏟아져 나왔다는 사실을 더 이상 숨기기 어려워졌다. 고조선이 평남 일대의 소국이었다는 식민사학의 성스러운 구절을 더 이상 유지하기 어렵게 된 것이다. 그러자 식민사학자들은 고민 끝에 '고조선 중심지 이동설'이란 것을 만들어 기존 식민사학을 유지하기로 마음먹었다.

그래서 단국대 역사학과 교수 서영수가 1988년 「고조선의 위치와 강역」에서 '고조선 중심지 이동설'을 창작했고, 2년 후인 1990년 서울대 국사학과 교수 노태돈이 「고조선 중심지의 변천에 대한 연구」에서 이를 이어받았다. 조선총독부에서 한국사를 조직적으로 왜곡한 이후 그때까지 고조선의 중심은 평양이라고 일관되게 주장했던 식민사학계로서는 학설의 수정을 가하는 일종의 코페르니쿠스적 전환(?)을 이룬 것이다. 새로운 설이나 연구는 존재할 수 없는 것이 불문율이던 식민사학계로서는 기묘한 일이었다. 비록 부분적인 학술 수정이고 눈 감고 아웅하는 식이지만 식민사학이 이렇게나마 학술 수정을 하지 않을 수 없었던 데는 중국의 상황이 알려진 것과 동시에 단국대 사학과 교수 윤내현이 1983~1988년까지 1차 사료를 근거로 고조선 대륙설을 주창하자 이에 대응하지 않을 수 없었던 상황도 중요하게 작용한 것이 틀림없다. 결론은 고조선이 평양에서 망했다는 식민사학 지키기이면서도 이른바 '고조선 중심지 이동설'에 대한 식민사학자들의 자화자찬은 보통이 아니다.

한편 고조선의 중심지 이동설은 남한 학계의 지배적인 통설로 자리 잡아 제6차 교육과정 고등학교 국사교과서에도 그 내용이 실려 있다. 고조선의 중심지 이동설은 고조선이 초기 단계에는 요동 지역에서 요령(遼寧:랴오닝성 지역)식 동검 문화를 주도하다가 기원전 4~3세기 경 연燕 세력과의 충돌로 말미암아 중심부를 대동강 유역의 평양으로 옮겼다고 보고, 그 사회는 연맹 성격이 강한 초기 국가로 파악한다. 이 주장은 종래의 평양중심설과 요동중심설의 문제점을 극복하기 위한 노력의 결과로서 『위략魏略』 등 문헌 사료에 대한 비판적 이해를 바탕으로 하면서 요령식 동검 등 고고학 자료를 적극적으로 활용하고 있다.[88]

자신들이 고조선 대륙설을 더 이상 부인할 수 없어서 어정쩡하게 한 발 도망간 것이면서도 마치 새롭게 고조선 대륙설을 제기하는 대성과를 이룬 것처럼 자화자찬이 눈 뜨고 보기 어려울 정도다. 여기에서 주목할 것은 송호정이 이른바 '고조선 중심지 이동설'의 근거로 문헌 사료를 전혀 제시하지 못하고 "고고학 자료를 적극적으로 활용하고 있다."면서 고고학을 끌어들였다는 점이다. 그런데 앞에서도 언급했지만 자신들이 태두로 떠받들었던 이병도가 1976년에 "그런데 우리 사학도로서 주의해야 할 것은 문헌을 주로 해야 한다는 것입니다. 먼저 고고학 자료를 가지고 말하고 그 다음 문헌적 자료를 말하는데, 이건 주객이 전도된 것 같아요."라고 말한 것과도 위배된다. 고조선 중심지가 이동했다면 이동했다는 문헌 사료를 제시해야 하는데, 기껏 제시한 것은 "『위략』 등 문헌 사료에 대한 비판적 이해"라는 말

88 송호정, 『한국고대사 속의 고조선사』, 푸른역사, 2003, 31쪽

뿐이다. 식민사학계에서 특정 사료에 대해 '비판적 이해'라고 쓸 때는 '자기들 마음대로 해석했다'고 보면 정확하다. 그러니 『위략』은 자신들 마음대로 왜곡하고 고고학만을 가지고 이동설을 만들어 조선총독부에서 만든 식민사학의 수명 연장을 기도한 것이었다.

이제 살아 있는 식민사학을 비판해보자. 대상은 서영수와 노태돈의 중심지 이동설이다. 먼저 서영수는 고조선이 중심지를 옮긴 직접적 이유가 진번이 이동한 데 있다고 주장하고 있다.

즉 "(위만이) 동쪽으로 요새를 나와 패수를 건너 진나라의 옛 빈 땅에 있는 상하장上下鄣에 살면서 진번과 조선 오랑캐 및 연·제의 망명자를 복속시켜……"의 진번은 『사기』의 표현대로 진번 만이蠻夷 즉 진번 유민을 의미한다. 진번 유민이란 "연나라의 전성기에 처음 진번·조선을 침략하여 복속시키고……"에서의 진번이 연(즉 진개)의 침략으로 남쪽으로 이동한 뒤 고지에 남아 있었던 유민으로 이해할 수밖에 없다. 따라서 진번은 연의 장새가 설치된 요동 지역으로부터 『한서』에 보이는 황해도 지역으로 이동했음을 알 수 있다. 또한 연이 진번·조선을 동시에 복속시켰다는 점으로 보아 진번은 조선의 서쪽이나 북쪽에 있었다기보다는 연의 동방 진출로를 경계로 조선의 외곽 지역에 있었음을 알 수 있다.

진번의 이동으로 보아 이때 고조선도 그 중심을 옮겼을 가능성이 높음을 알 수 있다. 즉, 고조선의 중심이 평양 지역에 있었다면, 진번이 고조선의 중심부를 지나 황해도 남부로 이동하기가 쉽지 않았을 것으로 생각되기 때문이다. 『사기』 「조선전」의 "진번과 조선을 침략하여 복속시켰다."는 표현은 물론 과장이지만, 어느 정도의 사실성을 반영한다고 보면, 그 중심지를 공략하였기 때문에 그러한 표현을 사용한 것이 아닐까 생각된다. 따라서 이 시기에 고조선도 진번과 함께 그 중심을 남쪽으로 이동하였다고 여겨진다.[89]

서영수는 연나라 장수 진개의 침략으로, 진번이 "요동 지역으로부터 『한서』에 보이는 황해도 지역으로 이동했음을 알 수 있다."라고 서술했다. 한마디로 가소로운 이야기다. 서영수는 『한서』 어느 구절에 진번이 황해도로 옮겼다고 말하고 있는지 원문을 제시하기 바란다. 서영수는 이병도의 설을 좇아 진번이 황해도로 옮겼다고 주장하면서 근거가 약하니 제 마음대로 『한서』를 끌어들여 마치 『한서』에 진번군이 황해도로 옮겼다고 기술되어 있는 것처럼 거짓말을 한 것이다.

식민사학계 내에서도 진번이 평안도 북쪽에 있었다는 이른바 북부설과 황해도에 있었다는 남부설이 있었는데, 이병도는 항상 대한민국 입장에서 가장 불리한 남부설을 채택한 것이고 서영수가 이를 추종하면서 마치 『한서』에 그런 구절이 있는 것처럼 사기를 친 것이다. 식민사학 내에서 진번의 위치를 두고 이른바 북부설이니 남부설이니 하는 것들 모두 틀렸다는 사실은 뒤에서 한사군의 위치를 논할 때 설명하겠다.

서영수는 고조선의 중심지가 평양이 아닌 요동에 있었기 때문에

___

89 서영수, 「고조선의 위치와 강역」, 『한국사 시민강좌 2집』, 일조각, 1988, 44~45쪽

진번이 평양 지역을 지나 남쪽으로 쉽게 이동했을 것이라고 주장하는 것이다. 물론 일체의 1차 사료적 근거가 없는 소설이고 사기다. 더 가관인 것은 진번이 이렇게 이동하면서 아울러 조선도 중심지를 남쪽, 즉 평양으로 옮겼다고 주장하는 것이다. 서영수는 역사 사료를 찾아보는 대신 머릿속 공상에 몰두하다보니 이 시대의 요동, 즉 옛 요동의 위치가 지금의 랴오둥과 다르다는 사실을 전혀 모른다. 진개가 침략한 요동은 지금의 랴오둥이 아니라 베이징 부근이라는 사실 또한 알 리가 없다. 이런 실력으로 평생을 우려먹으면서 동북아역사재단 같은 기관의 국민 세금을 자신과 제자들의 식민사학 전파 용도로 마음대로 쓰면서 국고를 축내는 것이다.

서영수는 고조선의 이동에 대해 이렇게 결론 내린다.

> 지금까지 6장과 7장에서 검토한 내용을 정리하면 전성기의 고조선의 강역은 대체로 요동 반도를 중심으로 서쪽으로는 대릉하 유역에서 동호와 만나고, 남쪽으로는 대동강 유역을 경계로 진국辰國과 이웃하며 북쪽과 동쪽으로는 예맥·부여·진번·임둔·숙신과 접하는 것으로 이해된다. 한편 연·진·한의 동방 진출에 따라 고조선은 연대燕代에는 천산千山, 진대秦代에는 압록강까지 후퇴하였으나, 한초漢初에는 고토의 일부를 수복하여 요하 이동 천산 이서에 있는 것으로 생각되는 패수를 경계로 한나라와 대치하였음을 알 수 있다.[90]

---

90 위와 같음, 48~49쪽

역사학의 기초는 1차 사료를 합리적으로 해석해서 과거를 재구성하는 것이다. 그런데 서영수는 물론 그렇게 하지 않는다. 1차 사료의 합리적 해석이란 식민사학계에서는 있을 수 없는 일이기 때문이다. 고조선의 전성기 때 강역을 서쪽으로 다링허(대릉하大凌河)까지 본 것은 연의 진개가 빼앗았다는 2천 리를 '거꾸로 추정해서' 다링허로 비정한 것일 뿐 다른 근거는 대지 않았다. 또 그 부근에서 동호와 만난다고 했으나 동호는 조선의 서쪽에 따로 있는 나라가 아니다. 『사기』「소진열전」에서 본 것처럼 조선 서쪽에는 동호가 아니라 연나라가 있었을 뿐이다.

또 연나라의 침략에 따라 고조선의 경계가 요동의 톈산(천산千山)까지 후퇴했다는데 이 역시 아무런 1차 사료적 근거가 없는 소설일 뿐이다. 또 한나라 초에는 패수가 요하와 톈산 사이에 있었다고 주장하고 있으나 이 가정 역시 조선에 있었다는 열수를 랴오허(요하)에 합류하는 타이쯔허(태자하)나 훈허(혼하)로 마음대로 비정한 데 따른 자기만의 추정일 뿐, 역시 아무런 1차 사료적 근거가 없다. 서영수는 조선총독부에서 비정한 고조선의 중심지를 평양으로 굳게 지키기 위해서 고조선 중심지 이동설이란 허무맹랑한 논리를 만들었을 뿐이다. 식민사학자들이 조선총독부설을 지지하는 어떤 설을 만들면 쌍수를 들고 환영하는 한국 주류 식민사학계의 풍토에 따라 이 허무맹랑한 고조선 중심지 이동설이 학계의 주류 학설이 된 것이다. 한 마디로 일본이나 중국으로 수출해야 할 사람들이다.

노태돈의 고조선 중심지 이동설을 비판한다

서울대의 노태돈이 식민사학의 변종인 고조선 중심지 이동설을 지지하고 나서지 않을 이유가 없다. 노태돈은 조선의 위치를 알기 위해 낙랑군 조선현의 위치를 먼저 검토하고는 예상대로 고조선의 중심지를 평양이라고 주장했다. 노태돈이 고조선 중심지를 평양이라고 보는 근거를 보자.

노태돈은 첫째, 5세기 말~6세기 초 북위北魏의 역도원酈道元의 『수경주水經注』에 고구려 사신의 말을 인용해서 "평양성은 패수의 북쪽에 있다. 그 강(패수)은 서쪽으로 흘러 옛 낙랑의 조선현을 지나는데……"라고 했기 때문에 조선현을 평양으로 봐야 한다고 단정했다.

> 북위를 방문했던 고구려 사신의 견해로 볼 때 낙랑군 조선현의 위치는 분명한 것이 된다. 고구려 사신이 말한 패수가 대동강을 가리킨다는 데에 대해서는 이론이 없다.[91]

식민사학자들이 '이론이 없다'라고 단정 지을 경우 '아무런 사료적 근거가 없다'라고 읽으면 정확하게 맞다. 먼저 패수의 흐름에 대해서 『수경水經』 원문과 북위의 역도원이 주석한 『수경주水經注』의 내용이 다르다는 사실을 지적하고 싶다. 『수경』 원문은 "패수가 동쪽으로 흘러……"라고 말했는데, 역도원은 이 구절을 앞에서 본 대로 "그 강(패

---

91 노태돈, 「고조선 중심지 변천에 관한 연구」, 『단군과 고조선사』, 사계절, 2000, 44쪽

水)은 서쪽으로 흘러……"라고 바꾸어 놓았다. 이 경우 이병도나 노태돈은 어느 기록을 지지하겠는가? 당연히 원문을 먼저 지지하고 이리저리 살펴보아도 원문이 문제가 있을 경우 주석을 지지하는 것이 학자의 기본이다.

그러나 이병도와 노태돈은 대한민국의 입장에서 볼 때 가장 불리한 내용, 다시 말해 조선총독부나 동북공정에서 볼 때 가장 유리한 내용을 채택한다. 그래야 조선총독부에서 만든 반도사관이 유지될 수 있기 때문이다. 노태돈은 식민사관에 따라서 패수를 대동강으로 비정했는데 이 논리를 유지하자면 '패수가 동쪽으로 흐른다'는 『수경』 원문은 폐기되어야 하는 것이다. 『수경』의 패수·열수 등이 식민사학처럼 반도 내에 흐르는 강이 아니라 보하이(발해) 서안에 있어서 『수경』 원문처럼 동쪽으로 흐르는 강임은 조금 뒤에 논할 것이다.

조선현의 위치를 평양으로 확정지어야 조선총독부에서 만든 식민사관을 그대로 유지할 수 있다는 노태돈의 애타는 심정을 모르는 바는 아니지만 노태돈의 애타는 심정을 달래기 위해서 보하이(발해) 서안에 있는 패수를 대동강으로 공수해 올 수는 없는 노릇 아닌가? 조선현이 평양이 아님을 입증하는 것은 그리 어렵지 않다. 『사기』 「조선 열전」의 주석인 『사기집해』에는 "장안張晏이 말하기를 조선에는 습수濕水, 열수洌水, 선수汕水가 있는데 세 강이 합쳐져서 열수가 된다. 낙랑과 조선이라는 이름은 여기에서 취한 것이 아닌가 생각된다(張晏曰, '朝鮮有濕水, 洌水, 汕水, 三水合為洌水, 疑樂浪, 朝鮮取名於此也')."라는 구절이 있다. 식민사학이나 동북공정의 관점에서만 벗어나면 역사의 진실은 쉽게 눈에 띈다.

조선이나 낙랑은 세 강이 합쳐져서 생긴 이름이라는 것인데, 이 습수湿水에 대해 중국의 첸 차오이陳橋驛는 『수경주 교증校證』(2007) 서문에서 "『수경주』의 다른 판본 중에는 누수灤水를 습수라고 한 것도 있다…… 상류는 지금의 쌍간허(상건하) …… 하류는 융딩허(영정하)로 부르는데, 이는 해하海河의 5대 지류의 하나이다."라고 말했다. 조선에 있던 습수가 대동강이 아니라 지금의 베이징 시를 지나 텐진의 다구(대고大沽)라는 곳에서 보하이로 들어가는 융딩허(영정하)라는 뜻이다. 습수와 합하는 열수는 위 인용문에서 지적한 하이허(해하海河)의 지류의 하나인 『수경』 권 14에서 말하는 고하沽河가 분명하다. 세 번째의 선수는 옛 이름을 알 수 없기에 지금 어떤 강으로 비정해야 하는지 정확하지 않지만 이것만으로도 조선현은 텐진 가까운 데 있었다는 사실을 알 수 있다. 열수·패수 등에 대해서는 곧 다시 검토할 것이다.

둘째, 노태돈은 현재의 중국 랴오닝성 칭위안현(청원현淸源縣) 부근의 훈허(혼하渾河)가 옛 요수遼水이고 현재의 랴오허(요하遼河)가 대요수大遼水라고 주장했다. 『한서』「지리지」'현도군 고구려현' 주석에 "요산遼山은 요수遼水가 발원하는 곳이며, 요수는 서남으로 흘러 요대遼隊에 이르러 대요수로 들어간다."는 구절을 멋대로 해석한 것이다. 노태돈도 서영수처럼 옛 요동이 지금의 랴오둥과 다르다는 사실은 무시한 채 한대漢代의 요동군을 지금의 랴오둥으로 비정하면서 그 서쪽에 있던 낙랑군을 한반도 서북에 위치했다고 주장하는 것이다. 그러나 같은 『한서』「지리지」'요동군 망평현' 조에는 "대요수는 요새 바깥에서 나와 남쪽으로 안시현에 이르러 바다로 들어간다."라고 말하고 있으며, 『수경』의 대요수도 "요동군의 양평현·방현·안시현을 동쪽으로 지난다."

고 했는데, 이때의 요동군 역시 지금의 랴오둥이 아니라 베이징 부근의 옛 요동이므로 지금의 랴오허가 될 수 없다.

과거 이병도는 연·진 장성의 동쪽 끝을 황해도 수안이라고 주장했고, 그 제자들이 주축인 한국 식민고대사학계도 이를 그대로 추종하다가 최근 이를 비판하는 여러 저서들이 쏟아져 나오자 슬그머니 지금의 랴오둥이라고 한 발 후퇴했다. 노태돈의 논리를 보자.

> 먼저 요동설은 『사기』와 『한서』에 바탕을 두고 있다. 『사기』 '몽염전'에서 진의 장성이 "임조臨洮에서 시작하여 요동에 이르며 만 리에 달한다."고 하였다. 『사기』 「흉노전」에서 연의 장성이 양평襄平에 이르고 연이 요동군을 설치했다고 했으며, 이어 진의 장성이 임조에서 시작하여 요동에 미쳤다고 했다. 그리고 『한서』 「흉노전」에서도 동일한 내용을 전한다. 만약 이 요동이 오늘날의 요동 지역이면, 자연 낙랑군은 그 동쪽인 한반도의 서북부가 된다.[92]

『사기』와 『한서』는 장성의 동쪽 끝이 요동이며 양평이라고 한결같이 말하고 있다. 문제는 이 양평을 어디로 보는가 하는 것이다. 고대 요동은 지금의 랴오둥일 수가 없다. 『한서』 「지리지」 '요동군' 조는 지금의 랴오둥이 아니라 옛 요동에 대해 설명하고 있는데, 이를 지금의 랴오둥이라고 전제하고 위치를 비정하니 맞을 수가 없는 것이다. 『한서』 「지리지」 '요동군' 조는 18개 속현 중에 양평이 있고 또 (양평과는 다

---

92 노태돈, 「고조선 중심지 변천에 관한 연구」, 『단군과 고조선사』, 사계절, 2000, 50쪽

172 식민사관의 감춰진 맨얼굴

른) 랴오양(요양)이 있다. 이병도는 양평을 랴오양(요양)이라고 보았고, 그 제자들도 한결같이 이렇게 주장하는데, 『한서』「지리지」는 둘이 서로 다른 지역이라고 말하고 있는 것이다. 노태돈은 랴오양(요양)에 대해 다음과 같은 각주를 달아놓았다.

> 1956년 요양遼陽 시 교외에 위치한 삼도호三道壕에서 한대漢代의 취락이 발굴 조사되었다. 출토된 유물 중 구연부口緣部에 '창평昌平'이라는 문자가 새겨진 붉은색 토기 솥이 있다. '창평昌平'은 왕망 때 양평襄平을 개칭한 것이다. 요양이 한대의 양평임을 말해주는 유물이다.[93]

『한서』「지리지」에 보면 '양평'을 왕망 때 '창평'이라고 고쳤다고 말하고 있다. 그런데 이 창평(창평)이라는 지명은 지금 베이징의 서북쪽에 있는데, 그곳이 옛 요동의 양평일 가능성이 많다. 노태돈이 지적한 '창평'이라고 새겨진 붉은색 토기는 얼마든지 들고 이동할 수 있는 것이다. 그러므로 그런 토기가 나왔다고 그곳이 옛 창평임을 뜻한다고 단정할 수는 없다. 백 번 양보해서 요양을 옛 양평이라고 쳐서 만리장성을 그곳까지만 쌓았다면 그곳까지만 막고 그 아래 광활한 지역은 그대로 비워놓은 채 동쪽의 조선은 얼마든지 쳐들어와도 좋다고 했단 말인가? 『회남자』에서 '동쪽에서 조선과 국경을 맺고 있다'고 말한 장성은 무엇이란 말인가?

---

93 동북박물관, 「요양 삼도호(三道壕) 서한촌락 유지(遺址)」, 『고고학보』, 1957년 1기

양평이 있던 요동은 앞에서 본 것처럼 지금의 랴오둥(요동)이 아니라 옛 요동이었다. 따라서 낙랑 역시 결코 한반도 서북부에 있을 수 없으며 조선현이 있던 톈진 부근에 있었다. 고대 요동이 보하이 서(북)쪽에 있었다는 사실은 앞에서 창해군과 예(濊)의 위치를 논할 때 보았다. 노태돈은 위 논문에서 왕험성과 패수, 고조선의 등장 시기와 초기 중심지 및 조선과 산융·동호 등의 문제에 대해 광범위하게 다루었으나 기본 관점이 식민사학이므로 맞는 말이 하나도 없다.

서영수와 노태돈은 그나마 "고조선이 평남 일대에 있다가 그곳에서 망했다."는 식민사학계의 일관된 정설에 수정을 가한 것이 다행이라면 다행이었다. 그런데 식민사학의 대부분의 주장이 그렇듯이 이른바 '고조선 중심지 이동설'도 논리가 허약하기 짝이 없다. 그냥 두루뭉술하게 '요동'이라고 말하면서 요동이 어디인지 특정하지 않고 고고학적 사료도 '요령식 동검' 하나만을 제시했다.

게다가 노태돈은 요동은 고조선 지역이지만 요서는 산융, 동호 지역이기 때문에 고조선 지역이 아니라고 주장했다. 여기다가 산융, 동호 문화는 고조선과 다르다고 주장하면서 요서와 요동의 비파형 동검 유물의 특성이 다르다고 강조했다. 그런 식으로 따지면 진나라, 한나라도 모두 중원을 차지했다고 볼 수 없다. 같은 청동기라도 지역별로 특성이 있기 때문이다. 식민사학계는 버티다 버티다 할 수 없이 지금의 랴오둥 지역은 고조선의 강역이었다는 사실을 인정하지 않을 수 없었다. 그러나 랴오시까지 고조선에 내줄 수는 없다고 생각했다. 그래서 지금의 랴오시와 랴오둥을 분리해 랴오시는 산융, 동호 지역이고, 랴오둥은 고조선 지역이었다고 주장했다. 그러면서 고조선은 평양에 와서 망했다는 기존 학설은 고수했다.

그동안 식민사학자들은 『삼국유사』에서 말한 고조선의 첫 도읍지 아사달을 평양이라고 말했다. 이병도는 이 둘이 모두 지금의 평양이라고 주장했다. 그런데 그 후예 식민사학자들은 '고조선 중심지 이동설'을 말하면서 고조선의 초기 중심지가 요동이라면 아사달과 평양이 모두 요동에 있었다는 것인지 아무런 말이 없다. 또한 나중의 중심지는 왜 또 평양이라는 것인지 서로 모순투성이가 된다. 그래서 머리는 사람이되 몸은 짐승을 만들어 놓은 것이 이른바 '고조선 중심지 이동설'인데 이를 놓고 자화자찬하는 것을 보면 이들에게는 과연 역사학의 기본적 정신인 비판 정신이라는 것이 있기는 한 것인지 의심하지 않을 수 없다. 하긴 조선총독부에 지금껏 충성하는 종자들이니 어찌 비판 정신이 있겠는가마는.

동호, 산융과 고조선

『진시황은 몽골어를 하는 여진족이었다』(2009)라는 책을 쓴 중국 학자 주쉐안(주학연朱學淵)이란 인물이 있다. 그는 이 책에서 진시황도 뿌리는 한족이 아닌 여진족이었다고 주장했는데, 숙신-말갈-여진-만주족을 하나의 뿌리라고 보았다. 또한 고대 북방에서는 몽골어를 썼는데 이들의 언어가 나중에 몽골, 여진, 선비, 흉노 등의 언어로 세분되었다고 분석했다. 제목에서 시사하듯이 인명, 지명 등의 언어를 중심으로 자신의 주장을 펼친다는 한계는 있지만 고대 중국 문헌에 있는 여러 용어들을 특정 발음을 음차音借한 것으로 보고 풀이한 방식 등은 탁월하다.

그는 원래 물리학자였으나 어떤 계기로 몽골대사관의 참사관에게 몽골어와 헝가리어가 유사하다는 말을 듣고 연구를 시작했다. 그는 영-몽사전과 영-헝사전을 비교해 보니 완전히 일치하는 단어가 수백 개나 된다는 사실을 확인했는데,『금사金史』국어해國語解를 보니 77개의 여진어가 몽골어보다 헝가리어에 더 가깝다는 사실을 다시 확인했다. 그래서 주쉐안은 헝가리 마자르족의 선조가 여진-만주족의 조상인 말갈족이라는 사실을 깨닫고 1997년 '마자르족 극동시원론'을 발표하면서 역사학자로 전직했다고 한다. 그의 견해를 잠시 보자.

> 달알이達斡爾는 동호·도하라의 발음의 기원이지만, 오환은 오락혼으로 바로 춘추 시대부터 등장하는 산융을 말한다. 동호·오환·선비는 비슷한 언어를 썼기 때문에 하나의 족속으로 분류되기도 하는데, 현대 학자들은 이미 거란어·몽골어가 모두 이들의 언어에서 갈라져 나온 것임을 확인시켜 주었다. …… 따라서 동호·선비어를 원시 몽골어로 부르는 것이 어울릴 것 같다.[94]

주쉐안은 동호(달알이 또는 도하라)·산융(오환 또는 오락혼)·선비는 비슷한 언어를 쓰는 하나의 족속으로 분류했다. 이들을 하나의 족속, 즉 겨

---

94 주쉐안, 문성재 역주, 『진시황은 몽골어를 하는 여진족이었다』, 우리역사연구재단, 2009, 246쪽

레로 본다면 무엇이라고 통칭할 수 있을까? 바로 조선이 아닐까? 주쉐안은 아직 이들이 '㈎조선'과 동일한 세력이라는 사실까지는 모르고 있는 듯한데, 이는 아마도 조선이라는 이름이 서기 전후에 사료상에서 사라졌기 때문일 것이다. 그렇다면 '동이'라고 부를 수도 있지 않을까 생각한다.

주쉐안은 또 고대의 동호는 거대한 집단이었으며 동시에 몽골계 민족의 주요한 직계 조상이기도 하다고 지적했다. 이 동호는 조선을 말하는 것이라고 생각되는데, 국가 이름 '조선' 대신 종족 이름 여진을 동이의 대표라고 여긴 것이다. 그렇다면 나라 이름으로는 ㈎조선, 종족 이름으로는 동호라고 할 수 있지 않겠는가?

산융에 대해서 검토해보자. 『관자管子』 「대광大匡」편과 「소광小匡」편에는 춘추 시대 제 환공桓公이 산융을 공격한 일이 기록되어 있다.

> ① 환공이 이에 북쪽으로 영지와 하부산을 치고 고죽을 베고 산
> 융을 지났다 桓公乃北伐令支, 下鳧之山, 斬孤竹, 過山戎[95]
> ② 북쪽으로 산융을 치고 영지를 제어하며, 고죽을 베니 구이九夷
> 가 듣기 시작했으며 바닷가의 제후들이 와서 복속하지 않는 자
> 가 없었다. …… 천하를 한번 바로잡아 북쪽으로 고죽, 산융,
> 예맥까지 이르렀고…… 北伐山戎, 制泠支, 斬孤竹, 而九夷始聽, 海濱諸
> 侯, 莫不來服…… 一匡天下, 北至於孤竹, 山戎, 穢貊[96]

---

95 『관자』「대광(大匡)」
96 『관자』「소광(小匡)」

이는 모두 한 가지 사건에 대해 기록한 것인데, 즉 제 환공이 북쪽으로 산융·고죽·영지(또는 예맥)을 공격했다는 것이다. 이때 제 환공이 공격한 나라들 중에서 고죽·영지·예맥은 모두 동이족 국가로 인정하고 있다. 그런데 이 기록들에서 산융은 동이족 국가들과 함께 기록되어 있으며, 「소광」편에서 '구이九夷가 듣기 시작'했다고 한 것으로 보아서 산융도 구이, 즉 동이에 속해 있음을 알 수 있다.

환공이 춘추 최초의 패자가 된 데는 제나라 북쪽의 세력들을 격퇴한 것이 결정적 계기가 되었던 것이다. 그런데 제 환공이 산융山戎을 비롯해서 동이 여러 국가를 공격한 것은 산융이 먼저 연燕나라를 공격한 것이 빌미가 되었다. 『사기』「제 태공 세가」를 보자.

> (제 환공 23년:서기전 663) 산융이 연나라를 공격하자 연나라에서 급하게 제나라에 알렸다. 제 환공이 연나라를 구하기 위해서 마침내 산융을 정벌하고 고죽까지 갔다가 돌아왔다.
>
> 山戎伐燕, 燕告急於齊. 齊桓公救燕, 遂伐山戎, 至於孤竹而還[97]

산융이 연나라를 공격하자 연나라에서 제나라에 구원을 요청한 것이다. 춘추 오패의 첫 번째 패자였던 제 환공은 연나라를 구하기 위해서 연나라를 공격한 산융을 치고 고죽까지 갔다가 돌아온 것이다. 이때 연나라를 공격한 산융은 어떤 세력일까? 서기전 1세기 무렵

---

97 『사기』「제 태공 세가」

전한前漢의 환관桓寬이 작성한 『염철론鹽鐵論』「비호備胡」편에 이런 구절이 있다.

> 옛날에는 사이四夷가 모두 강성하고 아울러 침범했는데, (고)조선은 요행을 바라고 국경을 넘어서 연나라의 동쪽을 침략했다.
>
> 往者, 四夷俱強, 並爲寇虐, 朝鮮踰僥, 劫燕之東地[98]

『염철론』에서 연나라를 공격했다는 조선과 『사기』에서 연나라를 공격했다는 산융은 과연 다른 세력일까? 연나라와 치고받은 고조선 외에 연나라를 공격할 나라가 또 있었을까? 연나라가 위협을 느껴 제나라에 황급히 구원을 요청하게 할 나라가 고조선 외에 또 있었을까? 식민사학자들은 산융과 고조선을 분리하고 싶을 것이고, 그래야 식민사학이 살겠지만 식민사학을 살리자고 고조선을 죽일 수야 없지 않나?

다시 말해서 조선은 산융·영지·고죽·예맥 등을 아우르는 제국이었다. 우리는 중국 고대 사서를 볼 때 통합적 관점과 같은 대상을 다르게 부른 경우를 주의 깊게 관찰해야 한다. 식민사학자들은 비록 외형은 한국인의 모습을 했고, 또 그 생계도 한국 국민이 낸 세금으로 유지하면서도 그 역사관은 일본 극우파나 중화 패권주의자들과 같은 종자들이기 때문에 이들에게 이를 연구해달라고 하는 것은 일본 총리 아베 신조安倍晋三에게 한국독립운동사를 연구해 달라고 부탁

---

98 『염철론』「비호」

하는 것과 같다. 린후이샹(임혜상林惠祥)이 『중국민족사』(1998)에서 "진나라 이전에는 동호를 북융北戎, 또는 산융山戎이라고 불렀다."고 한 것처럼 중국인 학자들 중에는 가끔 1차 사료에 입각한 진실을 말하는 경우가 있다. '동호=산융=고조선'임을 말해주는 것이다. 그러나 이는 약간 특수한 경우이고 고조선사의 진실을 밝히는 것은 결국 우리뿐임을 자각해야 한다.

사마천은 『사기』 「흉노열전」에서 산융을 흉노의 선조인 것처럼 기록하면서 또한 "연나라의 북쪽에 동호, 산융이 있었다."라고 해서 산융과 동호가 별개인 것처럼 구별했다. 그러나 린후이샹이 말한 것처럼 동호는 산융과 같은 세력이었다. 그래서 중국 고대 사서를 깊이 연구해 중국 사가들이 여러 이름으로 흩어놓은 북방 민족들 중에서 통일된 관점을 찾아내는 것은 우리의 과제다.

4 조선의 패수와 열수는 보하이에 있었다

『수경』의 패수와 『수경주』의 패수, 그 잘못된 만남

한국 고대사 연구에 무엇보다 중요한 지명, 열쇠라고 해도 과언이 아닌 지명은 평양과 패수浿水다. 평양은 고조선의 초기 도읍지였고, 고구려 때도 최소한 두 곳의 평양이 있었다. 또 평양과 같이 등장하는 패수는 고조선 말기 한나라와 경계였는데, 삼국 시대에도 계속 나타나는 지명이다.

그러므로 평양과 패수의 위치만 알면 한국 고대사의 지리 문제는 90% 이상 풀린다 해도 과언이 아니다. 그러나 중화 사대주의 유학자들과 일제 식민사학자들이 이 두 위치를 고려 시대 이후의 경험에만 의존하여 반도로 고정시킴으로써 한국 고대사의 기본 뼈대가 뒤틀려 버렸다. 나아가 고조선을 필두로 하는 대륙사가 반도사로 전락하면서 식민 통치에 이용되었고, 지금도 한국사의 대륙성을 말살하기에 여념이 없는 식민사학의 후예들에게 악용당하고 있다.

평양에 관해서는 동천왕이 천도한 평양이 대륙에 있었다는 사실을 간략하게나마 살펴보았기 때문에 여기에서는 패수의 위치를 밝히는 데 주력할 것이다. 패수라는 강이 처음 문헌에 등장하는 것은 한나라 초기 때의 일을 기록한 『사기』 「조선열전」이다.

> 한나라가 일어난 후 그곳이 멀고 지키기 어려우므로 다시 요동의 옛 요새를 수리하고 패수까지를 경계로 삼았다. …… (위)만도 망명했는데 1천여 명의 무리를 모아 상투머리에 만이(蠻夷:동이족) 옷을 입고 동쪽으로 도망해서 국경의 초소를 빠져나와 패수를 건너 진秦의 옛 빈 땅인 상하장上下鄣에 살았다.[99]

한나라 건국 후 요동에 있던 옛 요새를 수리하고 그 부근에 있던 패수를 조선과 경계, 즉 국경으로 삼았다는 것이다. 또한 위만이 동쪽으로 패수를 건너 조선으로 망명했다는 내용이다. 먼저 이 구절은 패수가 요동에 있었다는 사실을 보여준다. 또한 위만이 패수를 동쪽으로 건너서 조선으로 망명했다고 말하고 있다. 따라서 이 사실만으로도 식민사학에서 패수를 압록강(쓰다 소키치, 노태돈), 청천강(이병도), 대동강(이나바 이와키치) 등으로 비정하고 있는 것은 근거가 없다는 사실을 말해준다.

---

99 『사기』 「조선열전」

신채호·정인보 등 민족사학자들은 패수가 만주에 있었다고 주장했는데, 현재 강단사학계 내에서는 윤내현 등 극히 일부 학자들이 패수가 만주 서쪽, 지금의 롼허(난하灤河)라고 주장하고 있다. 필자는 처음 역사학에 입문할 무렵 이 문제에 대해서 그리 많은 내용을 알지는 못했다. 그래서 주류학자라는 강단사학자들과 신채호, 윤내현 등의 글을 모두 비교하면서 그 타당성을 조사하는 방법을 택했다.

그랬더니 선뜻 믿기 어려운 일이 눈앞에 벌어졌다. 신채호, 윤내현 등의 글은 가능한 1차 사료를 가지고 주장을 펼치는 반면, 그토록 숫자가 많은 강단사학자들은 한결같이 1차 사료적 근거가 전혀 없거나 1차 사료를 자의적으로 왜곡해 자신들의 주장을 합리화하고 있다는 사실을 알았기 때문이다. 논리적으로 이미 강단사학자들은 신채호, 윤내현에게 게임이 되지 않았다. 그러니 강단사학자들이 윤내현의 논리가 북한의 리지린의 것과 같다는 등의 매카시적 공세 외에는 할 것이 없었던 사정이 이해가 갔다. 한마디로 강단사학자들, 즉 식민사학자들은 학자들이 아니었던 것이다. 여기에 이덕일, 이주한 등의 소장 학자들이 1차 사료를 가지고 식민사학 비판에 나서자 식민사학자들이 다양한 방법으로 사람 죽이기에 나서는 사정도 이해가 갔다. 식민사학은 1차 사료에 기반한 논리가 없기에 학문적으로는 대응할 수 없다. 기껏해야 말없는 고고학 유물을 만지작거리며 생명을 유지하고 있을 뿐이다.

앞서 매국, 매사賣史 기관인 동북아역사재단에 대해 설명했는데, 그 이사장 김학준은 국회 답변에서 고려, 조선 시대 사람들도 한사군을 한반도로 보았다고 답변했다. 김학준이 이 문제에 대해서 판단

할 능력이 없는 사람임은 이미 봤으므로 아마도 재단 내의 식민사학자들의 조언을 그대로 옮은 것이리라. 그러나 자신의 지식이 부족해서 다른 사람의 견해에 기대려면 제대로 된 사람의 견해에 기대야 하는데 김학준은 자신이 맡고 있는 기관이 중국의 동북공정과 일본 극우파의 역사 왜곡에 맞서라고 국민 세금을 지원하는 기관인지도 모른 채 자국사 팔아먹기에 동조한 것이니 문제다.

고려 후기 및 조선의 유학자들 중에 한사군을 한반도 내에 있었다고 본 사람들이 있었던 것은 사실이다. 그러나 그 시기는 고려 말만 하더라도 서기 13세기 무렵으로 한사군이 설치된 지 이미 1,400여 년이 지난 후였다. 한사군이 존재했다는 때에 쓰인 『사기』, 『한서』, 『후한서』, 『삼국지』 등의 고대 사료는 무시하고 한사군이 설치된 지 1,400년 또는 그 이후에 쓰인 후대의 사료들을 가지고 식민사학의 정설을 유지하려는 그들의 자세가 안쓰럽기는 하다. 그러나 이들을 살리기 위해서 한국사가 죽을 수는 없지 않은가? 이주한이 『한국사가 죽어야 나라가 산다』라는 책에서 갈파한 것처럼 한국의 주류 식민사학자들이 죽어야 한국사가 사는 상황까지 몰고 간 죄업이 이제 그들에게 부메랑처럼 되돌아오는 것이다.

이제 패수에 대한 식민사학의 논거를 분석해보자. 식민사학의 태두 이병도는 1933년 일본어로 발표한 「패수고」에서 이렇게 말했다. 여기서는 최근 번역된 글을 인용했다.

> 패수에는 대동강설·압록강설·청천강설 등이 있고 열수洌水에는 마찬가지로 대동강설·한강설·임진강설 등이 있다. 더욱이 이 외에 양

兩 하천을 마음대로 요동 방면의 어떤 하천으로 비정하는 사람도 있지만 그것은 일설로 둘 필요도 없다.[100]

이병도는 패수와 열수를 모두 한반도 내로 비정한 후 요동에 비정하는 사람에 대해서는 "일설로 둘 필요도 없다."고 말했다. 앞서 이병도가 "그 당시 일본학계의 최첨단을 걷는 이분들의 논문이나 저서를 통하여 많은 영향을 받았습니다. 일본인이지만 매우 존경할 만한 인격자였고, 그 연구 방법이 실증적이고 비판적인만큼 날카로운 점이 많았습니다."라고 말했다고 언급했다. 일본인 식민사학자들이 이병도에게 어찌 인격적이지 않겠는가? 독립운동가들에게 그렇게 혹독했던 일제 고등계 형사들인들 이병도처럼 한국인보다 영혼은 더 일본인인 사람에게 어찌 인격적으로 대하지 않았겠는가?

그러나 "그 연구 방법이 실증적이고 비판적인" 일본인 스승들의 주장에 아무런 1차 사료적 근거가 없다는 것이 문제였다. 앞서 인용한 『사기』 「조선열전」은 "다시 요동의 옛 요새를 수리하고 패수까지를 경계로 삼았다."라고 해서 패수가 요동에 있다고 말하고 있으며, 『후한서』 「군국지郡國志」 '낙랑군' 조에는 "열列은 강 이름이다. 열수는 요동에 있다."라고 열수를 한반도 내의 '대동강·한강·임진강'이 아니라 요동에 있는 강이라고 말하고 있기 때문이다. 이병도의 글을 보면 그 머릿속 구조를 해부해보고 싶은 충동이 든다. "실증적이고 비판적인" 연구 방법으로 왜 이런 1차 사료는 무시하나? 존경할 만한 인격자에

---

100 이병도, 「패수고」, 『한국고대사회사론고』, 한국학술정보, 2012, 259쪽

다 '연구 방법이 실증적이고 비판적'이었고, '날카로운 점이 많았던' 일본인 학자들이 왜 1차 사료는 날카롭게 무시했나?

이병도는 한사군의 위치에 대해서 이른바 권위자로 알려져 왔다. 물론 그의 제자들이 부른 '용비어천가' 덕분이다. 「패수고」는 자신의 「진번군고」·「현도군 및 임둔군고」에 근거해 이론을 전개했는데, 낙랑군을 흐르는 패수를 청천강으로 비정했다. 그나마 대동강으로 비정한 이나바 이와키치보다는 조금 북쪽으로 간 셈인데, 그의 스승인 조선사편수회의 이마니시 류가 「열수고」에서 열수를 대동강이라고 결론지었기 때문에 스승의 학설과 부딪치지 않기 위해서 대동강을 제외시킨 데 따른 것에 불과하다.

그럼 이병도는 무슨 근거로 패수를 청천강으로 비정했을까? 이병도 이후 식민사학계에서 패수를 반도 내의 강으로 비정할 때 누구나 근거로 삼는 하나의 사료가 있는데 북위北魏 역도원酈道元의 『수경주水經注』라는 책이다. 이는 한나라 때의 강에 대해 설명한 『수경水經』에 자신의 주석을 붙인 책이다. 그래서 『수경』 원문과 5~6백 년 뒤의 역도원의 『수경주』는 별도의 책으로 분리해서 읽어야 한다.

> 내가 고구려 사신을 방문하니 말하기를, "(평양)성은 패수의 북쪽에 있다."라고 했다. 그 강(패수)은 서쪽으로 흘러 옛 낙랑의 조선현을 지나는데 곧 낙랑군의 치소로서 한 무제가 설치한 것이다. 그리고 서북쪽으로 흐른다.[101]

---

101 역도원, 『수경주』 권14, '패수'

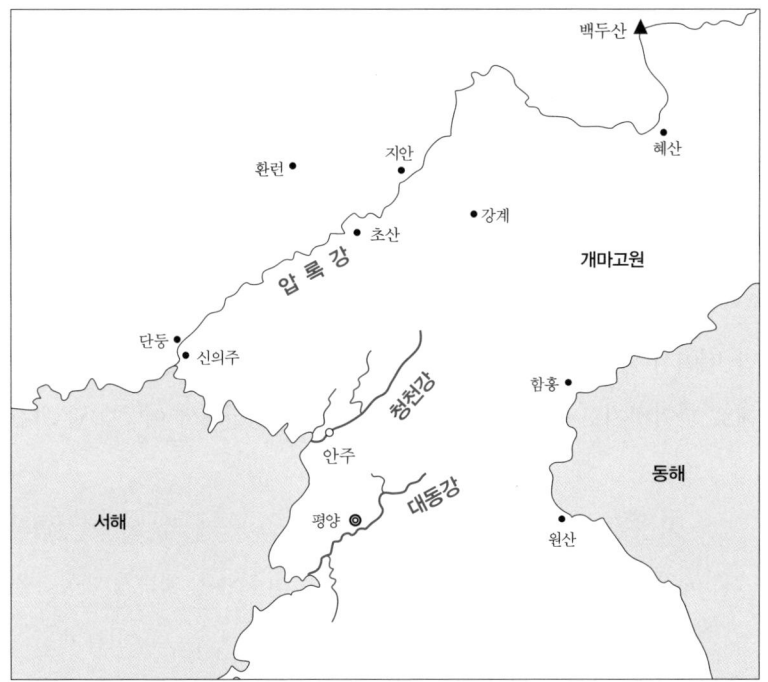

그림5 서남쪽으로 흐르는 반도의 압록강, 청천강, 대동강. 중국 고대 사료에 '서북쪽으로'(『수경주』) 또는 '동남쪽으로'(『수경』 원문) 흐른다고 나와 있는 '패수'의 흐름과 전혀 다르다. 그러므로 식민사학자들의 주장과 달리 패수는 위의 세 강 어느 것도 아니다.

　　역도원은 이 글에서 두 가지를 말하고 있다. 하나는 고구려의 도읍 평양성이 패수 북쪽에 있다는 것이다. 역도원은 지금의 대동강 북쪽의 평양을 고구려 도읍 평양이라고 알고 이 질문을 한 것인데, 평양이 패수 북쪽에 있다는 사신의 말을 듣고 패수를 지금의 대동강이라고 확신한 것이다. 다른 하나는 패수가 서쪽으로 흐른다고 단정한 것이다. 그래서 패수를 한반도 내에서 찾는 식민사학자들이 압록강, 또는 청천강, 또는 대동강이라고 장난을 친 것이다. 무슨 대단한 논리들이 있는 것이 아니다. 그저 자신의 견해를 아무런 1차 사료적 근거 없이 장황하게 나열한 다음에 압록강, 청천강, 대동강이라고 멋대로 비정하는 것이다.

그러나 앞쪽의 「그림5」에서 볼 수 있듯이 '압록강·청천강·대동강'은 모두 서남쪽으로 흐를 뿐 서북쪽으로 흐른다는 역도원의 패수의 흐름 설명과는 많이 다르다. 그러나 식민사학은 자신들에게 유리한 것만 떼어서 합리화하는 것이 특징이다. 그래서 노태돈은 이런 점은 제대로 파악하지도 못한 채 『수경주』의 기록을 맹신해서 이렇게 말했다.

> 북위를 방문했던 고구려 사신의 견해로 볼 때 낙랑군 조선현의 위치는 분명한 것이 된다. 고구려 사신이 말한 패수가 대동강을 가리킨다는 데에 대해서는 이론이 없다. 이 무렵 고구려의 수도는 지금의 평양시 동쪽인 안학궁터였다.[102]

그러나 노태돈은 위 논문에서 패수를 압록강으로 조금 끌어올렸다. 압록강의 상류인 아이허(애하靉河) 상류에서 '안평락미앙安平樂未央'이라고 새긴 기와가 발견되었는데, 여기의 안평이 요동군 서안평현이라는 것이다. 그저 비슷한 글자만 나오면 덮어놓고 대한민국에게 불리하게 비정하는 것이 실증사학을 표방하는 식민사학의 실체이다. 노태돈은 또 현재 랴오둥에 남아 있는 성 유적들이 만리장성의 유적이라는 등의 이유를 대면서 한나라 때 패수는 압록강이라고 주장했다.

---

102 노태돈, 「고조선 중심지 변천에 대한 연구」, 『단군과 고조선사』, 사계절, 2000, 44쪽

식민사학자들끼리 서로 띄워주기는 가관인데, 한국정신문화연구원, 즉 지금의 한국학중앙연구원의 오강원은 "노태돈의 연구는 문헌의 고증과 보조 자료의 활용이 합리적이고 체계적이며 치밀하다는 점에서 기왕에 제출된 견해 중 가장 설득력있는 것"[103]이라고 극찬했다. 한마디로 저절 코미디를 보는 것 같아서 쓴웃음이 절로 나온다. 물론 오강원이 노태돈의 설을 '합리적', '체계적', '치밀' 등의 단어를 써가면서 아부한 내심을 짐작하지 못하는 바는 아니지만 학자로서의 비판적 견해도 조금은 가지고 있어야 할 것 아닌가. 정작 『수경』 원문에서 말한 패수의 흐름은 식민사학자들의 이야기와는 전혀 다르다. 『수경』 원문은 패수의 흐름에 대해 이렇게 말하고 있다.

> 패수는 낙랑군 누방현에서 나와 동남쪽으로 임패현을 지나 동쪽으로 바다로 들어간다
>
> 浿水出樂浪鏤方縣, 東南過臨浿縣, 東入于海[104]

이 구절이 패수의 위치와 흐름에 대한 『수경』 원문이다. 『수경주』는 패수가 서북쪽으로 흐른다고 했지만 『수경』 원문은 '동(凷)쪽으로' 흐른다고 분명하게 말하고 있다. 『수경』과 『수경주』에서 말하는 패수의 흐름이 다르다. 원문과 주석이 서로 다른 것이다. 이런 경우 정상적인 학자라면 일단 원문을 중요하게 생각할 것이다. 그 다음 원문과

---

103 오강원, 「고조선의 패수(浿水)와 패수(沛水)」, 『강원사학』, 1998.
104 『수경』 권14 '패수'

주석이 다른 이유를 연구해보고 나름의 결론을 내릴 것이다. 그러나 식민사학은 그렇게 하지 않는다. 결론을 이미 조선총독부에서 내주었기 때문이다.

『수경』 원문으로 확인하는 중국 동북부의 강들

식민사학이 어떤 결론을 낼지는 뻔하다. 『수경』 원문이 자신들이 미리 세워놓은 고정관념에 맞으면 『수경』이 맞고 『수경주』가 틀렸다고 거품을 물었을 것이다. 그러나 식민사학자는 어느 누구도 패수가 『수경』 원문처럼 (서쪽이 아니라) 동쪽으로 흐르는 강이고 따라서 한반도 서북부에 있는 강이 아닐지도 모른다는 가능성은 거론하지 않는다.

식민사학계는 서로 다른 견해를 가지고 치열한 논쟁 속에서 학문의 발전을 추구하는 학문 집단이 아니라 조선총독부에서 만들어 준 견해를 무조건 추앙하는 사이비 종교 집단이자 이를 지키기 위해서라면 학문 테러를 일삼는 조폭 집단이기 때문이다. 그래서 이병도가 "양兩 하천을 마음대로 요동 방면의 어떤 하천으로 비정하는 사람도 있지만 그것은 일설로 둘 필요도 없다."고 추방령을 내려버리는 것이다. 보통 사람들은 잘 모르겠지만 식민사학에 빌붙거나 잘 보여야 학문밥을 먹을 수 있는 한국 사학계의 구조상 식민사학계가 내리는 '추방령'은 일종의 블랙리스트가 되기 때문에 앞의 오강원처럼 적극적인 아부파가 나오게 되는 것이다.

한국 사학계를 보면 이해가지 않는 점이 한두 가지가 아니다. 먼저 연구해야 할 것들은 산더미처럼 쌓여 있는데, 아무도 연구를 하지 않는다. 『수경』만 해도 그렇다. 『수경』을 연구하면 한국고대사의 지리 비정에 결정적인 사항들을 알 수 있지만 과문한 탓인지 누군가 『수경』을 집중적으로 연구하고 있다는 말을 듣지 못했다. 『수경』 권13과 권14에는 아래의 강들이 나오는데, 모두 동쪽으로 흐른다는 사실을 주목하자. 그리고 지나는 군현에 유의하며 오늘날 어느 강인가를 찾아보자.

> ① 누수濕水 : 누수는 안문雁門 음관현陰館縣에서 나와 동북쪽으로 대군代郡 상건현桑乾縣 남쪽을 지나고, 또 동쪽으로 탁록현涿鹿縣 북쪽을 지나고, 또 동남쪽으로 산을 나와서 광양廣陽 계현薊縣 북쪽을 지난다. 또 동쪽으로 어양漁陽 옹노현雍奴縣 서쪽에 이르러 사구笥溝로 들어간다.[105]

누수는 지금 치수治水라고도 하는데, 중국의 『수경』 연구가 첸 차오이陳橋驛는 『수경주 교증校證』(2007) 서문에서 다음과 같이 설명했다.

> 누수는 『수경주』의 다른 판본 중에는 습수濕水라고 한 것도 있다. …… 상류는 지금 쌍건허(상건하桑乾河)라 하여 관청官廳 저수지를 지나며, 하류는 융딩허(영정하永定河)라 하는데 이는 하이허(해하海河)의 5대 지류 중의 하나이다. 『수경주』 시대의 누수는 지금의 융딩

---

105 『수경』 권13

허(영정하) 물길과는 완전히 일치하지는 않는데, 역도원이 기록한 물길은 지금 융딩허(영정하) 이북에 있어 동남으로 흘러 어양군 옹노현 서쪽(지금의 우칭셴武淸縣 부근)에 이르러 로허(노하潞河:『수경주』의 이른바 사구笥溝로 로허의 별명임)로 흘러드는데 이는 지금의 베이윈허(북운하北運河)이다.[106]

현대 중국의 『수경』 연구가 첸 차오이陳橋驛가 누수=습수라는 판본도 있다고 설명하고 있는 것이다. 이는 사실로 보인다. 왜냐하면 『수경』 권13에 나온 누수(습수)에 이어 『수경』 권14에 나온 습여수濕餘水가 누수와 합류하는 지류인 것을 볼 때 누수, 즉 습수의 이름에서 나온 것으로 볼 수 있기 때문이다. 누수는 지금의 쌍건허(상류)·융딩허(하류)라고 했는데, 베이징과 톈진을 거쳐 다구大沽라는 곳에서 보하이로 들어간다(「그림6」의 ①). 『중국고금지명대사전』에 따르면 다구로 흘러가는 강을 하이허(해하海河), 또는 구허(고하沽河)라고 하는데 그 5대 지류는 「그림6」의 남쪽에서 북쪽으로 쯔야허(자아하子牙河)·다칭허(대청하大淸河)·융딩허(영정하)·차오바이허(조백하潮白河) 등이다.[107]

역도원의 『수경주』 '누수'는 「그림6」 ①의 융딩허(영정하)보다 다소 북쪽으로 표시한 ②의 베이윈허(북운하, 또는 원위허(온유하溫楡河))로서 옆의 그림에서처럼 우칭셴(톈진시 우칭구) 북쪽에서 ④의 로허(노하:『수경』의 사구)로 나뉜다고 했다.

106 첸 차오이, 『수경주 교증』, 중화서국, 2007, 16쪽
107 다이쥔량(載均良) 외, 『중국고금지명대사전』, 상하이사서출판사, 2005, 2531쪽

그림6 『수경』에 표시된 중국 동북 지역의 강들(괄호 안의 강 이름이 『수경』에 표시된 이름임).

② 습여수濕餘水 : 습여수는 상곡上谷 거용관居庸關 동쪽에서 나와서, 동쪽으로 흘러서 군도현軍都縣 남쪽을 지난다. 또 동쪽으로 계현薊縣 북쪽을 지나고, 또 북쪽으로 꺾어서北屈 동남쪽으로 호노현狐奴縣 서쪽에 이르러 고하沽河로 들어간다.[108]

쥐융관(거용관) 동쪽에서 나온다는 습여수는 「그림6」에 ②로 표시한 원위허(온유하) 및 베이윈허(북운하)로서 북쪽으로 꺾는 특이한 흐름이 있어서 북쪽의 ⑥ 차오바이허(조백하)와 만나 동남쪽으로 흘러 습수인 ① 융딩허(영정하)와 합류하며 ③의 하이허[백하, 또는 구허(고하)]가 된다.

③ 고하沽河 : 고하는 요새 바깥에서 따라 나오는데, 남쪽으로 어양漁陽 호노현狐奴縣 북쪽을 지나고, 서남쪽으로 습여수濕餘水와 합해서 노하潞河가 된다. 또 동남쪽으로 옹노현雍奴縣 서쪽에 이르러, 사구笥溝가 된다. 또 동남쪽으로 천주현泉州縣에 이르러 청하清河와 합해져서 동쪽으로 바다로 들어간다. 청하라는 것은 파하派河의 꼬리이다.[109]

구허(고하)는 요새 바깥에서 나온다고 했는데, 『중국고금지명대사전』에는 상류가 허베이성의 바이허(백하 : 「그림6」 중앙 상단 ③의 하이허와 같음)이며 하류는 "베이징시 순이(순의順義)구 동남·통주구 동북을 흘러 원위

---

108 『수경』 권14
109 『수경』 권14

허(온유하)·베이윈허(북운하, 즉 위 ②의 습여수)와 합한다.”고 했는데, 이는 즉 위 『수경』에 “습여수와 합해서 노하가 된다.”고 한 것과 같다.

로허(노하)는 위에서 사구임을 보았으며, 「그림6」의 중앙 남쪽을 동쪽으로 흐르다 동북쪽으로 흐르는 다칭허[(대)청하]와 합쳐 바다로 들어간다고 했다. 여기의 사구에 대해 『수경주』는 청하·장하·역수·호타수 등 10개의 강이 모여서 함께 동쪽으로 흐른다고 주석했다. 그리고 위에 청하가 '파하派河'의 꼬리라고 한 것은 '5~6개의 여러 강'이 합쳐 다칭허(대청하)를 이룬 것을 말한다.

앞에서 낙랑군 조선현에 대해 장안張晏이 “습수·열수·선수의 세 강이 흐르는데 합해서 열수가 된다.”고 한 것을 필자는 톈진 부근이라고 비정했는데 여기에서 다시 확인해보자. 세 강 중 습수는 융딩허(영정하)임을 밝혔으므로 장안의 말이 맞다면 열수라는 강이 습수와 만날 것이며, 그것은 방금 본 위의 ③의 바이허[백하(상류)]로부터 보하이의 다구大沽로 흐르는 하류의 ③의 구허(고하沽河:지금의 하이허海河)일 가능성이 크다. 융딩허와 바이허는 이 지역에서 대표적인 긴 강으로서 최하류에서 합하기 때문이다.

『한서』「지리지」 '낙랑군 탄열呑列현' 조에는 “열수가 나와서 서쪽으로 점제黏蟬현에 이르러 바다로 들어간다.”라고 말했다. 이마니시 류나 이병도 같은 식민사학자들은 열수가 대동강이라고 주장했다. 그런데 열수와 관련된 지명으로는 열수의 하구에 있는 열구列口와 열수의 북쪽에 있는 열양列陽이 있다. 먼저 열구에 대해서 『사기』「조선열전」은 한 무제가 두 장군을 보내서 조선을 공격할 때 수군의 공격로를 “누선장군 양복을 보내 제齊나라를 따라서 발해에 떠서…… 열구에 도착했다(遺樓船將軍楊僕從齊浮渤海……至洌口)."라고 말하고 있다. 산둥 반도에 있는 제나라에서 출발해 열구에 도착해서 조선을 공격했다는 것이다. 이마니시나 이병도 등의 식민사학자들은 열수를 대동강으로 보지만 『후한서』「군국지」는 '열수는 요동에 있다'라고 말했으니 대동강이 아님은 자명하다.

열구에 대해 『사기색은』은 소림의 말을 인용하여 "(열구는) 현 이름으로 바다를 건너면 가장 먼저 다다르는 곳이다."라고 말했다. 이로써 보면 열구는 보하이에서 서남쪽에 가까운 다구大沽라고 보아도 큰 무리가 없을 것이며, 다구로 흐르는 구허(古河)가 열수였을 것이다. 열수의 북쪽에 있는 열양列陽도 고조선 지리와 위치 비정에 결정적인 지명인데 뒤에서 살펴보겠다.

④ 포구수鮑丘水 : 포구수는 요새 바깥에서 따라 나오는데 남쪽으로 어양현漁陽縣 동쪽을 지나며, 또 남쪽으로 노현潞縣 서쪽을 지나고, 또 남쪽으로 옹노현雍奴縣 북쪽에 이르러 동쪽으로 꺾어서 바다로 들어간다.

⑤ 유수濡水 : 유수는 요새 바깥에서 따라 나오는데 동남쪽으로 요서遼西 영지현令支縣 북쪽을 지나고, 또 동남쪽으로 해양현海陽縣 서쪽을 지나 바다로 들어간다.[110]

포구수는 193쪽 「그림6」 ④의 로허(노하潞河)로 로현(노현潞縣)을 지나

---

110 『수경』 권14

그림7 『수경주』에서 잘못 표시한 중국 동북 지역의 강들. 앞의 「그림6」에서 보듯 『수경』의 강들은 롼허의 서쪽에 있는데 그것을 이와 같이 롼허로부터 그 동쪽의 강인 것처럼 엉터리로 주석했다(괄호 안의 강 이름은 『수경주』에 표시된 이름임).

감을 알 수 있고, ⑤의 칭룽완허(청룡만하靑龍彎河)를 유수로 추측할 수 있는데, 앞의 네 강이 모두 어양군을 지나다가 유수에 와서 처음으로 그 북쪽의 요서군 영지현·해양현을 지난다고 했다. 그런데 역도원의 『수경주』에서는 『수경』의 유수를 칭룽완허보다 훨씬 동쪽에 있는 지금의 롼허(난하)인 것처럼 주석해 놓았다. 유수에 대한 주석을 보면 유수가 "어이진禦夷鎭 동남에서 나와 서북으로 흐르다가 동북으로 또 동남쪽으로 흐름이 굽이굽이 돌기 때문에 곡하曲河로 부른다."고 했다. 그리고 『중국고금지명대사전』에도 유수는 허베이성 순핑(순평順平) 현에서 나오는데 "물길이 돌아 많이 굽어지기 때문에 곡역수曲逆水라고도 한다."고 같은 취지로 말했는데, 이는 「그림7」의 ⑤ 롼허 상류가 둥그렇게 구부러진 부분임을 알 수 있다.

또 『수경주』에는 유수가 "루灤현 갈석산에 이르러……남쪽으로 바다로 들어간다."고 하면서 『수경』에 해양현 서쪽을 지난다고 한 것은 잘못이라고 말했다. 「그림7」의 롼허(난하)도 갈석산 부근에서 바다로 들어가므로 『수경주』의 유수와 같다.

그러나 롼허(난하)는 『수경』에서 말하는 유수가 결코 될 수 없는데 그 근거는 다음과 같다.

첫째, 역도원은 『수경주』에서 유수가 어양군 백단白檀현을 지나고 요서군의 비여현·영지현·루현을 지난다고 했는데, 앞에서 본 『수경』의 강 ①~④가 지나는 어양군이 베이징의 남쪽과 톈진 사이에 해당하므로 롼허(난하) 상류가 같은 어양군 백단현으로 보기에는 거리가 너무 멀다. 또 롼허(난하)부터 랴오시(요서)라면 랴오허(요하)까지 광대한 지역이 요서군이라는 말인데 19개 현에 불과한 요서군이 이 넓은 강역을 모두 차지할 수는 없는 데다가, 롼허(난하)가 지나는 지역은 허베이(하북) 지역으로, 랴오닝(요령)성의 랴오시(요서) 지역도 아니다.

둘째, 중국의 동북쪽 끝은 장성인데 중국학자들의 설 대로 갈석산까지 장성이 있었다면 갈석산에서 바다로 들어가는 롼허(난하)를 『수경』에 마지막으로 기록된 패수로 본다면 모를까, 그 앞에 기록된 유수나 대요수·소요수는 롼허(난하)가 될 수 없으니 그 서쪽에서 찾아야 할 것이다. 장성의 동쪽 끝에 대해서는 뒤에 다시 볼 것이다.

이제 대요수·소요수에 대해서 살펴보자.

⑥ 대요수大遼水 : 대요수는 요새 바깥의 백평산白平山을 나와서 동

남쪽으로 요새로 들어온다. 요동遼東 양평현襄平縣 서쪽을 지나고 또 동남쪽으로 방현房縣 서쪽을 지난다. 또 동쪽으로 안시현安市縣 서쪽을 지나 남쪽으로 바다로 들어간다.

⑦ 소요수 : 또 현도군 고구려현에 요산遼山이 있어서 소요수小遼水가 나오는데, 서남쪽으로 요대현遼隊縣에 이르러 대요수로 들어간다.[111]

　필자는 193쪽 「그림6」의 ⑥ 차오바이허(조백하)가 대요수이며, 베이징 동북쪽 지역이 위에서 말한 요동군으로 양평·방현이 있고 그 동쪽을 안시현이라고 본다. 또 ⑦의 차오허(조하)가 소요수로서 그 발원지인 「그림6」 상단 중앙 부분이 현도군 고구려현으로 요동군의 북쪽(내지 동쪽)에 해당하며, 소요수에 대한 위의 인용문처럼 '서남쪽으로' 흘러 요동군 요대현에서 대요수로 합해진다. 역도원은 유수를 이미 지금의 롼허(난하)로 주석했으므로 그 다음의 대요수·소요수 또한 롼허의 동쪽 수백 킬로미터 떨어져 있는 지금의 랴오허(요하)와 훈허(혼하)로 주석했다(「그림7」의 ⑥, ⑦). 물론 그 중간에 있는 다링허(대릉하)나 여러 강들은 『수경』에서 누락하여 기록되지 않은 결과가 되었는데, 이는 지류까지 세밀하게 망라한 『수경』의 방식에서 볼 때 납득하기 어렵다. 『수경』이 그 강들을 표시하지 않은 이유는 명백하다. 중국의 강역이 아니었기 때문이다.

　역도원이 대요수를 지금의 랴오허(요하)로 본 것은 잘못이다. 『수경』

---

111 『수경』 권14

에서 말하는 대요수의 흐름은 요새 밖에서 나와서 요새로 다시 들어온 후 요동군의 양평·방·안시현을 지난다고 했다. 그러나 지금의 랴오허(요하)는 오른쪽 「그림8」처럼 계속 동쪽으로 흐르다가 지금의 랴오시(요서)·랴오둥(요동)의 경계가 되어서는 서남쪽으로 흐를 뿐이다. 따라서 『수경』의 대요수는 지금의 랴오허(요하)와는 다른 강이다.

또 『수경』의 소요수는 '현도군 고구려현에서 나와서 서남쪽으로 대요수로 들어간다'고 말하고 있다. 그런데 대요수·소요수에 대해 노태돈은 역사적 변천 과정을 무시하고 마음대로 비정하고 있다.

> 당시 고구려의 위치는 분명한 것이며 그 서쪽에 있었던 현도군 고구려현의 경내에서 요수가 발원하여 서남으로 흘러 대요수로 들어갔다고 할 때, 이 대요수가 오늘날의 요하(랴오허)임은 확실한 것이며 요수는 혼하(훈허)를 가리킨다. 이는 곧 한 대의 요동군이 오늘날의 요동(랴오둥)에 있었음을 뜻한다.[112]

식민사학자들이 '확실' 등의 확정적 용어를 쓸 때는 근거가 없는 것이라고 이미 말했다. 노태돈이 『수경』의 대요수를 「그림8」의 오늘날 랴오허로 비정하는 1차 사료적 근거는 없다. 다만 노태돈이 고구려의 위치를 압록강변으로 본 것이 전부다. 만약 고구려의 위치가 압록강변이 아니라 『수경』에서 말하는 패수의 북쪽이라면 노태돈의 모든 논리는 무너진다. 무슨 수를 쓰든지 고대 한나라가 지금의 만주 지역

---

112 노태돈, 「고조선 중심지 변천에 대한 연구」, 『단군과 고조선사』, 사계절, 2000, 46쪽

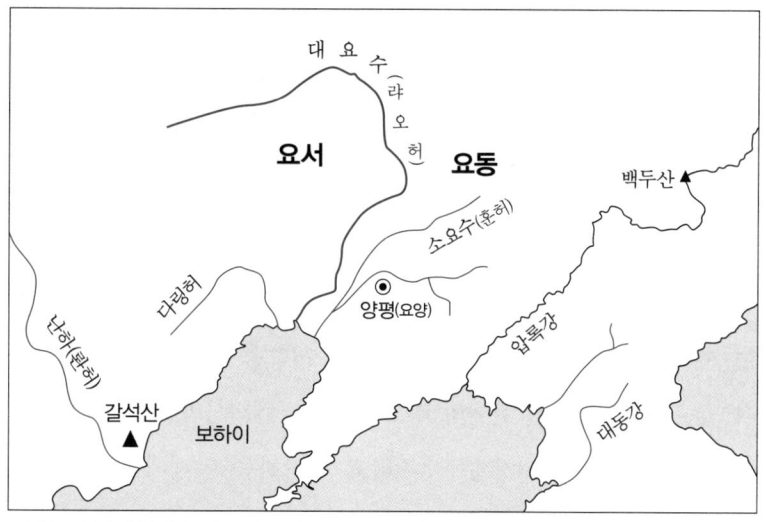

그림8 식민사학에서 보는 대요수(지금의 랴오허) 및 소요수(지금의 훈허).

을 모두 차지했으며, 한반도 서북부에는 한사군의 식민지가 있었다고 강변하기 위해서 애를 쓰는 모습이 이제는 굳이 국적을 논할 것도 없이 애처롭게 보인다. 어쩌다 저렇게 되었나?

　노태돈의 제자인 송호정도 박사 학위 논문에서 "이처럼『수경주』의 대요수와 소요수의 흐름에 대한 설명은 현재의 요하(랴오허)와 혼하(훈허)의 흐름과 거의 일치하고 있다."(「그림8」 참조)고 강변하고 있다. 그나마 '거의'라고 방어막 같지 않은 방어막을 쳐놓은 것이 조금 다르다. 송호정은 "대요수는 장새의 바깥 위백평산을 나와 동남쪽으로 장새에 흘러 들어가고 요동(랴오둥)의 양평현 서쪽을 지나며, 또 동남쪽으로 방현의 서쪽을 지나고 동쪽의 안시현을 지난다."라면서『수경주』의 기록을 나름대로 인용한 후 이렇게 서술했다.

위 내용을 정리하면 요수는 장새 바깥의 위백평산(현 지석산)에서 발원하여 동남쪽으로 흘러 장새 쪽으로 들어가고, 양평현(현 요양 시)의 서쪽을 거쳐 동남쪽으로 흘러 방현의 서쪽을 지나며, 다시 동쪽으로 흘러 안시현의 서남쪽을 거쳐 바다로 들어간다.[113]

『수경』의 대요수는 양평현의 서쪽을 지나고 '동남쪽으로 흘러 방현 서쪽'을 지나고, 또 '동쪽으로 안시현 서쪽'을 지난다고 했다. 그러나 앞 쪽 「그림8」처럼 현재의 랴오허(요하)는 식민사학계와 중국의 동북공정에서 현재의 랴오양(요양)시라고 주장하는 양평에서 서쪽으로 흐르다가 서남쪽으로 방향을 꺾은 후로는 계속 한 방향으로만 흐르다가 서남쪽으로 흘러 바다로 들어가는데 어떻게 현재의 랴오허(요하)가 대요수가 될 수 있다는 말인가? 설마 자신들이 주장하면 그대로 정설이 되는 것이지 누가 감히 실제 랴오허(요하)의 흐름과 자신들의 주장을 비교해 보겠느냐는 오만인가? 아니면 그저 습관적으로 대요수는 현재의 랴오허라고 되뇌고 있는 것인가?

또 대요수는 양평·방현·안시현의 세 현을 지난다고 했는데, 지금의 랴오허(요하)가 어디 세 현을 지나는가? 현재 중국에서 동북공정의 일환으로 만든 『중국역사지도집』 제2집의 27~28쪽 지도에는 억지로 지금의 랴오양(요양)을 양평이라고 비정해놓고, 방현을 현재의 랴오허(요하) 하류에 갔다 놨지만 안시현은 전혀 엉뚱한 곳에 그려 놓았다. 식민사학이나 동북공정이나 서로 비슷한 종자들이어서 하는 짓거리

---

113 송호정, 『한국고대사 속의 고조선사』, 푸른역사, 2003, 58쪽

도 비슷하다. 랴오허(요하)는 『수경』의 대요수가 될 수 없다. 지금의 랴오둥(요동)에는 동쪽으로 흘러서 바다로 들어간다는 『수경』의 대요수가 없다. 지금의 랴오둥(요동)은 고대 요동이 아니다.

대요수·소요수는 『한서』 「지리지」에도 나온다. 『한서』 「지리지」 '요동군 망평望平현' 조에 이렇게 설명하고 있다.

> (망평현에는 대요수가 있는데) 대요수는 요새 바깥에서 나와서 남쪽으로 안시현에 이르러 바다로 들어간다. 1,250리를 간다.
>
> 大遼水出塞外, 南至安市入海, 行千二百五十里[114]

『한서』 「지리지」 '현도군 고구려현' 조에도 대요수가 나오는데 이렇게 설명하고 있다.

> (고구려현에는 요산이 있는데) 요산에서 요수가 나오며, 서남쪽으로 요대현에 이르러 대요수로 들어간다. 또 남쪽에 소수蘇水가 있는데, 서북으로 요새 바깥을 지난다
>
> 遼山, 遼水所出, 西南至遼隊入大遼水。又有南蘇水, 西北經塞外[115]

『한서』 「지리지」와 『수경』을 비교해보면 『한서』 「지리지」에서 대요수가 안시현에서 남쪽으로 바다로 들어간다는 부분은 『수경』과 같고,

---

114 『한서』 「지리지」 '요동군 망평현' 조
115 『한서』 「지리지」 '현도군 고구려현' 조

(소)요수가 현도군 고구려현의 요산에서 나와서 서남쪽으로 요대현에 이르러 대요수로 들어간다는 부분도 『수경』과 같다. 『한서』 「지리지」와 『수경』에서 말하는 대요수와 소요수는 지금 식민사학에서 말하는 랴오허(요하)와 훈허(혼하)가 아니라는 사실을 명백히 알 수 있다.

마지막으로 패수의 위치를 찾아보자. 패수는 (위만)조선과 한나라의 국경이었던 강이므로 더욱 중요하다.

> ⑧ 패수 : 패수는 낙랑군 루방현鏤方縣에서 나와 동남쪽으로 임패현臨浿縣을 지나 동쪽으로 바다로 들어간다.[116]

『수경』 권13과 권14에는 모두 8개의 강이 등장하는데, 소요수 하나만 빼고 모두 동쪽이나 남쪽 방향으로 흐른다. 소요수는 바다로 들어가지 않고 대요수로 들어간다는 점에서 대요수의 지류라고 보면 된다. 그런데 『수경주』를 쓴 역도원은 유수·대요수·소요수 등 다른 강의 흐름에는 아무런 설명도 없이 임의대로 랴오닝성 지역의 강으로 주석했는데, 유독 패수의 흐름에 대해서만 다음과 같이 문제를 제기했다.

> 옛날 연나라의 위만이 패수로부터 서쪽으로부터 조선에 이르렀다. …… 만약 패수가 동쪽으로 흐른다면 (위만이) 건넜다는 것은 이치에 맞지 않다. …… 지금과 옛일을 살펴보니 차이와 잘못이 있는

---

116 『수경』 권14

데 아마도 『수경』에서 잘못 증거한 것이다.[117]

북위의 역도원은 고구려가 장수왕 때 평양성으로 천도하고 난 다음의 인물이다. 그래서 그는 패수를 지금의 대동강으로 보고 『수경』에서 말한 패수의 흐름, 즉 '동쪽으로 흘러서 바다로 들어간다'는 말에 의문을 표시했다. 『수경』 권13, 권14에 나오는 8개의 강이 모두 중국 동북부 지역에 있다는 생각은 하지 못했다. 7개의 강은 중국 동북부에 있지만 유독 패수는 한반도 북부에 있다고 생각한 것이다. 그래서 그는 패수가 동쪽으로 흐른다면 한반도의 동해쪽으로 흘러야 한다고 생각했다. 그러니 "만약 패수가 동쪽으로 흐른다면 (위만이) 건넜다는 것은 이치에 맞지 않다."라고 말한 것이다. 패수가 동쪽으로 흐른다면 고구려 평양성으로 흐르지 않고 한반도 동쪽의 동해로 빠졌을 것이니 위만은 패수를 건넜을 이유가 없다고 본 것이다.

재미있는 일은 식민사학자들은 역도원이 패수가 '동쪽으로' 흘러서 바다로 들어간다는 『수경』 원문을 마음대로 '서쪽으로' 흘러서 바다로 들어간다고 고치자 환호하면서 패수를 대동강이니 청천강이니 압록강이니 멋대로 비정했다는 사실이다. 그러면서도 그들은 역도원이 유수·대요수·소요수를 현재의 롼허(난하)나 랴오허(요하) 등으로 비정한 것에 대해서는 일제히 침묵했다. 역도원의 주석을 전체적으로 볼 능력이 없는지, 알면서도 조선의 중심지를 반도 내에 가두기 위해서 모른 체하는지는 알 수 없지만 동전의 양면 같은 것을 한 면만 인용하는

---

117 『수경주』 권14 '패수' 조

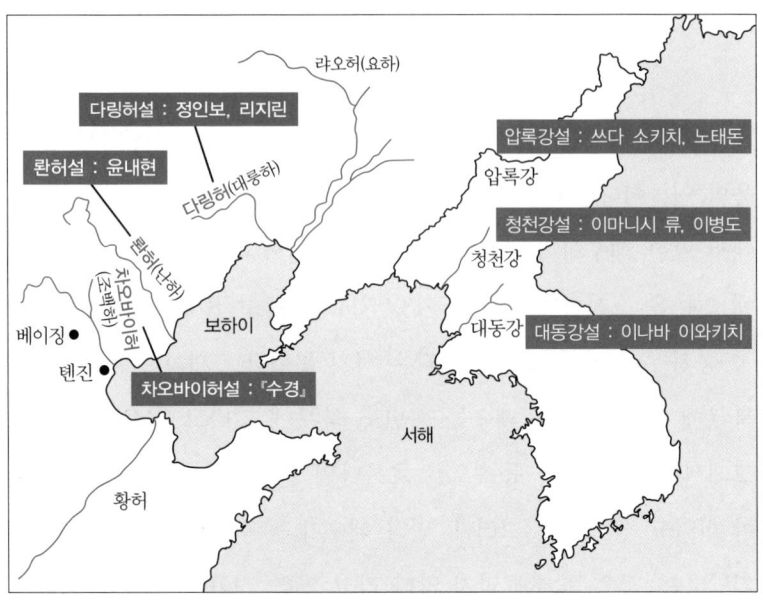

그림9 패수의 위치에 관한 주요 학설.

것은 궁색하다고 하지 않을 수 없다.

　필자는 패수를 193쪽의 「그림6」의 차오바이신허(조백신하潮白新河)로 생각한다. 그 오른쪽의 자오윈허(계운하)도 패수일 가능성이 있는데 두 강은 합류하여 융딩신허(영정신하永定新河)와도 만나 『수경』 원문의 표현처럼 동쪽으로 바다로 들어간다. 이런 추론을 뒷받침해 주는 사실은 앞에서 낙랑군 조선현의 위치가 사구 부근이므로, 톈진을 포함한 그 북쪽·남쪽의 보하이 서안 일대를 낙랑군의 위치로 볼 수 있기 때문이다. 낙랑군의 범위를 보하이 서북안으로 어느 정도 확대해서 생각할 수는 있지만 위에서 본 대로 롼허(난하)만 하더라도 패수 이전의 대요수·소요수 및 유수로도 볼 수 없기 때문에 패수와는 거리가 있다. 참고로 패수에 관한 주요설을 지도에 표시해보면 왼쪽 「그림9」와 같다.

열수가 대동강이라고?

지금까지 고조선과 중국의 경계였던 패수의 위치를 찾아보았다. 그 과정에서 조선에 흐르던 열수列水가 보하이 서안 텐진 지역을 흐르는 지금의 하이허(海河:고하沽河)임도 보았다. 열수와 관련된 지명으로 앞에서 열구列口가 열수 하구의 다구大沽임을 보았는데, 이제 열양列陽이라는 지명을 찾아보자. 열양은 열수의 북쪽이라는 뜻인데, 『산해경』에는 이 열양 동쪽에 조선이 있었다고 했다. 앞에서 본 대로 조선에는 열수가 흐르는데 열수 북쪽인 열양 동쪽에 조선이 있다고 했으니 같은 내용을 전한 것이다.

> 조선은 열양의 동쪽, 바다의 북쪽, 산의 남쪽에 있다. 열양은 연 나라에 속한다.[118]

열양은 연나라에 속해 있는데, 조선은 그 동쪽에 있다고 했다. 정확하게 특정할 수는 없지만 열구가 열수의 하구니 열양은 그 상류에 있다고 볼 수 있는데 한반도 북부는 아니고 고대 요동 지역에 있는 곳이다. 열양은 연나라에 속하는데, 그 동쪽은 조선이라고 했으니 열

---

118 『산해경』 「해내북경」

수의 상류는 연나라, 하류는 조선이라고 추측할 수 있다.

　이병도는 스승 이마니시의 엉터리 비정을 추종해 열수를 대동강이라고 주장했는데, 열수의 북쪽인 열양은 연나라라고 했으니 언제부터 대동강 북쪽 평양이 연나라 땅이 되었나? 이렇게 대동강 북쪽 평양까지 연나라에 내주었으니 고조선은 어디에 있어야 하나? 평양 동쪽으로 갈 수밖에 없는데 그곳은 식민사학에서 동예라고 비정한 곳이 아닌가?

　열양(대동강 북쪽)의 동쪽이면서 바다의 북쪽이자 산의 남쪽인 조선의 위치를 반도에서 찾을 수 있겠는가? 그러나 이병도는 열양을 반도 내, 그것도 평양 내에서 찾는 괴력을 발휘한다.

> 나는 열구를 대동강 하류인 황해도의 은율에 비정하고, 열양은 대동강 북쪽, 특히 지금 평양 대성산하에 비정하고 싶다. 『동국여지승람』에 구룡산 즉 대성산을 일찍이 '노양산魯陽山'이라고 하였다 하니 노양이야말로 열양과 같은 이름에서 연유되었던 것이 아닌가?[119]

　이병도의 '~비정하고 싶다'는 내용들을 보면 기발하다는 생각밖에 안 든다. 평양의 대성산을 노양산이라고도 불렀는데, 그 양陽자가 같으니 노양산이 열양이라는 것이다. 이런 논리라면 한반도 내에 양陽자가 들어가는 모든 산은 다 열양으로 비정할 수 있다. 어찌 한반도

---

119 이병도, 『한국고대사연구』, 한국학술정보, 2012, 81쪽

내 뿐이겠는가? 중국의 수양산首陽山을 비롯해 수많은 산을 다 열양으로 비정할 수 있지 않겠는가? 이병도 같은 사람이 조선총독부 수사관修史官을 했으니 망정이지 수사관搜査官을 했으면 생사람 여럿 잡을 뻔했다.

이병도의 논리가 조금만 공부해도 하도 말이 되지 않으니 그 후학들 중에 조금씩 다른 말을 하는 인물들도 생겼다. 물론 이병도가 살아 있을 때는 꿈도 못 꿀 일이지만 어디 식민사학에 의리가 있던가? 서영수는 이렇게 주장했다.

> 장안이 말한 열수는 오늘날의 대동강으로는 설명할 수 없으나 그것이 태자하(타이쯔허)와 혼하(훈허)가 합류하는 오늘날의 요하(랴오허)로 보면 충분히 납득될 수 있다. 이는 열수가 고조선계 지명인 까닭에 고조선의 중심이 요동에 있었던 때의 열수와 대동강으로 이동한 이후의 지리를 기록한 『한서』「지리지」에서 열수가 대동강으로 기술된 이유도 순리적으로 이해될 수 있다.[120]

뭔가 고상한 내용이 담겨 있는 척 이것저것 끌어들였지만 서영수 특유의 논점흐리기식 횡설수설에 불과하다. 식민사학은 그동안 고조선은 평안도 일대의 소국이라고 일관되게 주장해왔다. 그러다가 윤내현의 책들이 나오고 만주에서 고조선 관련 유물이 쏟아진 사실이 알려지자 '고조선 중심지 이동설'이라는 새로운 식민사학 논리를 만들

---

120 서영수, 「고조선의 위치와 강역」, 『한국사 시민강좌』 2집, 일조각, 1988, 47쪽

어 위기를 모면하려 했다. 그래서 그간 식민사학에서 말해온 '열수=대동강'은 더 이상 유지될 수 없으므로 랴오허(요하)로 도망갔다. 그런데 서영수의 글이 보여주듯이 어떤 근거가 있는 것이 아니다. 열수가 세 강이 합한다고 했으니 타이쯔허(태자하)와 훈허(혼하)가 합하는 랴오허(요하)가 열수라는 것이다. 타이쯔허·훈허·랴오허가 어떻게 장안이 말한 습수·선수·열수가 되는지 지명적, 지리적으로 아무 설명이 없다. 그저 서영수 자신이 그렇게 보고 싶은 것뿐이다.

이제 같은 식민사학자들끼리 서로 무너지는 모습이 보인다. 노태돈과 송호정은 랴오허를 대요수라고 비정했는데, 서영수는 이제 열수를 랴오허라고 비정하는 것이다. 그런데 서영수는 학부 다닐 때 기초적인 사료 훈련은 받은 것일까? 『한서』 「지리지」에서 열수가 대동강으로 기술된 이유도 순리적으로 이해될 수 있다니? 『한서』 「지리지」 어디에 열수가 대동강으로 기술되어 있는가? 식민사학자들의 논리를 비판하는 사람들을 만나보면 공통적으로 느끼는 것이 있다. 식민사학자들의 글을 읽다보면 화가 난다는 것이다. 학자로서의 기초적인 소양은 물론 학부 때부터 배워야 하는 사료에 대한 이해나 비판 자체가 없는 자들이 대한민국의 고대사 관련 세금은 싹쓸이해가면서 대한민국 역사 죽이기에 혈안이 되어 있으니 어찌 화가 나지 않겠는가?

서영수는 『한서』 「지리지」 어디에 열수가 대동강으로 기록되었는지 밝혀주기 바란다. 『한서』는 고사하고 『명사明史』 이전의 중국 사료에 '대동강大同江'이라고 기록된 사료 하나만 알려주기 바란다. 식민사학자들을 보면 해주고 싶은 말이 있다. 공부 좀 하라는 것이다. 앞 쥐가 절벽으로 떨어지면 같이 떨어져 죽는 들쥐떼처럼 무조건 앞 사람

따라가지 말고 공부 좀 하라는 것이다. 그래서 우리도 좀 제대로 된 논쟁, 학문다운 학문을 해보자.

『산해경』에서 조선이 '바다의 북쪽'이라고 한 것은 어디를 말하는 것일까? 조선이 서해의 북쪽에 있다고 말할 수는 없으니까 이병도는 경기만(강화만) 북쪽이라는 기발한 설명을 내놓았다. 역시 이병도의 독창성은 따라갈 수 없다. 바다의 북쪽이라고 쓸 때는 쓰는 사람이나 읽는 사람이나 서로 인식할 수 있는, 예컨대 '동해·서해·보하이' 같은 바다를 뜻하는 것이지 특정한 바다의 특정한 구간이나 만(灣)을 바다로 쓰지는 않는다는 것은 상식이 아닌가? 어찌 경기만을 '바다'라고 표현했겠는가? 이병도·서영수·노태돈·송호정 모두 대단한 사람들이다. 이런 사람들을 일본이나 중국으로 수출해서 역사학자를 시켜야 하는데 왜 대한민국에서 역사학자 노릇하면서 놀림감이 되고 있나?

이제 이병도를 무작정 따라가면 죽는다는 사실쯤은 그 추종자들도 눈치챘다. 그래서 송호정은 또 특유의 논점 흐리기로 사료 죽이기를 시도한다.

> 위 기록(『산해경』)은 특정 바다와 특정 지역을 가리키는 것이 아니고 막연한 방향만을 제시하고 있어서 고조선의 위치를 말해주는 근거는 되지 못한다.[121]

불리하면 사료를 부인하는 식민사학 특유의 고질병이 또 도졌다.

---

121 송호정, 『한국 고대사 속의 고조선사』, 푸른역사, 2003, 56쪽

그러나 『산해경』은 '바다 북쪽'만 막연하게 말한 것이 아니라 "열양의 동쪽, 바다의 북쪽, 산의 남쪽, 열양은 연나라에 속한다."는 구체적인 여러 지명을 말했다. 그러면 이를 단서로 조선의 위치가 어디인지를 찾는 것이 학자의 자세이지 고조선이 한반도 서북부라는 자신들의 고정관념에 불리하다고 해서 "근거는 되지 못한다."라고 사료 자체를 부정하는 것이 학자의 자세가 아님은 물론이다.

『산해경』에서 말한 조선의 위치는 어디일까? 필자가 추적해보면 '바다의 북쪽'이라고 할 때의 바다는 보하이일 것이다. 또한 열양은 연나라에 속하므로 결국 연나라 동쪽이자 보하이 북쪽의 어느 지역을 찾아야 한다. 산명을 써줬으면 지역을 특정하기가 쉬웠겠지만 보하이 북쪽, 연나라 동쪽 지역은 현재의 허베이성 동쪽이나 랴오닝성 서쪽 지역 정도로 비정할 수 있을 것이다.

『수경주』의 문제점들

이병도가 어떤 역사서를 쓴 사람을 칭찬하거나 폄훼할 때 기준이 있다. 대한민국 입장에서 볼 때 유리하면 폄훼하고 불리하면 칭찬하는 것이다. 즉 일본 극우파가 볼 때 유리하면 이병도는 극찬한다. 이병도가 『수경주』의 역도원을 평가한 것을 보자.

> 역酈씨 설의 결론(패수 대동강설)은 별문제로 하고 그의 연구 방법과 태도는 매우 과학적이고 또한 신중하다고 생각된다. 처음 『수경』

의 본문에 대한 의문을 발하고, 다음으로 『설문』·『십삼지』 등의 서적에 의해 한층 의문점이 증가하였고, 아무리 해도 해석이 안 되었기 때문에 끝에는 자국에 사신으로 온 고구려인에게 이것을 질문하였으며, 더욱이 『사기』와 『한서』의 기사를 고려하여 결론을 내린 그의 신중한 태도에 대해서는 참으로 경의를 표하지 않을 수 없다. 다만 역씨의 결론이 나의 그것과는 서로 다르지만 그로 인해 역씨를 비난하고 싶지는 않다.[122]

역도원이 패수를 대동강으로 본 데 비해 이병도는 패수를 청천강으로 보았기 때문에 자신의 결론과는 다르다고 말한 것이다. 하지만 이병도가 역도원을 칭찬하는 이유는 분명하다. 중국 대륙에 있어야 할 패수를 한반도 내로 끌어들였기 때문이다. 그렇지만 이병도는 현도군을 논하는 글에서는 역도원을 강하게 비난했다.

역도원의 이 설은 『한서』 「지리지」 '현도군' 조 및 『수경』에 보이는 현도군치의 '고구려현(요산)'을 고구려 본토로 오인하고, 또한 이곳(요산)을 당초부터의 현도군 소재지로 거듭 오해했다. …… 이와 같은 역씨의 설은 많은 오류를 범하고 있으므로 이 이상 더 비판할 필요가 없다.[123]

---

122 이병도, 「패수고」, 『한국고대사회사론고』, 한국학술정보, 2012, 279쪽
123 이병도, 「한사군 문제의 연구」, 『한국고대사 연구』, 한국학술정보, 2012, 182쪽

역도원이 현도군치로 비정한 것은 이병도가 비정한 압록강 중류보다 훨씬 서쪽의 만주였다. 그러므로 강하게 비판한 것이다. 한 사람에 대해서 마음에 맞는 부분에 대해서는 '연구 방법과 태도는 매우 과학적이고 또한 신중하다'고 칭찬하고 그렇지 않으면 강하게 비판하는 것이 이병도의 학자 감별법이다. 역도원은 또한 이병도가 지적한 현도군은 물론 필자가 앞에서 지적한 유수·대요수·패수 등 중국 동북의 강들도 허위로 주석했을 뿐만 아니라, 태호 복희씨 등의 출생지 등에 대해서도 많은 오류를 범하는 등 중화사관에 철저한 인물로 일제 식민사학자들과 비슷한 면이 많지만 여기에서는 생략하겠다.

이병도를 비롯한 식민사학자들은 역도원이 『수경』 원문에서 '동쪽으로 흘러 바다로 간다'고 한 패수의 흐름을 '서쪽으로 흘러 바다로 간다'고 거꾸로 주석한 것을 극찬했다. 그리고 조금이라도 한국사를 대륙 쪽으로 비정하면 죽이려고 달려드는 것이 식민사학자들의 특징이다.

끝으로 『사기』 「조선열전」을 통해 패수의 위치를 다시 비정해보자. 「조선열전」은 그 제목으로 보면 고조선에 관한 전체 내용을 담은 것으로 오해하기 쉽지만 사실은 위만조선의 3대 80년 간의 간략한 역사이다. 사마천은 단군조선을 기록할 때는 '조선'이라는 표현 대신 '식신(숙신)' 같은 표현을 더 선호했다. 위만이 연나라에서 '서쪽에서 동쪽으로 패수를 건너' 조선으로 망명했다. 패수가 압록강이나 청천강, 대동강 등이라면 위만은 '북쪽에서 남쪽으로 패수를 건너' 망명했어야 한다.

이병도가 칭찬하는 역도원의 견해처럼 고조선과 한나라의 경계였던 패수가 대동강이라면 그 북쪽에 있는 평양도 한나라 땅이라는 뜻이다. 대동강 이남이 고조선이라면 고조선은 평안도와 황해도 일부에 걸쳐 있던 소국에 지나지 않게 된다. 『사기』 「조선열전」은 위만조선의 강역도 사방 수천 리라고 말하고 있으니 대동강 이남의 소국이 될 수는 없다.

한나라와 위만조선이 전쟁을 할 때 좌장군 순체가 처음 맞서 싸운 군대가 패수서군浿水西軍이었다. 순체가 패수서군과 싸워서 패배한 후 전열을 정비해 다시 싸운 군대는 패수상군浿水上軍이었는데, 이번에는 좌장군이 이겼다. 이는 패수의 서쪽이 곧 패수의 상류라는 뜻으로 서쪽의 상류에서부터 동쪽의 하류로 흐르는 강이라고 추정할 수 있는 근거가 된다. 한나라에서 패수의 서쪽만 계속 공격한 것은 그곳이 위만조선과의 경계였기 때문이며, 하류의 보하이 쪽은 조선의 내지이기 때문에 한나라 육군이 바로 공격할 수 있는 위치가 아니었다. 그래서 보하이 연안 쪽으로 해군이 가서 열구에 상륙한 것이다. 만약 패수의 상류에서 하류까지 전체가 두 나라의 국경이었다면 패수의 남쪽에 있는 열수 및 열구는 한나라 땅이 된다. 그렇다면 한나라 수군이 자기 땅인 열구에 상륙하게 되는 모순에 처하게 되는 것이다.

패수 하류의 보하이 만이 위만조선의 강역인 것은 다른 내용으로도 쉽게 알 수 있다. 즉 패수가 낙랑군을 흘러서 바다로 들어간다고 했는데 이는 낙랑군이 설치된 이후의 일이고 그 전에는 당연히 고조선 영역이었다. 그런데 『한서』 「지리지」 '낙랑군 패수浿水현' 조에는 "강물이 서쪽으로 흘러서 증지현을 지나 바다로 들어간다水西至增地入海."라고 기술했다. 『한서』 「지리지」는 패수뿐만 아니라 낙랑·현도·요동군

등의 몇몇 강의 흐름도 서쪽으로 흐른다고 기록하고 있다. 이는 후대에 동東 자를 서西 자로 바꾸지 않았는가 의심하게 한다. 당나라 이후 중국의 영토가 동북 지역으로 크게 확대된 것을 합리화하기 위해서 허베이성 등지에 있던 강을 랴오닝성이나 한반도 내에 있는 것으로 보이게 하려고 했을 개연성이 있다. 이민족과 관련된 역사를 기술할 때 사료를 왜곡하는 것은 중국에서 오랜 전통의 하나였다. 현재의 동북공정도 어떻게 보면 그런 흐름의 연장선으로 볼 수 있다.

5 요동, 갈석산
그리고 장성의 끝은 어디인가?

고조선과 중국 초기의 국경, 갈석산

고조선 역사에서 중요한 다른 지명은 갈석산(碣石山:제스산)[124]이다. 앞에서 본 대로 중국에서 한나라가 일어난 때는 고조선 말기였는데, 이때 두 나라의 국경은 패수였다. 그러나 그보다 2천여 년 전 고조선의 초기였던 하夏나라 동북쪽 경계는 갈석산이었다. 갈석산은 고조선 역사와 함께 계속 등장하며 그 위치도 이동하기 때문에 꼭 알아야 할 지명이다.

삼황오제의 마지막 우禹 임금은 하나라 시조로 기록되어 있다. 전

---

124 갈석산은 현대 외래어 표기법에 따르면 제스산이라고 표기해야 하지만 이 책에서는 고대의 역사 지리를 둘러싼 논란을 다루므로 독자에게 익숙한 고대 지명을 살려서 갈석산으로 표기한다.

국을 9주로 나누어 다스리고 치산治山, 치수治水에 큰 업적을 남긴 임금으로 숭앙되고 있다. 공자는 『서경書經』 「우공禹貢」 편에 우 임금의 이러한 업적을 상세하게 적으면서 갈석산을 두 번 기록했다.

도이가 보낸 피복은 갈석을 오른쪽으로 끼고 황하로 들어간다…… 태행·항산으로부터 갈석에 이르고 바다로 들어간다.

島夷皮服, 夾右碣石入于河…… 太行·恆山至于碣石, 入于海[125]

'갈석을 오른쪽으로 끼고 황하로 들어간다'는 말은 갈석산이 황허(황하)와 가깝다는 사실을 말해준다. 또한 '태행·항산으로부터 갈석에 이르고'라는 말은 태행·항산으로부터도 멀지 않다는 사실을 짐작하게 해 준다.

이 갈석이 어디인지를 알아보기 위해서 갈석에 대한 다른 사료도 찾아보자.

또 북쪽으로 5백 리에 갈석산이 있는데 승수澠水가 나와 동쪽으로 흘러 황하로 들어간다…… 또 북쪽으로 물길 따라 5백 리에 안문산에 이르는데, 초목이 없다.

碣石之山, 澠水出焉, 東流注於河……又北水行五百里, 至于鴈門之山, 無草木[126]

---

125 『서경』 「우공」
126 『산해경』 「북산경」

(연나라의) 남쪽에는 호타嘑沱, 역수易水가 있고…… 남쪽에는 갈석·
안문의 풍요로움이 있다.

南有嘑沱, 易水……南有碣石, 雁門之饒[127]

『산해경』「북산경北山經」에는 갈석산에서 승수가 나와 동쪽으로 흘러서 황허로 들어간다고 했으니 황허에 가까운 이 갈석산이 앞의 『서경』에서 말한 갈석산을 뜻하는 것이다. 『산해경』의 설명은 『서경』에서 "갈석을 오른쪽으로 끼고 황하로 들어간다."는 구절이나 "태행·항산으로부터 갈석에 이르러"라는 구절과 서로 부합되어 서로 가까운 곳에 있기 때문이다.

『사기』「소진열전」에는 전국 시대 연나라 남쪽에 갈석·안문산이 있다고 했는데, 『산해경』에도 갈석산으로부터 황허의 물길 따라 5백 리에 안문산이 있다고 했으니 서로 같은 지역을 말한 것이다. 위 기록들은 연나라 남쪽에 있던 호타수 및 역수, 갈석산 및 안문산은 황허 하류와 가까운 곳에 있음을 말해준다. 이 갈석산이 하나라 때 중국의 동북쪽 끝이었으며 항산은 북쪽 끝으로서 고조선과 경계였다.

중국 고대 사료를 통한 이런 연구는 고조선의 초기 강역을 밝히는 데 대단히 중요한 근거가 된다. 고조선 초기의 경계가 항산·갈석산 부근이라면 고조선 말기 한나라 초기의 국경은 패수 지역인데, 고조선은 강역이 축소된 반면 중국은 그만큼 강역을 확대해나갔음을 알 수 있게 된다. 물론 식민사학자들이 말하는 한반도 내의 패수는

---

127 『사기』「소진 열전」

언급할 가치도 없다는 전제에서 하는 말이다.

　하나라 때부터 약 2천여 년 후인 전국 시대에 이르면 연나라는 북쪽으로 강역을 계속 넓혀나가면서 지금의 베이징까지 차지하게 되었다. 그래서 하나라 때 고조선과 경계였던 갈석·안문산, 호타·역수도 모두 연나라 남쪽에 위치하게 된 것이다.

산둥 갈석산과 허베이 갈석산

　그런데 사마천은 『사기』「하본기」에서 갈석산에 대해 쓰면서 『서경』「우공」의 기술과는 조금 다르게 표현했다. 『서경』「우공」은 "도이의 피복은 갈석을 오른쪽으로 끼고 황하로 들어간다(島夷皮服, 夾右碣石 入于河)."라고 기술한 것이 『사기』「하본기」에는 "조이의 피복은 갈석을 오른쪽으로 끼고 바다로 들어간다(鳥夷皮服, 夾右碣石, 入于海)."라고 '황하'를 '바다'로 고친 것이다. 그래서 이 구절에 대한 주석인 『사기집해』에서 서광徐廣이 말하기를, "어떤 본에는 바다海가 황하河로 되어 있다."라고 덧붙인 것이다. 하나라 시절의 고조선 강역은 보하이(발해)와 동중국해를 끼고 있었기 때문에 중국에서 이쪽 바다로는 갈 수 없었다.

　그러나 중국의 강역은 확대되고 고조선의 강역은 축소되면서 요동에도 갈석산이란 지명이 생기게 되었다. 하나라 때보다 약 2천 년 후인 진나라 2세 황제 때의 갈석산에 대해 살펴보자.

　　2세 황제는 동쪽으로 군현을 순행했는데, 이사李斯가 뒤따랐

다. 갈석에 이르렀다가 바다를 따라 남쪽으로 회계會稽에 이르렀
다…… (신하들은) 마침내 요동에 이르렀다가 돌아왔다.

二世東行郡縣, 李斯從。到碣石, 並海, 南至會稽……遂至遼東而還[128]

진시황秦始皇의 아들 2세 호해도 갈석산에 갔다는 것이다. 2세 황
제는 시황제가 갈석산에 갔을 때 세운 비석에 신하들의 이름만 새기
고 시황제의 공덕을 언급하지 않았다고 꾸짖었다. 그래서 신하들이
다시 갈석산에 가서 시황제의 공덕을 새겼는데, 그곳이 요동으로서
이때는 요동에 갈석산이 있었다는 것이다.

이 요동은 앞에서 패수를 설명할 때 살펴본 대로 지금의 차오바
이허(조백하) 북쪽인 베이징 근처를 뜻한다. 요동 갈석산은 하나라 때
의 갈석보다 훨씬 더 북쪽에 있게 된 것이다. 진시황은 재위 32년(서기
전 215)에 갈석산에 가는데, 연나라 사람 노생盧生에게 옛 신선인 선문羨
門과 고서高誓를 찾으라고 시키고, 갈석산의 산문山門에 비문을 새겼다.
당시 진시황과 2세 황제가 올랐던 갈석산이 산둥의 갈석산인지 허베
이의 갈석산인지는 더 연구해봐야 하겠지만 산둥 갈석산일 가능성이
높다. 그 뒤 한 무제나 삼국 시대 위나라 조조가 올랐던 갈석산도
산둥 갈석산일 가능성이 더 높다고 필자는 생각한다.

갈석산이 황해도 수안에 있었다는 식민사학자들의 주장 따위는
한낱 코미디다. 현재 문제는 산둥 갈석산이냐 허베이 갈석산이냐 하
는 것이지 황해도 갈석산은 논의에 끼지도 못한다. 식민사학자들이

---

128 『사기』 「진시황 본기」

여, 제발 공부 좀 해라. 그리고 양심을 좀 가지고 살아라. 지금까지 대학민국 국민들의 피땀 흘린 세금으로 받은 돈은 모두 토해내고 일본 극우파나 중국 동북공정 영도소조에 가서 돈을 달래서 계속 식민사학을 읊어대라. 그것도 웬만하면 한국에서 하지 말고 일본이나 중국에 가서 했으면 좋겠다. 그래야 대한민국 국민들이 조금 덜 헷갈릴 테니까!

『사기』「효무(무제)본기」나 『한서』「무제본기」를 보면 한 무제는 조선을 공격하기 1년 전인 서기전 110년에 태산에서부터 동쪽으로 해상을 순행해서 갈석산에 이르렀다고 전하고 있다. 이때 무제가 갔다는 갈석산은 산둥 갈석산일 수도 있고, 허베이 갈석산일 수도 있다. 이때 위만조선의 강역이 허베이성 일대까지 차지하고 있었다면 허베이 갈석산이라기보다는 산둥 갈석산이었을 것이다. 이는 한나라 초기 위만조선의 강역이 어디인지를 확정해야 해결될 문제일 것이다.

위나라 조조는 갈석산에 올라 「관창해(觀滄海)」라는 시를 남겼다. "동쪽으로 임해서 갈석산에 올라 / 창해를 바라본다(東臨碣石 / 以觀滄海)."라는 시인데, 현재 허베이성 갈석산에 오르다보면 바위에 이 시가 음각되어 있다. 그러나 이 무렵 중국은 분열된 반면 고구려는 강성했던 시기이니 이때 조조가 오른 갈석산이 산둥인지 허베이인지도 더 연구해보아야 할 것이다. 식민사학자들은 고구려 강역이 오늘날의 랴오허(요하)를 건너지 못했다고 이야기하는데, 이 역시 이때의 고구려 서쪽 강역이 어디까지였는지를 치밀하게 밝혀야 해결될 수 있는 문제다. 어쨌든 그동안 식민사학자들은 갈석산이 황해도 수안에 있다고 주장해왔다는 점 하나만으로도 역사학자로서는 밥숟가락을 놓고 다른 직업을 찾아야 한다. 하긴 그런 실력으로 어수룩한 대한민국 국민 세금 훔쳐 먹는 것 빼면 무엇을 할 수 있으랴만!

고대 요수와 요동의 위치

고대 요동의 위치를 찾아보자. 고대 요동의 위치를 찾으려면 요수가 어디인지를 찾아야 한다. 진시황이 올라간 곳은 요동 갈석산인데, 지금부터 이 요동과 갈석이 어디인지를 찾아보자. 전국 시대 말기 편찬된 『여씨춘추呂氏春秋』에는 당시 6대 강의 하나로 요수가 기록되어 있는데 이 요수에 대해 한나라 때 고유高誘는 다음과 같이 주석했다.

> 요수는 지석산砥石山에서 나와 요새의 북동쪽으로 흘러 곧게 요동의 서남쪽에 이르러 바다로 들어간다.[129]

한편 『회남자淮南子』 「추형훈墜形訓」에도 한나라 때의 6대 강의 하나로 요수를 기록했는데 이에 대해서도 고유는 지석산만 갈석산碣石山으로 바꾸어 위와 같이 주석했다. 고유가 착오로 지석과 갈석으로 달리 말했을 수도 있겠지만 지석과 갈석이 의미상 통하므로 같은 산으로 보고 주석했을 가능성도 있다. 지석산은 모르겠으나 갈석산은 기록에 많이 나오므로 요수가 나온다는 곳과 갈석이 같은 곳인지 찾

---

129 『여씨춘추』 「유시람」의 주석

아보자.

『사기』「화식열전」에 연나라는 "발해·갈석 사이의 도회지(勃·碣之間一都會也)."라고 했는데 이에 대해 『사기정의』에 "발해·갈석은 서북쪽에 있다(勃海·碣石在西北)."고 주석했다. 여기의 갈석은 란허(난하) 하류의 갈석으로 보기도 하나 필자는 랴오둥(요동) 갈석으로 보는데 그 근거는 다음과 같은 기록이다.

> 연나라는 갈석에 의해 막히고 계곡에 의해 끊겼으며 요수에 의지해 둘러싸였다.[130]

연나라의 (서)북쪽이 갈석산에 의해 막히고 서쪽이 산악 지대로서 계곡에 의해 끊겼으며, 동북쪽이 갈석에서 나오는 요수에 의해 둘러싸인 내용을 말한 것이다. 중국에서는 이 갈석도 란허(난하)의 갈석이라고 하는데 만약 연나라 동북쪽이 이 갈석에 의해 막혔다면 거기서부터 남쪽으로는 모두 바다이므로 연의 동쪽에 조선이 있을 수 없다. 그리고 요수에 의지해 둘러싸였다는데 요수가 지금의 랴오허(요하)나 란허(난하)라면 연의 영토는 2천 리가 아니라 적어도 배 이상은 되었을 것이다.

앞에서 본 요수는 내륙의 갈석산에서 나와서 국경을 북동쪽으로 흐르다가 방향을 바꿔서 요동의 서남쪽을 흐르므로 사람 인人 자 모양의 흐름인데, 그 동북쪽이 요동임을 짐작할 수 있다.

---

130 『염철론』「험고」

『회남자』「인간훈」에는 또 이 요수에 대해 이렇게 서술하고 있다.

> 몽염을 시켜서 양옹자를 거느리고 장성을 수축하게 했는데, 서쪽
> 은 유사(流沙:사막)에 속하고 북쪽으로는 요수와 만나며, 동쪽으로
> 는 조선과 국경을 맺고 있다.
>
> 使蒙公, 楊翁子將, 築脩城, 西屬流沙, 北擊遼水, 東結朝鮮[131]

몽염은 진시황 때 인물인데, 만리장성이 북쪽으로 요수와 만난다
고 했다. 요수는 만리장성 남쪽에 있다는 뜻이니 요수는 현재의 랴
오허(요하)와 달리 동쪽에서 서쪽으로 흐르는 강임을 알 수 있다. 요
수는 전국 시대 연나라와 조선의 경계였는데, 이미 살펴본 대로 연
나라 남쪽은 호타수와 역수였으므로 북(동)쪽의 경계인 요수는 지금
의 바이허(백하)로 비정할 수 있다. 당시 연나라 땅은 사방 2천 리였으
므로 남북으로 5백 리라고 한다면 남쪽의 호타수·역수로부터 북쪽의
바이허까지 이 정도 거리가 될 것이다

또 연나라의 동쪽은 조선이므로 연의 북쪽을 흐르던 요수가 남
쪽이나 남동쪽으로 방향을 바꿔 흘러야 할 것이다. 이는 바이허(백하)
가 탕허코(탕하구湯河口)에서 물의 방향이 동남쪽으로 바뀌는 흐름과 일
치하며 또한 "요새의 북동쪽으로 흘러 곧게 요동의 서남쪽에 이르러
바다로 들어간다."는『여씨춘추』「유시람」의 주석과 일치한다. 즉 요
수인 바이허(백하)가 방향을 바꿔 흐르는 바이허의 동북쪽이 요동이며

---

131 『회남자』「인간훈」

따라서 요수가 이 요동의 서남쪽을 흐르게 된다.

요수의 발원지가 갈석산이므로 바이허의 발원지를 갈석산으로 생각할 수도 있다. 그러나 갈석산이 요동에 있다는 점을 감안하면 차오허(조하)와 만나 차오바이허(조백하)가 되는 부분의 요동에 있었다고 보는 것이 더 타당할 것 같다. 그러나 이 갈석은 롼허 동쪽에 있는 지금의 허베이성 갈석산은 될 수 없다. 롼허의 갈석은 롼허의 발원지가 될 수 없는 하류로서 바다 가까이 있고 또 롼허를 요수로 볼 수도 없는 까닭이다. 그리고 장성의 동쪽 끝이 요동이라고 했고, 또 갈석이라고도 했으니 그곳은 바이허 상류 부근의 갈석산과 요동을 말한 것이다. 즉 롼허 동쪽의 갈석산이나 지금의 랴오둥이 장성의 끝이라는 설이 잘못임을 알 수 있다.

남북으로 쌓아 조선에 대비한 장성의 동쪽 끝

연나라가 바이허 동북의 요동을 차지한 것은 전성기인 소왕(서기전 311~서기전 279) 대로 당시에 장성을 쌓았다고 『사기』「흉노열전」은 기록하고 있다.

> 진개는 연나라로 귀국하자 동호를 습격, 격파해서 동호는 천여 리나 물러났다. …… 연나라 역시 장성을 쌓았는데, 조양造陽에서 양평襄平까지 이르렀다. 상곡上谷, 어양漁陽, 우북평右北平, 요서遼西,

요동군遼東郡을 두어 호胡를 방어했다.[132]

　여기의 동호가 조선임은 앞에서 살펴보았다. 연나라가 조선의 일부 땅을 빼앗아 요동까지 이르렀고 조양에서 양평까지 장성을 쌓았다는 기록이다. 여기에서 말하는 호胡는 동호, 즉 조선인데, 『중국고금지명대사전』을 보면 이때 쌓은 연나라 장성은 동서가 아니라 남북으로 쌓은 것이다. 연 장성의 끝이라는 조양현은 한나라 때는 요서군 유성柳城현이었다고 하는데, 조선 시대 서호수는 『연행기』에서 조양에 대해 "한나라에서는 여기에 유성현을 두어 요서군에 속하게 하였다."라고 마찬가지로 쓰고 있다. 그런데 이 조양은 훗날 지금의 자리로 옮겨온 것이고 진개 당시의 조양현은 요서군 유성현으로서 지금의 바이허(백하) 서남쪽에 있었다.

　연 장성의 다른 한 끝인 양평은 『한서』 「지리지」 요동군 조에 "(왕)망이 창평昌平이라 했다."고 기록하고 있다. 그런데 이 창평(창평)이라는 지명은 지금도 베이징 서북쪽에 있어서 그곳이 요동이었을 가능성을 높여준다.

　그러므로 연나라 장성은 바이허 서남쪽인 요서군 유성현(즉 조양)으로부터 바이허를 가로질러 동북쪽의 요동군 양평현까지 남북으로 쌓은 것임을 알 수 있다. 즉 만리장성이 서쪽으로부터 동쪽의 양평에 이른 후 그곳에서 남쪽으로 내려가면서 동쪽으로 조선과 경계가 되는 지점에 쌓은 것이다.

---

132 『사기』 「흉노열전」

그러므로 앞에서 본 대로 『회남자』에 "북쪽으로는 요수와 만나며, 동쪽으로는 조선과 국경을 맺고" 있는 장성의 동쪽 끝이 양평임도 알게 해 준다. 또한 연나라가 장성을 쌓고 요동 등 5군을 두어 '호(胡)', 즉 동호에 대비했다고 했으므로 앞에서 동호가 조선이라고 말한 것이 타당하다는 사실을 다시 확인시켜 준다.

그런데 연 장성에 대해 식민사학은 이렇게 주장하고 있다.

> 지금의 하북성(허베이성) 강보현(캉바오현)이나 내몽골 태복사기 지역에 있었던 것으로 여겨지는 조양에서 양평에 이르는 장성을 쌓아 호(胡)를 방어했다. 이 호는 동호로 보여진다. ……장성의 주된 방향은 북방을 향해 있었다. 만약 동호가 고조선이라면 이는 상정키 어려운 면이다.[133]

노태돈은 조양을 캉바오현(강보현)이나 태복사기라고 주장한다. 그러나 노태돈의 다른 주장처럼 역시 아무런 근거가 없다. 양평은 어디인지 연구하지도 않고 현재의 랴오닝성 랴오양(요양)시라고 보고 있다. 양평이 왜 랴오양(요양)인지에 대한 설명은 없다. 뿐만 아니라 『한서』 「지리지」 '요동군' 조에 양평도 있고, 요양도 있어서 두 현은 서로 다른 현인데도 이런 사실을 아는지 모르는지 헛발질을 해대는 것이다. 그저 중국의 동북공정에서 그렇게 주장하니까 식민사학자답게 추종할 뿐 중국의 주장이 맞는지 검토할 생각 자체가 없다.

---

133 노태돈, 「고조선 중심지 변천에 대한 연구」, 『단군과 고조선사』, 사계절, 2000, 82~83쪽

송호정도 그의 박사 학위 논문이라는 「고조선 국가형성 과정연구」에서 연 장성을 "하북성(허베이성) 회래(화이라이)에서 요령성(랴오닝성) 요양(랴오양)에 이르는 지역"이라고 못 박았다. 송호정은 4년 뒤에 간행한 『한국고대사 속의 고조선』에서 그대로 반복하고 있다.

> 요서 지역의 경우 연북장성의 주향은 두 갈래로 나눠진다. 한 줄기는 서쪽 홍화에서 시작하여…… 그보다 밑에 위치하고 있는 다른 한 줄기는 내몽골 자치구 회덕현에서…… 그리하여 남북 장성 사이의 거리는 40~50킬로미터에 달한다…… 최종적으로는 압록강을 넘어 한반도 북부 용강에 이른다고 한다…… 요동 지역의 한 대 및 그 전의 장성 관련 흔적은 주로 천산(톈산)산맥 서쪽 지역에서 나오고 있으므로 필자는 천산산맥 일대가 장성의 실질적인 동쪽 경계선이었을 것으로 생각한다.[134]

송호정이 중국 지역에서 장성을 비정하는 것은 중국 측의 몇몇 보고서에 있는 것을 그대로 추종한 것이다. 문헌 비판이란 말도 못 들어보고 학부를 다니고 박사 학위까지 땄으니 당연한 귀결이다. 또 그의 스승이 노태돈 아닌가? 중국에서 동북공정의 일환으로 주장하는 것을 이들은 그대로 추종한다. 게다가 "최종적으로는 압록강을 넘어 한반도 북부 용강에 이른다고 한다."라고 말했다. 중국의 만리장성이 한반도 안까지 들어왔다는 주장이다.

---

134 송호정, 『한국고대사 속의 고조선』, 푸른역사, 2003, 304~306쪽

이런 송호정이 재직하고 있는 학교가 한국교원대다. 미래의 교사들에게 한반도 북부는 원래 중국땅이었다는 내용을 주입시키고 있는 것이다. 그것도 국민 세금으로. 동북아역사재단에서 펴낸 매국적 영문서적 『The Han Commanderies in Early Korean History : 한국고대사 속의 한나라 정복지 또는 영지들』의 9명의 필자 가운데 한명으로 당당하게 이름을 올리고 있다. 이 책에서 송호정이 썼다는 글의 제목이 「Old Choson-Its History and Archaeology : 고조선, 그 역사와 고고학」이다. 무슨 내용이 담겼을까? 과거 조선총독부에서 만들어준 시각과 현재 동북공정에서 주장하는 시각이 그대로 담겨 있다.

동북아역사재단은 이런 책들 6권을 국민 세금 10억 원을 들여서 만들었는데, 이를 재외 공관을 통해 배포하고 외국인 학생들에게 가르치겠다는 것이다. 간첩들이 이 나라를 완전히 장악하지 않았다면 있을 수 없는 일이다. 이 프로젝트의 연구책임자는 마크 바잉턴이란 미국인이다. 물론 한사군이 한반도 북부에 있었다고 아무 근거 없이 철석같이 믿는 삼류 학자다. 송호정은 이런 삼류 밑에서 하버드에 이름 한 줄 걸어 놓은 게 너무도 자랑스러워서 책 뒤에 칼라로 전면 사진까지 실었다. 앞잡이 노릇 지겹지도 않나?

만리장성이 한반도 북부, 즉 평안남도 용강까지 들어왔다는 문헌 사료가 있는가? 고고학적 흔적이 있는가? 대한민국 국민들은 각성해야 한다. 언제 이런 부류들이 또 나라 팔아먹을지 모른다.

문헌 사료가 전무하다 보니 식민사학자들은 모두 고고학자로 전직했다. 그래서 대동강 유역에서 출토된 중국계 유물들을 모두 낙랑군 유물이라고 주장한다. 윤내현은 이미 이 유물들이 모두 후한 이후의 것이고, 낙랑군이 설치되었다는 전한 때의 유물은 전혀 없다고 밝혔다. 이덕일도 『한국사, 그들이 숨긴 진실』에서 식민사학자들이 주장하는 한사군 유물은 고조선 고유의 유물이거나 고구려가 잡아온 포로들이 남긴 유물이라고 밝혔다. 그런데 식민사학자들은 이런 주장들에 대해 어떠한 반론도 한 적이 없다. 그래도 역사 관련 모든 국가 예산은 이들 식민사학자들에게 흘러들어간다.

송호정은 연 장성이 남북 두 개나 있었다고 주장한다. 그것도 현재의 중국 동북삼성(랴오닝성, 지린성, 헤이룽장성) 깊숙한 곳까지 왔다가 최종적으로 한반도 북부까지 왔다는 것이다. 당시 연나라 국력은 지금의 슈퍼제국 아메리카쯤 되는 모양이다. 남쪽에서 수많은 강국들과 대치해야 하는 연나라가 무슨 능력이 있어서 남북으로 장성을 두 개씩이나 쌓았겠는가? 전국 시대를 통일한 진시황이 쌓았다는 만리장성도 결국은 연나라 장성을 비롯해 기존 장성들을 연결하는 정도였다. 이 정도 공사로도 수많은 사람들이 동원되었고, 수많은 돈이 들어서 결국 진나라는 이것 때문에 멸망했다. 진나라의 1/10도 채 안 되는 연나라의 국력으로 수천 킬로미터짜리 장성을 두 개나 쌓았다니 참으로 소설 같은 이야기다. 도대체 연나라는 무엇 때문에 이런 장성을 쌓았을까? 그것도 이중으로? 머리는 장식으로 달고 다니나?

더구나 동쪽 끝은 압록강을 넘어서 한반도 북부의 용강까지 왔다는데, 그렇다면 그곳이 동쪽 끝인 양평이 되어야지 왜 어중간한 지점에 있는 요양을 양평이라고 주장하는 것인가? 양평까지 쌓고 나니까 성 쌓던 사람들이 시간과 에너지가 남아서 내친 김에 한반도 북부까지 쌓았나? 장성 수축이 임금이라도 주고 쌓은 일자리 창출 대역사인가?

이왕 학자적 양심은 일본 식민주의자들에게 판 마당에 중국 동북공정에는 못 팔겠나, 하는 심보인가? 아니면 이제 식민사학이 숨을 곳은 중국에서 조작하는 동북공정 고고학밖에 없다는 애처로운 신세의 표현인가? 일본의 앞잡이만으로는 지은 죄가 부족해서 중국의 앞잡이까지 되어 죄를 더 늘리려고 하는 것인지 모르겠다. 아마도 해방 이후 친일파를 비롯한 매국 세력들이 처벌받기는커녕 나라를 좌지우지하는 것을 보고 따라하는 것인지도 모르겠다. 그러나 지금은 시대가 달라졌다. 나라도 성장했고 국민들도 성장했다. 국민들과 역사의 준엄한 심판을 받을 때가 가까워오고 있다.

6 아직도 한사군이
   그리운 식민사학자들

침략자를 찬양했던 국사 교과서의 한사군

　필자의 기억에 국사를 처음 배운 것은 국민학교, 즉 지금의 초등학교 6학년 때였다. 그때는 중학교도 시험을 치러야 해서 이른바 일류 중학교에 가려면 과외도 하던 시절이었다. 선생님은 한사군이 시험에 잘 나오니 한사군의 이름과 위치를 잘 알아두어야 한다고 하셨다. 그래서 노트에 한사군을 그리고 색연필로 예쁘게 색칠하며 한사군을 외웠다. 그렇게 공부해서 필자는 원하던 중학교와 고등학교에 갔다.

　그런데 이제 세상 돌아가는 이치를 좀 알게 된 지금 한사군을 예쁘게 색칠하며 외웠던 시절을 생각하면 억울함에 치가 떨린다. 당시 국사 교과서는 단군은 신화로 가르쳤다. 단군 할아버지와 웅녀 할머

니의 이야기였다. 그리고 중국에서 온 위만이 나오고 곧 한사군이 나왔다. 고조선은 평안남도 일대에 있던 작은 소국이었는데, 이 미개한 소국을 중국 한나라가 정복해 주어서 많은 혜택을 베풀어 주었다는 것이 주된 줄거리였다.

낙랑, 현도, 임둔, 진번!

필자가 초등학교 때 수없이 외웠던 이름들이다. 식민사학자들의 말대로 한사군이 설치되었다고 해도 임둔과 진번은 설치된 지 30년도 못 돼서 사라진 군현들인데, 왜 2천 년도 더 후에 30년도 못 있었던 한군현의 이름까지 외워야 했고, 그 이름들이 중국도 일본도 아닌 한국의 시험 문제에 나와야 했는가?

식민사학은 입만 열면 한사군, 특히 낙랑군을 통해 철기 문화를 비롯한 중국의 선진 문물이 반도로 쏟아져 들어왔다고 강조했다. 식민 지배가 우리 민족에게 축복이었다는 논리다. 물론 이런 논리를 만든 것은 조선총독부다. 과거 중국의 식민지였던 것이 한민족에게 축복이었던 것처럼 20세기 일제의 식민지인 것이 한민족의 축복이란 논리다.

조선총독부가 이런 논리를 주입시킨 이유는 뻔하다. 이 민족과 이 땅을 영구히 차지하려는 목적이다. 독립운동가들이 만주에서 총 들고 싸우거나 일제에게 혹독한 고문을 받고 감옥에서 죽어갈 때, 조선총독부 산하 조선사편수회에 근무하면서 일본인들로부터 '인격적 대우'를 받았던 이병도, 신석호 같은 매국적들이 해방 후에도 한국사를 장악한 결과다.

한漢의 물질 문명 내지 정신 문명은 자연 물 흐르듯 들어와 특히 도시를 중심으로 하나의 문화를 형성했다. 그래서 낙랑의 수부(首府:행정 기관이 있는 곳)는 마치 한漢의 알렉산드리아라고 말할 수 있었다. 당시 도시의 번영과 시민 생활의 화사함과 미술·공예의 진보가 어떠했는가는 근래 발견된 그 시대의 유물을 통해서도 알 수 있다. …… 한漢문화 특히 철기 문화의 영향은 군현 외의 주변 사회에도 미친 바 많았으니 남한 지방은 물론이요 멀리 왜인倭人 사회도 한문화의 영향을 받게 되었다.[135]

한나라가 위만조선을 정복하고 세운 군현들은 '알렉산드리아'로 비유되고, '도시의 번영과 생활의 화사함'이 있는 낙원으로 그려진다. 대한제국을 강점한 일제가 가장 듣고 싶어 하는 말이었다. "일본의 물질 문명 내지 정신 문명은 자연 물 흐르듯 들어와 특히 도시를 중심으로 하나의 문화를 형성할 수 있었다. 그래서 조선총독부의 수부가 있는 경성(지금의 서울)은 마치 일본의 알렉산드리아라고 말할 수 있었다."라고 읽으면 정확하게 이병도의 속셈을 드러낸 것이 된다. 이병도의 후학들이 2012년 4월 자랑스럽게 16권으로 편찬한 『두계 이병도 전집』에 포함된 내용이다. 그리고 2013년 12월 백산학회는 한성백제박물관에서 '두계 이병도의 한국사 연구와 역사인식'을 주제로 자랑스럽게 학술대회를 열었다. 이 식민사학자들만큼 대한민국에 해로운 존재가 또 있을까?

---

135 이병도, 『한국사대관』, 한국학술정보, 2012, 68~69쪽

마케도니아의 알렉산더가 세운 알렉산드리아는 정복자의 입장에서는 자랑스러운 역사지만 그 아래서 고통받았던 이집트 백성들의 입장에서는 수난의 역사다. 조선 사람들이 일제의 억압에 신음할 때 조선사편수회에 근무했던 이병도는 일본인들로부터 인격적 대우를 받았다. 일본인 정복자들은 이병도나 신석호가 예뻐서 어쩔 줄을 몰랐다. 자신들이 식민사학을 직접 주장하면 반발할 조선인들도 외피는 조선인인 이병도나 신석호가 진지하게 식민사학을 찬양하면 "정말 그런가?"라고 생각할 것 아닌가. 그러니 일본인 식민사학자들이 얼마나 인격적으로 대우해 주었겠는가?

한사군은 과거부터 논란의 대상이었다. 그 단초를 연 것은 다름 아닌 그 시대를 살았던 사마천의 『사기』다. 사마천은 "이로써 비로소 사군을 설치했다."라고만 쓰고 한사군의 이름도 적어 놓지 않았다. 『사기』「조선열전」을 보면 한나라와 위만조선 중 누가 이겼는지 모호하게 적어 놓았다. 그래서 단재 신채호는 한사군에 대해 깊게 검토한 후 한사군은 실제로 존재했던 것이 아니라 한 무제의 희망 사항을 지도에 그려놓은 것이라고까지 말했다. 필자는 단재의 이 언명이 단순히 민족적 감정에서 나온 것만은 아니라고 생각한다.

한과 위만조선의 전쟁은 한나라의 군사적 승리라기보다는 위만의 손자 우거왕과 신하 사이의 갈등에 의한 붕괴였다. 위만조선이 무너지는데 이바지한 위만조선의 신하들은 한나라로부터 제후로 책봉되었다. 반면 위만조선 정벌에 나섰던 장군 순체는 사형당했고, 장군 양복은 사형 선고를 받았다가 속전贖錢을 바치고 형은 면제받았지만 신분은 귀족에서 서인으로 떨어졌다. 항복한 위만조선의 신하들은 제후로 봉해지고, 전쟁에 승리했다는 한나라 장수들은 사형당하는 이상한 현상이 발생한 것이다. 그래서 이것이 이상하다는 말이 옛날부터 있었던 것이다.

윤내현은 한사군이라는 용어 대신 '한의 동북 군현'이란 표현을 주로 썼는데, 필자도 타당하다고 생각한다. 그러나 한사군도 일종의 고유명사가 되었기 때문에 독자들의 이해를 돕기 위한 목적으로 때로는 사용하기도 한다.

이병도는 1920년대 후반부터 한사군의 위치를 밝히는 것으로 고대사 연구를 시작했다. 「진번군고」, 「현도군 및 임둔군고」, 「패수고」 등이 그것이다. 패수는 위만조선 수도 자리에 설치했다는 낙랑군을 흐르므로 이 셋을 합하면 한사군의 위치가 다 드러난다.

이병도가 정상적인 학자라면 위만조선이 왜 한나라에게 무너졌는지를 연구해서 반성의 자료로 삼으려 했을 것이다. 그러나 그는 한사군 연구에 모든 정열을 바쳐서 사군의 변천 과정은 물론, 진번군의 속현과 북부 잔현殘縣 7개의 위치, 그리고 낙랑군의 25개 속현 중 11개, 현도군의 3개 현, 그리고 임둔군의 7개 현에 대해서 그 위치를 모두 비정했다. 이병도가 한사군의 위치 비정에 할애한 지면은 무려 125쪽이나 된다. 이병도는 한사군의 위치 비정에 학자로서의 인생을 걸었다는 듯이 매진했다. 문제는 그에게는 고조선보다 한사군이 더 중요했다는 점이다. 그래서 2012년 그의 후학들이 자랑스레 발간한 『두계 이병도 전집』 중의 『한국고대사 연구』에는 고조선 관련 내용이 80쪽에 불과하다. 그중에서도 기자·위만조선에 관한 부분을 뺀 2천 년 단군조선에 대한 연구는 그중 1/4인 19쪽뿐이다.

사군 중 진번·임둔군은 설치 26년 만에 사라졌는데, 이병도는 불과 26년 동안 있었다는 이 두 군에 대해 마치 사라진 독립 운동 유적지라도 찾듯이 세밀하게 연구했다. 단군의 역사는 신화로 치부해버리고 한사군의 중요성은 침이 마르도록 강조하는 이병도를 그의 일본인 스승들이 어찌 인격적으로 대하지 않을 수 있었겠는가? 이병도는 일본인 스승들에게 이런 인격적 대우를 받기를 원해서, 그래서 자신의 몸은 비록 조선인이지만 정신은 일본인 스승 못지않은 일본인임을 입증하기 위해서 애를 썼던 것으로밖에 보이지 않는다.

해방은 이런 이병도에게 재앙이었겠지만 매국 친일파들이 남한 사회의 주류로 부활하는 괴력을 발휘하면서 이병도는 해방 후 한국사학계의 태두로 화려하게 부활했다. 이병도는 1948년 출간한 『조선사대관』에서 한국 고대사를 전반부와 후반부로 나누었는데, 그 기준이 한사군 설치 시기였다. 물론 이는 한군현의 역할과 의의, 그리고 그 위치를 강조해 마지않았던 조선총독부의 식민사관과 완전히 같다.

조선총독부와 이병도는 한군현이 설치됨으로써 미개했던 고조선 토착 사회가 정치적·문화적으로 끊임없는 자극과 영향을 받아 한국 고대 사회가 한 단계 성장할 수 있는 계기가 마련되었다고 똑같이 평가했다. 조선총독부나 이병도의 한사군 찬양론은 고대판 식민지 근대화론인 것이다. 한국인은 자발적인 사회 발전, 역사 발전 능력이 없기 때문에 외국의 식민 지배를 받아야만 발전한다는 것이다. 이것이 조선총독부나 이병도가 한사군의 역할을 그토록 강조한 진짜이유다. 그래서 이병도는 일제 식민사학의 한국사 정체성론을 고대에도 적용시켜 일본인 스승들로부터 일본인보다 더 일본인이라는 평가를 받기 위해 한사군 연구에 그토록 많은 노력을 기울인 것이다.

위만조선의 강역과 한나라 동북 군현의 위치

이병도 이후 한국학계에서 이병도의 뒤를 계승해 한사군과 낙랑이 중요하다고 목소리를 높이는 인물은 서울대 교수 노태돈의 제자 송호정이다. 그는 서울대 국사학과에서 고조선을 연구한 첫 박사라고 자랑하는데, 첫 박사가 중요한 것이 아니라 어떤 내용으로 연구했는지가 중요하다. 그는 이병도 못지않게 한사군의 역할을 중시한다. 그러니 매국적 국가 기관인 동북아역사재단이 그를 그토록 중시하는 것이다. 송호정의 글을 보자.

> 중·고등학교 국사 교과서에는 "고조선이 멸망하자 한은 고조선의 일부 지역에 군현을 설치하고 지배하려 했으나 토착민의 강력한 반발에 부딪쳤다. 그리하여 그 세력은 차차 약화됐고 결국 고구려의 공격을 받아 소멸됐다."고 씌어 있다. 고등학교 국사 교과서도…… (비슷하게:지은이주)…… 한사군이 구체적으로 설치된 사실조차 없는 것으로 오해할 수 있도록 모호하게 서술하고 있다. 한사군에 대한 서술 분량도 1974년 이래 점차 줄어갔다. 급기야 1990년판 이래 제7차 교과서에는 4군의 명칭마저 사라졌다. 이처럼 교과서에는 고조선이 멸망한 뒤에 설치된 한사군과 그 가운데 대동강 유역에 중심을 둔 낙랑군에 대해 그 성격을 제대로 이해할 수

없도록 서술되어 있다. 교과서 서술은 한 군현의 설치와 식민 지배라는 측면보다는 한민족의 반발과 축출 움직임 쪽에 초점을 두고 있다. …… 400년 이상 한반도 서북 지방에 존재한 낙랑군의 존재를 교과서에서 빼거나 지도에 표기하지 않는 것은 고대의 식민 경험을 현대의 식민지 경험과 동일시하여 그 사실을 은폐하려는 식의 발상이다. 이것이야말로 또 다른 열등의식의 표출이 아닐까?[136]

송호정은 국사 교과서에서 한사군이 빠졌다는 사실에 참을 수 없는 분노를 표출한다. 또한 낙랑군이 400년 이상 한반도 서북부를 지배했다고 단정짓는다. 이런 송호정이 근무하는 곳이 한국교원대 역사교육과다. 대한민국 국민들의 세금으로 운영되는 곳이다. 여러 번 이야기했지만 식민사학자들은 대한민국 국민들의 피땀 어린 세금을 펑펑 쓰면서 식민사학을 전파한다. 반면 한가람역사문화연구소를 비롯해서 식민사학에 맞서는 연구소나 연구자들은 모두 자기 주머니를 털어서 연구한다. 도대체 대한민국이 일본 제국주의로부터 독립한 독립 국가가 맞는지 반문하지 않을 수 없다.

위만조선에 대해서 조금 더 알 필요가 있다. 『사기』 「조선열전」은 위만조선이 사방 수천 리에 달하는 나라라고 설명하고 있다. 또한 식민사학자들이 약속이나 한 듯 외면하는 사실이 있다. 한나라에 항복한 위만조선의 신하들이 한나라로부터 제후로 봉함을 받은 사실이

---

136 송호정, 『단군, 만들어진 신화』, 산처럼, 2004, 184~186쪽

다. 이덕일은『고조선은 대륙의 지배자였다』에서 그들이 봉함을 받은 지역을 설명했다. 지금의 보하이 연안과 산둥 반도 등지이다. 왜 한사군은 한반도 서북부에 설치해놓고 그 나라의 제후들은 보하이 연안과 산둥 반도 등지에 봉했을까? 결국『사기』「조선열전」내용은 한나라가 전쟁에서 이기지는 못했고, 위만조선이 분열하면서 항복을 받았지만 그 지역은 항복한 다섯 명의 신하들에게 다스리게 했다는 추론도 가능하다.

『사기』「조선열전」은 한나라가 위만조선을 멸망시킨 후 "이로써 조선을 평정하고 사군四郡으로 삼았다(以故遂定朝鮮, 爲四郡)."라고만 써놓았지 사군의 이름도 쓰지 않았다. 사군의 이름은『한서』에 비로소 '낙랑·임둔·진번·현도'라고 나타난다. 그래서『사기』「조선열전」에 "이로써 조선을 정벌하고 사군을 삼았다."라는 말은 후대에 끼워 넣은 것이란 주장까지 나오게 된 것이다.

무엇보다 위만조선의 수도에 설치했다는 낙랑군은 지금의 평양이 아니었으며 나머지 3군도 한반도 내는 아니었다. 한나라가 한반도 서북부에 한사군을 설치했다는 1차 사료는 단 하나도 없다. 송호정은 '대동강 유역에 중심을 둔 낙랑군', '400년 이상 한반도 서북 지방에 존재한 낙랑군의 존재'라고 거듭 말했다. 송호정은 낙랑군이 한반도 서북부에 있었다는 1차 사료를 딱 하나만 대보기 바란다. 조선총독부에서 조작한 것 말고 중국 고대 사료에서 한사군이 한반도 서북부에 있었다는 사료를 하나라도 제시하기 바란다. 송호정은 물론 제시할 수 없을 것이다. 중국 고대 사료에 낙랑군의 위치는 일관되게 요동으로 표기하고 있기 때문이다. 그럼에도 불구하고 송호정은 "400

년 이상 한반도 서북 지방에 존재한 낙랑군의 존재를 교과서에서 빼거나 지도에 표기하지 않는 것은 고대의 식민 경험을 현대의 식민지 경험과 동일시하여 그 사실을 은폐하려는 식의 발상"이라면서 "이것이야말로 또 다른 열등의식의 표출"이라고 주장한다.

송호정이 학부 때부터 박사 학위를 딸 때까지 제대로 된 사료 비판을 배우지 못했다는 사실은 이제 충분히 알겠다. 스승 노태돈부터 사료 비판 능력이 없으니, 아니 노태돈의 스승 이병도부터, 아니 이병도의 스승 이나바 이와키치, 이마니시 류부터 모두 그러하니 제대로 된 사료 비판을 받았을 리 없다. 아무런 1차 사료적 근거도 없이 조선총독부의 주장만 앵무새처럼 되뇌면서도 자신들을 실증사학이라고 포장하고, 1차 사료를 가지고 역사의 진실을 이야기하면 '재야'니 뭐니 하면서 매도하기에 바쁘다. 일본으로 가거나 중국으로 가서 그러면 눈에 보이지 않으니까 그나마 나을 텐데 이들은 꼭 대한민국에서, 대한민국 국민들의 세금을 축내면서 한국사를 매도한다. 아무런 1차 사료적 근거도 대지 못하면서 말이다.

그럼 한나라 동북 군현들, 즉 한사군의 위치는 어디였을까? 낙랑·현도군의 위치가 중요한 이유는 그 지역이 옛 고조선과 위만조선의 강역으로서 고대 평양이 있었고, 왕검성이 있었던 곳이기 때문이다. 그래서 한국 고대사의 강역을 결정지을 수 있는 가장 핵심적인 지역이기 때문에 대단히 중요하다.

앞에서 패수·열수 등을 고찰할 때 낙랑군을 흐르는 이 강들이 보하이만으로 흘러드는 강이란 사실을 이미 보았다. 한반도 내를 흐르는 강일 가능성은 제로란 사실은 이제 충분히 알 수 있을 것이다.

그럼 한사군 가운데 가장 중요한 낙랑군의 위치는 어디일까?『한서』「지리지」는 낙랑군에는 25개 속현이 있었다면서 25개 속현의 이름을 적고 있다. 그러나 25개 속현 중에 그 위치를 정확하게 고증할 수 있는 현은 많지 않다.

이병도는 이 가운데 당초의 11개 속현과 후에 임둔에서 편입된 7개 속현 및 대방군이 된 7개 속현 등으로 구분하여 모든 속현의 위치를 고증했는데, 이병도의 고증이 사실을 반영한 것이라면 그는 대단히 뛰어난 역사학자임이 틀림없다. 그러나 이병도가 고증한 25개 모든 속현 중에 사실과 들어맞는 것은 단 하나도 없다. 이것이 식민사학의 수수께끼다. 단 하나의 1차 사료도 없고, 단 한 개의 정확한 위치 비정도 없이 조선총독부 시절부터 지금까지 주류의 위치를 차지하고 있다. 이병도가 낙랑군 수성遂城현을 황해도 수안遂安군으로 비정했는데, 그 근거는 결국 '수遂' 자 하나가 같다는 것뿐이어서 식자들의 코미디로 전락한 지 오래라는 말만 덧붙이겠는데, 이병도의 학설을 추종하는 식민사학자들이 아직도 학계의 주류니 대한민국의 부끄러운 자화상이다.

필자는 허베이성 갈석산에 올라갔을 때 톈진에서 사업을 한다는 한 무리의 한국인들을 만났다. 그분들에게 갈석산이 어떤 산이냐고 묻자 한 분이 "『사기』「하본기」에 낙랑군 수성현에는 갈석산이 있는데 만리장성의 기점이다."라고 대답하는 것을 들었다. 그 대답을 듣는 순간 식민사학은 이제 끝났다는 생각이 들었다. 아마도 이덕일의『한국사, 그들이 숨긴 진실』을 본 것 같은데, 일반인들의 입에서 식민사학자들이 그토록 숨기고 싶어 하는 중국 고대 1차 사료가 술술 나오니 식민사학이 어떻게 유지될 수 있겠는가? 그러나 매국적 국가 기관 동북아역사재단의 사례에서 보았듯이 식민사학은 국민들의 세금을 도둑질하는 방식으로 지금도 유지되고 있는 현실이다.

『사기』「하본기」에 "조이의 피복은 오른쪽으로 갈석산을 끼고 바다로 들어온다(鳥夷皮服, 夾右碣石, 入于海)."는 앞에서도 살펴본 구절이 있는데, 이 구절의 갈석산에 대한 『사기색은』 주석에 "『태강지리지』에 '낙랑군 수성현에는 갈석산이 있고, 만리장성의 기점이다'라고 말했다(太康地理志云, 樂浪遂城縣有碣石山, 長城所起)."는 설명이 있다. 즉 『태강지리지』라는 역사지리책에 낙랑군 수성현에는 갈석산이 있고, 그곳이 만리장성의 기점이라고 나와 있다는 뜻이다. 그런데 이병도는 낙랑군 수성현을 황해도 수안군으로 비정하면서 황해도 수안군에 있는 요동산이 갈석산이고, 수안군에 있는 방원진 석성이 만리장성이 아니냐는 식으로 말했는데, 이 이야기는 이제 코미디 취급을 받을 정도로 많이 알려졌으므로 더 이상 언급하지 않겠다.

그러자 식민사학계에서는 대책이 필요했다. 그런데 식민사학계의 대책은 늘 천편일률이다. 불리한 사료가 나오면 사료의 구절을 마음대로 바꾸어버리거나 사료 자체를 부정하는 것이다. 아니나 다를까, 노태돈과 송호정이 『태강지리지』를 후대의 책이라고 부정하고 나섰다. 그러나 『태강지리지』는 후대의 책이 아니라 식민사학자들이 낙랑군이 대동강 유역에 있었다고 주장하는 그 시기에 쓰인 책이다. 이제 식민사학이 더 이상 통하지 않는 이유는 자료 독점이 깨졌기 때문이다.

이 사례를 비롯해서 지금껏 낙랑군의 위치에 대해서는 한반도가 아니라는 여러 저서들이 있었으므로 여기에서는 한두 가지만 이야기하고 넘어가려 한다. 『한서』「지리지」에는 낙랑군의 25개 속현 중에 패수현이 있는데, 패수가 발해(보하이)로 흐르는 강이란 사실을 이미 밝혔으므로 한반도 서북부에 있을 수 없다. 또한 『한서』「지리지」는 낙랑군 탄열吞列현에서 열수列水가 나온다고 썼는데, 열수는 요동에 있다고 『후한서』「군국지」에 나온다는 사실도 이미 언급했다. 이병도와 그의 스승 이마니시 류는 대동강이 열수라는데 언제부터 대동강이 요동이 되었는지 되묻는 것으로 그치고자 한다.

한편 낙랑군의 위치를 발해(보하이) 연안으로 보는 설 중에 유력한 것은 청나라 때 고조우의 『독사방여기요』에 난하(롼허) 동쪽의 노룡·창려 등의 지역을 낙랑의 중심으로 보았는데 윤내현도 이런 입장에 따르고 있다. 그러나 이 설은 앞에서 본 『수경』의 습수·열수가 지나는 톈진으로부터는 동쪽으로 너무 먼 곳이기 때문에 의문의 여지가 있다. 『수경』의 열수·패수가 지나는 낙랑군의 중심이 톈진 쪽이었다는 사실을 뒷받침하는 기록은 『한서』「지리지」에서 찾을 수 있다. 즉 「지리지」의 유주와 병주 등 동북방 및 북방에 속한 15개의 군들을 보면, 군내에 도위를 두었는데 도위를 하나 둔 곳은 어양·우북평군이며, 동부·서부 및 중부도위를 둔 곳이 요동 등 4군, 그리고 낙랑군을 제외한 8개 군에는 모두 동부·서부 도위를 두었다. 유독 낙랑군만은 동부 및 남부도위를 두었는데 이는 낙랑군의 지리적 특성에 따라 246쪽 「그림10」에서 보듯 톈진을 중심으로 「자 모양의 지역에 걸쳐 있었던 것으로 볼 수 있다.

현도군은 현이 고구려高句驪현, 상은태上殷台현, 서개마西蓋馬현 3개뿐이다. 먼저 고구려현에 대해서는 『한서』「지리지」에 "요산이 있는데 요

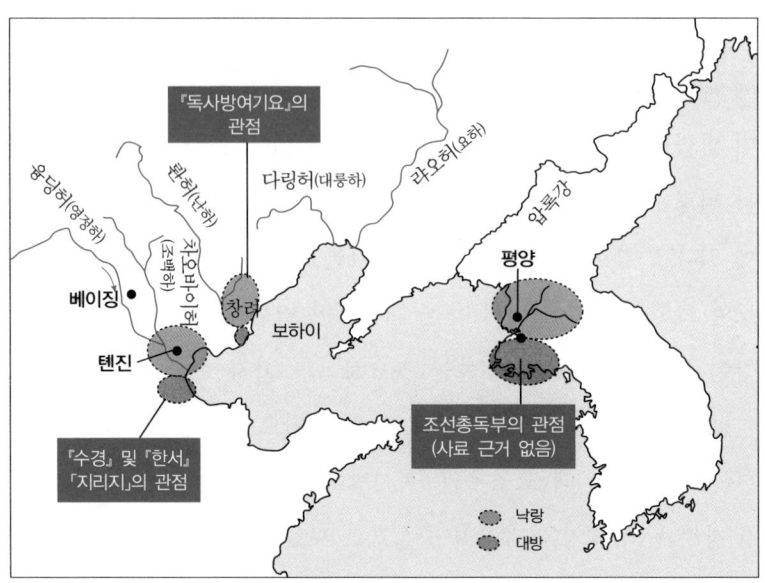

그림10　낙랑군의 위치에 대한 주장들.

수遼水가 나온다."고 설명하고 있으므로 한반도 내가 아니라는 사실
은 덧붙일 필요도 없을 것이다. 요수가 압록강일 수 없으니 식민사학
에서 주장하는 대로 압록강변이 아니라는 사실도 굳이 설명할 필요
가 없다. 서개마西蓋馬현은 고구려 개마대산의 서쪽에 있기에 붙인 이
름이다. 이 개마대산에 대해서 식민사학은 함경도의 개마고원이라고
주장한다. 그러나 『후한서』 「동이열전」 '동옥저' 조는 "동옥저는 고구
려 개마대산의 동쪽에 있다."면서 그 주석에 "그 산(개마대산)은 지금 평
양성 서쪽에 있는데, 평양이란 곧 왕험성이다(其山在今平壤城西. 平壤即王險
城也)."라고 설명하고 있다. 식민사학의 주장대로라면 평양성 동북쪽에
개마대산이 있었다고 써야 하는데, 서쪽에 있다고 했으니 개마대산은

함경도에 있는 개마고원이 될 수 없다. 이 역시 만주 대륙에 있는 산이었던 것이다.

진번군과 임둔군은 설치된 지 불과 26년 만에 사라졌으므로『한서』「지리지」에 기록되어 있지도 않다. 진번의 위치에 대해『사기집해』는 진晉나라 서광徐廣의 말을 인용해 '요동군 번한현'이라고 설명한다. 역시 요동에 있었다는 뜻이다. 그런데 진번이 반도가 아닌 요동에 있다니 이병도가 흥분하지 않을 리 없다. 이병도는 이렇게 혹평했다.

> 요동의 번한현을 진번의 고지와 같이 말한 것은 그야말로 상식을 이탈한 큰 오류라고 하지 않을 수 없다. …… 진번군은 진번 고지故地에 설치한 것이고 번한현은 본시 요동의 최동단最東端인 만·번한을 둘로 나누어 하나는 문현, 하나는 번한현으로 개편했던 것이다. 어떻든 번한현은 요동군의 1현으로…… 이 조그만 1현에 상당한 지역에 대구역大區域인 진번국이 일찍이 소재하였다고는 상상할 수 없는 일이다.[137]

이병도는 서광이 요동군 동쪽 끝의 1현에 불과한 번한현을 옛 진번국이라고 주석한 것이 상식을 이탈한 오류라고 몰아붙였다. 그러나 후대 사람인 이병도가 서진西晉 때 사람인 서광보다 더 해박한 역사 지리 지식을 가질 수 없다는 점은 차치하고라도, 이병도는 반도 사관에 갇혀 서광의 말을 잘못 이해한 것에 불과하다. 서광은 번한

---

137 이병도, 「한사군 문제의 연구」,『한국고대사연구』, 한국학술정보, 2012, 116쪽

현이 옛 진번국 전부라는 말이 아니라 번한현이 고조선과의 국경 지역으로 옛 진번국의 일부였다는 뜻으로 쓴 것으로 보아야 한다. 서광이 번한현을 '진번국 전체'라고 쓰지 않았음에도 이병도는 자기 마음대로 '진번국 전체'라고 쓴 것으로 오인하고 혹평했던 것이다. 「진번군고」를 쓸 때 이병도는 역사학과를 졸업한 지 얼마 되지 않은 신출내기였는데, 자신보다 1,600~1,700여 년 전의 사람인 4세기 때의 저명한 역사지리학자인 서광을 혹평한 것이 식민사학자 일색인 일본인 스승들의 영향 때문만이었을까? 매국노 이완용 백작의 손자로서 조선의 제1호 국사학과 졸업생이라는 지나친 자긍심이 더해진 것일까?

번한현이 진번국의 일부라는 것과 같은 예는 멀리 갈 것도 없이 같은 한사군이었던 낙랑군 조선현이 조선이라는 큰 나라의 이름을 쓴 것이고, 현도군의 고구려현 역시 고구려라는 큰 나라의 이름을 가져다 붙인 것인데, 그것도 모른 채 이병도는 일본인 식민사학자들의 입맛에 맞추어 번한현을 요동에 있다고 한 서광을 혹평한 것이다.

이병도는 젊은 시절부터 자신의 생각과 다르면 누구도 가리지 않고 심한 말로 폄훼하는 것이 버릇이 되었다. 그런데 이병도가 고금의 다른 학자를 심하게 비판하는 방향이 정해져 있다는 것이 문제다. 일본인 스승들이 만들어 놓은 반도사관에서 벗어나는 학자들만 상대로 폄하한다는 것이다. 다시 말해서 이병도는 일본인 식민사학자들의 총애를 받는 길이 반도사관에서 벗어난 학자들을 강하게 질책하는 것이란 사실을 잘 알고 있던 인물이었다. 이병도는 이마니시 류처럼 진번군 남방설을 취해 놓고 북방설에 해당하는 서광의 진번관을 상식 이하로 매도해 버린 것이다. 이것만으로는 부족해 서광의 번한설이 "참으로 천박하기 짝이 없는 견해"라고 중간에 또 한 차례 비판한 후 끝으로 아래와 같이 경멸까지 가했다.

> …… 진번이 요동군의 1현인 번한현에 위치했다고 보는 것은 어불 성설의 모순이 아니고 무엇이랴? 그러므로 진번 재在 요동번한설 은 일고一顧의 가치도 없다고 본다.[138]

'어불성설語不成說'이니 '일고의 가치도 없다' 같은 매도는 학문의 상 대성을 인정하는 학자라면 사용하기 힘든 용어들이다. 조선총독부 식민사학의 첨병을 자처한 이병도 같은 인물들만 쓸 수 있는 용어들 이다. 그런데 이병도의 글을 읽어보면 '어불성설', '일고의 가치도 없다' 같은 용어들은 이병도에게 되돌려주면 맞는 말이 된다는 사실을 여 러 차례 확인하게 된다. 이병도의 논리는 학문이 아니라 학문을 빙자 한 제국주의 침략 이론에 불과하기 때문에 대부분 아무 근거가 없거 나 침소봉대했기 일쑤이기 때문이다. 이병도는 서광의 주석을 '일고의 가치도 없다'라고 매도했지만 『사기집해』나 『사기색은』 같은 저명한 주 석서들은 한결같이 서광의 설을 인용하고 있다. 윤내현도 서광의 주 장에 긍정적 견해를 표하고 있다.

> 진개가 조선 지역을 침공한 후 국경으로 삼은 지명으로 『위략』에 는 만·번한이 등장하고 『사기』 「조선열전」에는 진번이 등장하는데,

---

138 이병도, 「한사군 문제의 연구」, 『한국고대사연구』, 한국학술정보, 2012, 117쪽

『사기집해』에는 요동에 있었던 번한현이 진번이라고 하였으니 이
기록들의 내용이 일치하고 있는 점으로 보아 그 전하는 바가 정
확할 것으로 생각된다.[139]

　마지막으로 식민사학에서 임둔군을 강원도라고 주장했지만 1997
년 랴오닝성 진시시錦西市 롄산구連山區에서 임둔태수장 봉니가 발견되
었다고 앞에서 말했다. 진시시는 지금의 후루다오시葫蘆島市로서 허베
이성에 가까운 랴오닝성 서쪽 지역이다. 물론 식민사학계는 이 사실
에 대해 침묵으로 일관한다. 우리 국민들의 피땀 어린 역사 관련 세
금을 독식해가는 식민사학자들이 대한민국을 위해 국민 세금을 사
용한다면 임둔태수장 봉니 출현에 크게 술렁이면서 드디어 "임둔군이
조선총독부에서 비정한 대로 강원도가 아니라 랴오닝성 서쪽이라는
증거가 나왔다."면서 환호해야 마땅하다. 그러나 이들은 거꾸로 속으
로만 술렁이면서 "이 사실이 알려지면 큰일난다."라고 숨죽이고 있다.
　굳이 반민족이니 반국가같은 용어를 쓰지 않더라도 학자적 양심
만 있다면 '그동안 우리가 봐온 한사군의 위치가 틀린 것이 아닌가?'
라는 의문은 가져야 한다. 그러나 노태돈이나 송호정이 그렇게 할 리
는 만무하다는 사실을 이제는 안다. 이들에게 자발적으로 반성하고
역사관을 바로잡으라고 요구하는 것은 아무 소용이 없다. 이들은 강
제 퇴출 대상일 뿐이다. 식민사학자들이 국민의 힘으로 강제 퇴출되
는 날 대한민국은 바로 서는 기초를 세운 날로 기록될 것이다.

---

139 윤내현, 「위만조선의 재인식」, 『한국고대사신론』, 일지사, 1986, 262쪽

제3부

삼국 초기의 역사와 일본

- 쟁점별 식민사학 비판2

1   사라진 삼국
초기 역사 수백 년

『삼국사기』 초기 기록 불신론과 한국인 추종자들

일제 식민사학과 그 한국인 후예들이 고조선사를 말살하거나 왜곡하고 한사군을 극찬하는 것은 어느 정도 알려져 있었다. 그러나 조선총독부가 만든 또 하나의 한국사 왜곡 사례가 이른바 『삼국사기』 초기 기록 불신론이다. 『삼국사기』 초기 기록 불신론'이란 김부식이 대표로 편찬한 『삼국사기』의 초기 기록이 허구의 기록이라는 주장이다. 조선총독부는 『삼국사기』의 신라·고구려·백제 모두의 초기 역사를 허구라고 주장했는데, 특히 신라와 백제 역사에 대한 조선총독부 산하 식민사학자들의 공격은 집요했다.

그런데 더 큰 문제는 해방 이후에도 『삼국사기』 초기 기록 불신론'이란 괴물이 버젓이 살아 아직까지도 식민사학자들이 좋아하는

'정설定說'로 군림하고 있다는 사실이다. 이런 『삼국사기』 초기 기록 불신론'에 대해 그 허구성을 가장 먼저 분석하고 비판한 학자는 전 고려대 사회학과 교수 최재석이다. 최재석은 1980년대 중반 4편의 논문을 발표해 쓰다 소키치를 비롯한 『삼국사기』 초기 기록 불신론'을 강하게 비판했다.

비슷한 시기에 식민사학의 고조선사 왜곡 및 말살에 대해서는 윤내현이 식민사학을 비판하고, 『삼국사기』 초기 기록 불신론'에 대해서는 최재석이 강하게 비판한 셈이었다. 식민사학계가 이 두 학자의 주장에 귀를 기울여 자신들의 이론을 수정했다면 지금쯤 한국사학계는 국민들의 존경을 받는 학자 집단으로 변모했을 것이다. 그러나 일제 식민사학자들은 물론 그 후예들도 식민사학과 다른 학설이 등장하면 '재야'로 몰아서 죽이거나 '역사학자가 아니다'라고 무시하는 전략으로 식민사학을 정설로 계속 유지했다. 송호정이 윤내현을 '재야의 강단사학자'라고 지칭한 것이 이를 말해주며, 최재석을 사회학과 교수라는 이유로 외면한 것이 이를 말해준다. 조선총독부에서 만든 식민사학을 '정설'로 유지하여 자신들의 학문 권력을 계속 독점적으로 누리기 위해서라면 어떤 행위도 서슴지 않는 파렴치한 행위를 계속한 것이다.

최재석은 1987년 『한국고대사회사 방법론』에서 『삼국사기』 초기 기록 불신론'을 조목조목 비판했다. 사실 조선총독부가 만든 『삼국사기』 초기 기록 불신론'은 이 책이 출간된 1987년에 학문적으로 사망선고를 받은 것이다. 그러나 식민사학계는 침묵의 카르텔로 이를 무시하고 『삼국사기』 초기 기록 불신론'을 계속 정설인 양 유지해왔다. 식민사학의 학계 장악력은 막강해서 삼국 시대를 전공한다는 어느 누구도 감히 "『삼국사기』 초기 기록이 사실이다."라고 말하지 못했다. 그러다가 2009년 이덕일이 『한국사, 그들이 숨긴 진실』을 발간하면서 비로소 사회에 알려지기 시작했다. 『한국사, 그들이 숨긴 진실』의 제1부 '한사군은 한반도 내에 존재했는가'는 국민들에게 큰 충격을 주었다. 식민사학자들이 주장하는 '한사군=한반도 북부설'이 아무런 사료적 근거가 없는 소설에 불과했다는 사실을 1차 사료를 근거로 낱낱이 밝혀냈기 때문이다. 식민사학자들이 입만 열면 외치는 실증이 사실은 거짓된 실증이었고 식민사학자들이 소설이라고 비하하고 일축했던 재야 일부의 주장이 사실임을 밝혀냈기 때문이다.

그 책의 제2부 '삼국사기 초기 기록은 조작되었는가'는 더 큰 충격을 주었다. 『삼국사기』 초기 기록 불신론'이 아무런 사료적 뒷받침도, 논리적 기초도 없는 조선총독부에서 만든 역사 테러에 불과하다는 사실이 명백히 드러나면서, "한국 식민사학계의 조선총독부 추종이 설마 이 정도일 줄은 몰랐다."는 반응이 쏟아졌다. 이덕일은 이 책에서 『삼국사기』 초기 기록 불신론'은 조선총독부가 한반도 남부에 고대판 조선총독부라는 임나일본부가 있었다고 강변하기 위해서 창작한 침략 논리라는 사실을 1차 사료를 근거로 서술했다. 그로부터 5년이 지났는데, 매국적 국가 기관 동북아역사재단의 매국적 행태에서 드러나듯이 이들은 반성하지 않는 것은 물론 대한민국 국민의 세금을 여전히 독식하고 있다는 사실이 드러났다. 필자가 이 책을 쓰는 주된 이유 중의 하나이다.

일본은 조선을 침략하려고 마음먹었던 19세기 말에 벌써 정한론

征韓論을 만들어 침략 논리를 개발했다. 고조선 역사는 말살하고 한사군은 찬양하는 것이 역사 왜곡의 시작이었다. 이런 고조선사 말살 기도와 함께 『삼국사기』 초기 기록을 거짓으로 모는 '『삼국사기』 초기 기록 불신론'을 만들어낸 것이다.

1894년 나카 미치요那珂通世의 「조선고사고朝鮮古史考」에서 『삼국사기』의 사료적 가치에 비판을 가한 후 시라토리 구라키치白鳥庫吉, 이나바 이와키치稻葉岩吉 등이 『삼국사기』 초기 기록의 사실성에 대해서 강하게 비판했다. 이들의 주장은 『삼국사기』에서 말하는 서기전 1세기의 삼국 건국 기사는 모두 거짓이라는 것이다. 고구려는 6대 태조대왕, 백제는 12대 계왕, 신라는 16대 흘해왕 이전의 역사는 모두 거짓으로서 믿을 수 없다는 것이었다.

'『삼국사기』 초기 기록 불신론'을 반복적으로 제기한 식민사학자는 쓰다 소키치津田左右吉였다. 그는 방대한 저서를 남겼는데 그의 『고사기 및 일본서기 연구』(1924)와 『일본상대사 연구』(1930) 같은 저서가 대표적이다. 쓰다 소키치의 연구 방법은 좀 독특했다. 『삼국사기』 자체를 연구한 것이 아니라 『고사기』 및 『일본서기』 같은 일본 고대 사서를 연구하면서 그 내용을 『삼국사기』와 비교해본 것이었다. 비교 결과 『고사기』, 『일본서기』와 『삼국사기』의 내용이 서로 다르면 『삼국사기』의 내용을 가짜로 모는 것이 쓰다 소키치의 이른바 『삼국사기』 초기 기록 불신론'의 요체였다.

여기에서 한 마디 덧붙일 것은 『쓰다 소키치 전집』을 보면 내용이 방대하다는 점이다. 식민사학자이긴 마찬가지지만 일본인 식민사학자들과 한국인 식민사학자들 사이에는 큰 차이가 있다. 일본인 식민사학자들은 열심히 공부해서 많은 저작을 남겼지만 한국인 식민사학자들은 공부도 하지 않는다는 점이 다르다. 주인 노릇하기 위해서는 많은 노력이 필요하지만 노예 노릇하는 데는 노력이 필요 없다는 생각 때문인지도 모른다. 주인이 내린 지침만 충실히 따르면 그만이라고 생각하는 듯하다. 남의 노예 노릇하는 것을 즐겁게 여기는 사람들에게 부끄러움 따위가 있을 리 없으니 "공부 안 하는 것이 부끄럽지 않느냐"고 묻고 싶지도 않다.

최재석은 쓰다 소키치가 『삼국사기』를 부인한 내용이 「백제본기」는 11가지, 「고구려본기」는 24가지, 「신라본기」는 20가지라고 분석했다. 쓰다 소키치가 주장한 것 중에 핵심적인 사항들은 다음과 같다.

「백제본기」에 대해서
· 백제의 실제 건국과 『삼국사기』의 건국 기록과는 340~350년의 차이가 난다. 그래서 이것을 메우기 위해서 온조왕 이후 12대 계왕까지의 국왕을 조작했다.
· 백제의 왕명·계보·즉위·훙거(薨去:사망) 등의 연대는 『일본서기』가 『삼국사기』보다 더 정확하다.

「고구려본기」에 대해서
· 고구려 국왕의 호칭에 두 가지가 있는 것은 공상적인 서로 다른 두세 가지 세계世系가 있던 것을 강제로 합쳤기 때문이다.
· 존재가 뚜렷한 왕은 주몽·여율·막래 또는, 추모·유류·대주류밖에 없다.

「신라본기」에 대해서

· 6촌을 형성한 조선 유민은 중국인이다. 즉 신라는 중국인을 기
  초로 건설되었는데 박혁거세는 중국인 같지 않다.
· 신라인 또는 진한인이 중국인이라는 설은 사실이 아니다.
· 4~5세기에 일본인이 임나일본부의 영토인 가야를 근거로 하여
  신라와 대결한 명백한 사건이 나타나지 않으므로 신라 상대(上
  代:초기)의 기록은 허구이다.
· 신라 상대上代의 기사는 전부 공허하기 때문에 왜倭에 관한 기사
  는 모두 거짓이다.
· 조작되어 만들어진 「신라본기」는 대단히 조잡하고 하등의 생기
  도 광채도 없으며, 너무나 중국화하고 형식화되어 신라인의 특
  수한 감정도 사상도 전혀 그 흔적이 나타나 있지 않다.

이상이 쓰다 소키치가 『삼국사기』 초기 기록을 가짜로 모는 근거
로 제시한 내용의 일부이다. 그가 『삼국사기』를 대하는 방식은 일본
의 사무라이가 농민을 대하는 방식을 연상시킨다. 일본에서는 사무
라이가 새 칼을 만들면 잘 드는지 시험하기 위해서 지나가는 농민을
베는 경우가 있었다. 이 농민은 아무 잘못도 없이 그때 그 자리를 지
나갔다는 이유로 사무라이가 새로 장만한 칼의 시험 대상이 되어서
죽어야 했다. 이 사무라이는 아무런 죄책감도 없고, 또한 아무런 처
벌도 받지 않는다. 쓰다 소키치가 『삼국사기』를 대하는 방식이 꼭 이
런 식이다.

김부식을 비롯한 『삼국사기』 편찬자들이 왜 초기 기록을 조작해

야 했는지, 조작했다는 증거는 있는지는 전혀 중요하지 않았다. 자신이 새로 장만한 칼이 잘 드는지 시험 대상으로 불쌍한 농민이 걸려들었던 것처럼 일제의 침략 논리를 정당화하기 위해서『삼국사기』초기기록은 가짜가 되어야 했던 것이다.

쓰다의 논리는 간단하다.『일본서기』는 모두 사실이므로『삼국사기』에『일본서기』와 다른 내용이 담겨 있다면 거짓이라는 것이다.『일본서기』에는 고대 왜倭가 신라를 정복했고, 삼국이 왜에 조공을 바쳤다는 따위의 허무맹랑한 기사가 많이 실려 있는데 이것과 다른 내용이면 모두 가짜라는 것이다. 일본인들에게 인격적인 대우를 받으며 한국사를 난도질한 이병도는 그렇다고 치고, 그 제자들 중에서 아직까지도 이를 추종하는 이기동, 노태돈 같은 인물들의 머릿속에는 무슨 생각이 들어 있는지 그 구조가 궁금하지 않을 수 없다.

『일본서기』에는 의도적으로 조작된 내용이 많고『삼국사기』에는 그런 내용이 없다는 것은 이제 상식이다. 그럼에도 불구하고 쓰다 소키치는『일본서기』는 모두 사실이고『삼국사기』는 거짓이라고 주장했는데, 이기동은 신라 내물왕계의 혈연 의식이 어쩌고저쩌고 하면서 이를 신봉하고, 노태돈은 허무맹랑한 부체제설部體制說 따위를 들고 나와 고구려 왕계를 가짜로 본다.

최재석은『삼국사기』「신라본기」에는 일본 왕이 진상進上했다는 기록이나 신라 국왕이 일본 사신을 접견했다는 기록, 왜倭와 수교했다는 기록이나 왜인倭人이 침범했다는 기록이 모두 55회나 나오는데, 이 모두가 조작이라는 것이 말이 되느냐고 목소리를 높였다. 이것은 정상적인 사고 구조를 가진 한국인이면, 아니 한국인이 아니더라도 정상적인 사고 구조를 가진 지식인이면 누구나 품을 수밖에 없는 의문이다.

비정상적인 사고 구조를 가진 이병도-이기동-노태돈 등을 제외하면 어떤 역사서가 몇 백 년의 기록을 모두 거짓말로 창작한다는 것이 사실이 아님은 쉽게 알 수 있다. 일본은 최근 한 고고학자가 구석기 시대 유물을 묻어 놓고 스스로 발견했다고 주장했다가 거짓말이 들통나서 소동이 일어난 데서 알 수 있듯이 역사 왜곡이 일종의 체질이 된 나라다. 조선총독부에서 숱한 문헌과 유물을 왜곡하거나 조작, 또는 창작했다는 사실은 잘 알려져 있다. 그런데 이병도의 후예들인 이기동-서영수-노태돈-송호정 따위가 학자랍시고 한국 학계를 장악하고 있다 보니까, 조선총독부의 발표는 이른바 '정설'로 신봉하고 그와 다른 견해를 제기하면 죽이자고 달려드는 행패가 학계의 일반 풍토가 되었다.

어느 나라나 역사 기록에는 다소의 오류가 있고, 또한 자국의 정체성正體性을 강조하는 과정에서 약간의 과장이나 삭제가 있을 수 있다. 그래서 역사학의 기초가 사료 비판인 것이다. 그런데 쓰다 소키치를 비롯한 식민사학자들은 『삼국사기』 초기 기록은 모두 가짜라고 주장했고, 이를 아직도 식민사학의 노예를 자처하는 한국의 주류 사학자들이 그대로 신봉하고 있다.

쓰다 소키치는 『삼국사기』 「신라본기」를 비판하면서 "6촌村을 형성한 조선 유민은 중국인이다."라고 써놓고, 한편으로는 "신라인 또는 진한인이 중국인이라는 설은 사실이 아니다."라고 서로 상반된 주장을 했다. 아마 본인도 무슨 말을 하고 있는지 모르는 모양이다. 하도 많은 거짓말을 남발하다보니 본인 스스로도 다 기억을 할 수 없어서 착오가 생긴 모양이다. 입만 열면 실증을 떠드는 쓰다 소키치의 충실한 한국인 추종자들이 이 부분에 대해 설명을 좀 해주면 감사하겠다.

이마니시 류의 신라·백제 역사 깎아내리기

일제의 침략사관인 『삼국사기』 초기 기록 불신론'은 쓰다 소키치와 그 뒤의 오타 아키라大田亮를 거쳐 이마니시 류今西龍에 이르러 절정에 달한다. 이마니시 류의 『백제사 연구』에 실린 나이토 도라지로內藤虎次郎의 서문을 보면 이마니시 류의 주장과 일본 역사학계의 고민도 함께 알 수 있다. 최재석이 인용한 나이토 도라지로의 서문 일부를 보자.

> 원래 일본의 고사 연구가는 『일본서기』의 기년紀年에 의심을 품는 사람이 많았기 때문에 여기에 대한 유력한 방증으로서 조선 고사의 기년을 참고하고 더욱이 그 기사의 내용까지도 조선 고사에 중점을 두는 경향이 있었지만……[140]

나이토 도라지로의 서문은 우리에게 많은 사실을 알려준다. 일본

---

[140] 최재석, 「삼국사기 초기 기록의 사료적 가치」, 『한국고대사회사 방법론』, 일지사, 1987, 39쪽

학자들 중에도 "『일본서기』의 기년紀年에 의심을 품는 사람이 많았다."는 사실이다. 나이토가 말하는 '조선 고사'가 바로『삼국사기』인데, 이마니시 류의『삼국사기』난도질'이 등장하기 전까지만 해도『일본서기』의 기년紀年은 물론 내용에 대한 신빙성까지도『삼국사기』와 대조해서 믿어버리는 경향이 있었다는 이야기다. 즉 일본인 고대사 연구자들도『일본서기』는 믿을 수 없는 기록이고『삼국사기』의 내용이 정확하다는 사실을 알고 있었다는 뜻이다. 침략적 마인드를 버리면 진실이 드러나는 법이다.

나이토의 서문에는 이마니시 류의 새로운 연구 성과에 의해 일본인 고대사 연구자들이 비로소『일본서기』를 믿고『삼국사기』를 부인하는 풍토가 생겨났다는 이야기가 뒤따른다. 이마니시 류가 등장하기 전까지는 일본 내에서도『삼국사기』를 믿었지『일본서기』를 믿지 않았는데, 이마니시의 등장 이후『삼국사기』를 부인하고『일본서기』를 믿는 풍토가 조성되었다는 것이다.

이마니시 류는 1903년 29세의 나이로 도쿄제국대학 사학과를 졸업한 후 대학원에서 한국사를 전공한 최초의 일본인이 되었다. 1906년에는 경주 일대의 유적·유물을 조사한 후 1908년 「신라 시대 경주의 분묘와 그 유물에 대하여」라는 논문을 발표했다. 그후 도쿄제국대학 조선사 강사를 거쳐 1916년에는 조선총독부 산하 조선고적조사회의 촉탁직을 맡아서 본격적으로 한국의 문헌 사료는 물론 유적·유물 조작에 나섰다. 1925년에는 조선총독부 산하 조선사편수회에 들어가서 학술적, 행정적으로 한국사를 말살, 왜곡, 조작하고 일본의 침략을 합리화하고 찬양하는 선봉에 섰다. 이 과정에서 이병도 같은 여러 한국인 제자들을 길러냈는데, 이들이 해방 후 한국 사학계를 장악하면서 역사 분야에서는 조선총독부가 계속 지배하는 기현상이 지금껏 계속되는 것이다.

최재석은 이마니시 류가 『삼국사기』 초기 기록 중에서 「신라본기」는 21항목, 「백제본기」는 10항목을 조작으로 몰았다고 분석했는데, 중요한 대목은 다음과 같다.

「신라본기」에 대해서

· 박혁거세의 즉위년은 후대 왕위 계승의 연대에서 계산하면 성립되지 않는다.

· 내물이사금까지의 기사가 무엇에 의해 편성되고 무엇에 의해 기년되었는지 불명이다.

· 진흥왕 이후에야 비로소 믿을 수 있는 역사가 나온다.

· 『일본서기』에 의하면 신라의 건국은 2, 3세기 경이며 일본의 숭신崇神·수인垂仁 시 또는 그 이전이다.

· 28대 진덕여왕의 서기 654년까지의 기년은 믿을 수 없다.

「백제본기」에 대해서

· (백제가) 참다운 역사 시대에 들어온 것은 4세기 중엽 근초고왕부터였다.

· 일본의 문화가 반도에서 왔다고 하지만 그것은 반도의 문화가 아니라 중국의 문화가 반도를 경유한 데 지나지 않는다.

· 백제의 마한 통일은 일본 조정의 힘에 의해서다.

이상이 이마니시 류가 『삼국사기』 「신라본기」와 「백제본기」를 난도질하면서 주장한 내용들이다. 물론 아무 근거도 없다. 그저 한두 부분을 꼬투리 잡아 "믿을 수 없다."고 주장하는 것들이다. "박혁거세의 즉위년은 후대 왕위 계승의 연대에서 계산하면 성립되지 않는다."라고 주장했으면 그 근거를 밝혀야 한다. 즉 후대 왕위 계승 연대와 비교해서 왜 박혁거세의 즉위년이 성립되지 않는지를 밝혀야 하는데 그렇게 하지 않았다. 또 비교하니 서로 연대가 맞지 않는다는 후대의 왕은 누구인지 밝히고 그 후대의 왕과 박혁거세의 즉위 연대가 어떻게 모순되는지를 설명해야 하지만 이마니시 류는 그렇게 하지 않았다. 아니, 할 수가 없었다.

사기꾼은 상대방의 주머니에 돈을 가득 채워주겠다고 현혹한다. 말은 청산유수지만 관건은 사기꾼이 상대방의 주머니에 돈을 채워주는지 여부다. 그러나 그런 일은 있을 수가 없다. 사기꾼 자체가 돈이 없을 뿐만 아니라 설혹 있다고 해도 사기꾼의 목적은 상대방의 돈을 갈취하는 것이지 상대방을 부자로 만들어주는 것이 아니기 때문이다. 이마니시 류의 행태가 딱 이렇다. 주장은 있지만 근거는 없다.

이마니시 류의 주장대로 『일본서기』는 믿을 만하지만 『삼국사기』는 믿을 수 없는 역사서가 아니라, 거꾸로 『일본서기』의 내용은 120년 끌어내려야 『삼국사기』 기록과 같아지면서 비로소 역사 사실의 반영이 되는 것이다. 주갑제周甲制라고 불리는 이 방식은 1주갑을 60년 단위로 하여 2주갑은 120년, 3주갑은 180년 하는 식으로 가감하는 왜곡 방식이다. 『일본서기』는 믿을 수 없는 역사서라는 것은 식민사학자들을 제외하면 이미 공인된 것이다. 나이토 도라지로가 이마니시 류가 등장하기 전에 일본의 고대사 연구가들이 '조선 고사(『삼국사기』)의 기년을 참고하고 더욱이 그 기사(『일본서기』)의 내용까지도 조선 고사에 중점을 두는 경향'이 있었던 것이 맞다는 뜻이다.

"일본의 문화가 반도에서 왔다고 하지만 그것은 반도의 문화가 아니라 중국의 문화가 반도를 경유한 데 지나지 않는다."는 이마니시 류의 주장은 유치하기 짝이 없다. "아버지가 봉급을 받아왔지만 그것은 아버지의 돈이 아니라 사장님의 돈이 아버지를 경유한 데 지나지 않는다."는 말과 무엇이 다른가? 문화란 서로 교류하면서 영향을 주기도 하고 받기도 하는 것이다. 문화 교류를 부끄러워할 필요는 없다. 한국 문화가 중국 문화보다 앞선 부분이 있고, 중국 문화가 앞선 부분이 있다. 서로 교류하면서 서로 발전하는 것이다.

이마니시 류는 한국이 일본보다 뒤떨어졌다는 고정관념 위에, 일본이 한국을 지배해야 한다는 제국주의까지 덧붙여지다 보니 한국이 일본에 문화를 전파해주었다는 사실이 견딜 수 없도록 싫었던 것이다. 그래서 '경유'라는 새로운 개념을 만들어낸 것이다. 한국은 승객이 내리지 않는 간이역이라는 것이다. 그래서 중국의 문화는 한국에서 내리지 않고 논스톱으로 일본으로 직행했다는 것이다. 설혹 그의 말대로 한국이 중국 문화의 경유처라고 하더라도 그 문화를 필요로 했던 일본은 한국과 비슷하거나 더 후진 사회였다는 증거라는 사실은 왜 생각하지 못했을까? 어차피 고대 일본이 고대 한국보다 선진 사회였다는 증거는 되지 못하는 것이 아닌가?

식민사학자들이 『삼국사기』 「신라본기」가 조작되었다고 주장하는 내용들을 보면 쓰다 소키치나 이마니시 류나 서로 횡설수설, 우왕좌

왕해서 스스로도 정리되어 있지 못했음이 명확하다. 어떨 때는 17대 내물왕 이전의 기록은 믿을 수 없다고 주장했다가 어떨 때는 24대 진흥왕 이전의 기록은 믿을 수 없다고 주장하며, 심지어는 28대 진덕 여왕 때까지도 믿을 수 없다고 하니 이런 주장을 학자 이전에 정상적인 사고를 가진 사람의 말이라고 볼 수 있겠는가?

사기꾼의 특징은 말이 서로 모순된다는 점이다. 이마니시 류는 『삼국사기』「신라본기」를 비판할 때는 『삼국사기』「고구려본기」는 권위가 있다고 주장하다가 정작 고구려사를 논할 때는 17대 소수림왕 이전, 또는 장수왕 이후의 기사도 조작되었다고 주장했다. 한마디로 횡설수설해서 자신도 무슨 말을 하는지 모르는 것이다. 이 사람에게 사기 칠 때의 말과 저 사람에게 사기 칠 때의 말이 다른 형국이다.

이마니시 류의 『신라사 연구』가 2008년 한국어로 번역되었는데, 번역자인 이부오와 하시모토 시게루橋本繁는 서문에서 이마니시 류의 문제점에 대해서 비교적 솔직하게 털어놓았다.

> 이마니시의 연구에는 논증이 부족한 상태에서 도출된 결론도 적지 않게 확인된다. …… 진흥왕 대부터 비로소 믿을 만한 역사가 있다는 주장도 지극히 직관적일 뿐만 아니라 막연한 신라후진론에 근거한 결론이라 할 만하다. 『삼국사기』「신라본기」 초기 기사에 대해서는 비판적 고증을 잊지 않으면서도 조분이사금 대 인물의 실제 활동 시기를 별다른 검토 없이 『일본서기』 신공기 기년에 맞추는 대목에서는 역사가들이라면 누구나 범하기 쉬운 아전인수식 태도마저 엿보인다. 이처럼 이마니시가 신라사 연구의 근대적

체계를 세우는 동시에 한계점도 드러냈다. 그의 신라사 연구가 일제 식민 통치를 학문적으로 뒷받침하는 범위 내에서 이루어진 점도 부정할 수 없다.[141]

이들의 평 중에서 가장 중요한 말은 "그의 신라사 연구가 일제 식민 통치를 학문적으로 뒷받침하는 범위 내에서 이루어진 점"이라는 말이다. 이마니시 류의 한국사 연구는 이른바 식민사학자들이 좋아하는 순수한 학자적 입장에서 실증주의적 방법을 통해 이루어진 것이 아니었다. 다만 자신들의 침략 이론을 강변하기 위한 목적에서 이른바 '실증'을 들먹인 것이다. 해방 후 한국의 식민사학자들이 이른바 '실증'을 주장할 때는 식민사학을 추종할 때라고 보면 틀림없다. 일종의 면피용으로 '실증'을 거론하는 것인데, 조금만 실증적으로 연구하면 이들이야말로 아무런 근거도 없는 '반실증'의 산 사례임을 쉽게 알 수 있다.

쓰다 소키치와 이마니시 류는 일제 식민사학, 황국사관에 입각해서 총과 대포 대신 펜을 가지고 한국과 한국 역사를 짓밟은 침략자들이다. 어떤 측면에서는 총칼과 군화로 이 땅을 짓밟고 수많은 독립운동가들을 죽인 제국 군인과 제국 경찰들보다 더 악질적인 침략자들이다. 영혼, 즉 역사관을 빼앗기면 영원히 살아날 수 없음을 누구보다도 잘 아는 인물들이었기 때문이다. 과연 그들의 의도대로 이병도를 필두로 한 수많은 노예 학자들이 현재도 대한민국 국민의 세금

---

141 이마니시 류, 이부오·하시모토 시게루 옮김, 『신라사 연구』, 2008, 2쪽

을 가지고 한국사를 매도하고 있지 않은가? 몸은 한국인이지만 영혼
은 쓰다 소키치와 이마니시 류에게 빼앗긴 강시儡尸들에 다름 아니다.

한국인 추종자들의 논리와 계보

쓰다 소키치와 이마니시 류 이후에 『삼국사기』 초기 기록 불신론'
에 가세한 인물로는 한국사 타율성론을 강하게 주창했던 미시나 쇼
에이三品彰英가 있다. 또한 이케우치 히로시池內宏와 스에마쓰 야스카즈
末松保和가 있다. 일제 식민사학의 문제점은 해방 후에도 식민사학의
기본 틀을 바꾸지 않았다는 점이다. 그래서 패전 후에는 이노우에 히
데오井上秀雄가 또 『삼국사기』 초기 기록 불신론'을 지지하고 나섰다.
하긴 한국 국사학계의 태두라고 불렸던 이병도를 비롯해서 이른바 해
방 후 한국 역사학계의 주류들이 한 목소리로 『삼국사기』 초기 기록
불신론'을 주창하는데 일본인들이 군이 자신들의 우월성을 주장할
수 있는 이 논리를 버릴 이유가 없었다. 해방 후 한국 역사학계의 주
류를 장악한 식민사학자들은 일본인 식민사학자들의 『삼국사기』 초
기 기록 불신론'을 그대로 추종하거나 그 기본틀을 유지하면서 조금
수정하는 듯한 장난을 쳐왔을 뿐이다. 먼저 이병도의 『삼국사기』 초
기 기록 불신론'에 대한 견해를 보자.

엄밀한 의미에서 볼 때 삼국 중 백제의 흥기는 고구려보다 2세기
를 뒤지고 신라의 그것은 백제보다도 1세기를 뒤졌으며…… 바

꿔 말하면 엄밀한 의미의 삼국 시대는 신라의 흥기를 기다려 그때로부터 여·제 2국의 멸망(660~668)에 이르기까지 지칭한 것으로 보아야겠다. 게다가 신라가 비로소 고대 국가의 형태를 갖추어 여·제 2국과 나란히 국제 관계에 두각을 나타낸 것은 내물왕 시기(356~402)라고 생각되므로, 나의 이른바 엄밀한 의미의 삼국 시대는 즉 그때로부터 기산하여 약 3세기 동안에 걸쳐 있음을 알 수 있다.[142]

이병도는 『삼국사기』에 기록된 삼국 건국 시기를 완전히 부인했다. 신라는 17대 내물왕 때 건국되었다는 것이다. 내물왕은 재위 연간이 356~402년으로서 『삼국사기』에서 기록한 박혁거세의 건국 연대보다 400년 이상 뒤진 것이다. 이병도의 논리는 신라가 4세기 후반에 건국되었으므로 실질적인 삼국 시대는 그때부터 약 3백 년에 지나지 않는다는 것이다. 『삼국사기』에서 말하는 삼국 시대의 절반 이상이 날아간 것이다.

이병도 같은 과거의 식민사학자들은 물론 현재 생존해 있는 한국 식민사학자들을 보면 도대체 자기 머리는 왜 달고 다니는 것인지 의심하고 싶을 정도로 일본 식민사학자들의 견해를 무조건 추종한다. 독창적인 자기 견해라는 것은 존재하지 않는다. 그저 일본 식민사학에 대한 무조건적 맹종에다가 이에 비판적 견해를 제기하면 죽이려고

---

142 이병도, 「삼국 시대의 상한 문제와 그 개관」, 『한국고대사회론고』, 한국학술정보, 2012, 439쪽

달려드는 조폭식 행태가 있을 뿐이다.

최재석은 이병도를 필두로 이홍직·이기백·김철준·이기동·문경현 등이 『삼국사기』 초기 기록 불신론'을 추종했다면서 그 논리를 비판했다. 먼저 이홍직은 "신라·고구려·백제 삼국의 개국 기년을 『삼국사기』가 전하는 대로 믿는 사람은 오늘날 아무도 없을 것이다."라고 말했다. 이홍직의 말에 "신라·고구려·백제 삼국의 개국 기년을 『삼국사기』가 전하는 대로 믿는 사람은 오늘날 '식민사학자 중에는' 아무도 없을 것이다."라고 '식민사학자 중에는'이라는 말을 끼워 넣으면 정확한 표현이 될 것이다. 이홍직은 중국 사료를 멋대로 해석해 신라의 미추왕이 건국 국조로 믿어지는 흔적이 많다고 주장했다. 미추왕은 284년까지 재위했으므로 신라가 3세기 후반에 건국했다는 것으로 신라건국 시기를 조금은 끌어올린 것이 된다.

일본인 식민사학자들은 삼국의 건국 연대를 추정할 때 여러 견해를 내놓았다. 아무런 근거도 없이 『삼국사기』에 기록된 건국 연대를 부정하려니까 이런저런 견해가 나올 수밖에 없었던 것이다. 그래서 해방 후 한국인 식민사학자들도 일본인들이 주장한 여러 견해 중에서 하나를 선택해 서술하는 방식으로 『삼국사기』 초기 기록 불신론'을 주장한 것이다.

이기백은 백제가 고대 국가로 등장하는 것은 제13대 근초고왕(346~375) 때로 생각된다고 주장했다. 그나마 그의 스승 이병도는 제8대 고이왕(234~286) 때 건국했다고 주장했는데, 이기백은 왜 자신의 스승의 주장보다 더 거꾸로 갔을까? 백제가 근초고왕 때 건국했다고 주장한 인물은 쓰다 소키치를 비롯한 대부분의 일본인 식민사학자들이었다. 뒤에 보겠지만 21세기에 발족된 '한일역사공동연구위원회'도 이 견해를 추종하는데, 백제가 근초고왕 때 건국했다는 것은 쓰다 소키치의 주장이었다.

아니나 다를까 이기백은 『삼국사기』「백제본기」에 대해 철저한 비판을 시도한 것은 쓰다 소키치의 「백제에 관한 〈일본서기〉의 기재」라는 논문'이라면서, 쓰다 소키치·오타 아키라大田亮·이마니시 류·이병도 등이 『삼국사기』를 비판한 것은 '근대적·학문적 비판'이었다고 극찬했다. 이들의 논리는 고구려·백제·신라는 초기에 모두 미개한 사회였다는 것에서 출발한다. 고조선을 미개한 사회로 그리는 연장선상에서 한국사의 고대 국가들을 모두 미개한 사회로 그리는 것이다. 식민사학자들의 자체 논리 모순은 여기에서도 드러난다. 고조선은 미개한 사회였지만 한사군은 극도로 발달된 사회였다고 주장하는데, 한사군을 극복하고 세운 나라들은 다시금 미개 사회로 전락시키는 것이다. 그러나 윤내현은 삼국 초기 사회가 미개한 사회가 아니었다고 주장했다.

> 이기백은 고구려나 백제, 신라 등이 초기에 작은 세력으로부터 시작되었던 것처럼 고조선의 초기 모습도 그래야 한다고 주장하였다. 초기 모습이 작았을 것이라는 이씨의 생각은 지극히 상식적이다. 그러나 그 초기가 언제쯤이었느냐가 문제인 것이다. 백제나 신라의 정권은 작은 세력으로부터 출발되었지만 이미 한韓이라는 큰 나라가 한반도에 있었으며, 그 넓은 사회의 통치권을 차지하기 위해 오랜 기간 투쟁을 하며 성장했던 것이다. 고구려의 주

위도 고조선이 붕괴된 후 하나로 통일되어 있지는 않았지만 넓은 사회였다. 이러한 주변을 통합하는 더 오랜 기간을 필요로 했던 것이다. 여기서 혼동하지 말아야 할 것은 고구려나 백제, 신라가 초기에 작은 세력으로부터 출발했다고 하여 그 사회 수준이 '마을 사회'와 같은 낮은 수준이었을 것으로 인식해서는 안 된다는 것이다. 그 세력의 크기와 사회 수준은 비례하는 것이 아니다. 고구려나 백제, 신라는 초기에 비록 세력은 작았지만 그 사회 수준은 그 앞의 고조선이나 한韓 등의 사회 수준을 잇고 있었던 것이다.[143]

고조선이 이미 고대 국가 단계에 진입해 있었던 것이 역사적 사실이라면, 한韓과 또 그 한을 이은 삼국이 비록 초기에는 그 세력이 작았다고 해도 미개한 상태가 아니었다고 보는 것은 지극히 타당하다. 말하자면 윤내현은 한국사를 발전사의 계승이란 측면에서 보는 지극히 상식적인 역사관인 것이다. 그러나 식민사학자들은 고조선이 미개한 사회였다는 전제 아래 단절사적으로 바라본다. 한사군처럼 외국의 식민 지배 기간에는 크게 발전했다가 식민 지배가 끝나 삼국 등이 들어서면 다시 미개한 사회가 된다는 것이다. 그러니 과거 한나라의 식민 통치 기간이 한민족에게 축복이었던 것처럼 일제 식민 통치 기간도 축복이 되는 것이다. 바로 이 이야기를 하기 위해 일본인 식민사학자들은 『삼국사기』 초기 기록 불신론'을 주창한 것인데, 외양만

---

143 윤내현, 『고조선연구』, 일지사, 1994, 124~125쪽

한국인인 식민사학자들이 해방 후까지 이를 그대로 추종하고 있는 것이다.

한편 김철준도 『삼국사기』 초기 기록 불신론'을 추종했다. 그는 부족 연맹 내에서 한 부족의 영도권이 확립되어 뒤에 고대 국가 성립의 주체로 등장할 수 있는 기반을 마련한 왕들, 즉 실질적인 삼국의 건국 시조를 고구려는 6대 태조왕, 백제는 8대 고이왕, 신라는 17대 내물왕으로 보았다. 스승인 이병도의 견해를 그대로 추종한 것이다.

이기동도 『삼국사기』 초기 기록 불신론'에 가세하면서 삼국의 초기 역사를 신화 내지는 조작이라고 주장했다. 윤내현의 고조선 연구에 대해 "(북한의) 리지린의 견해와 거의 다를 바 없는 주장이 윤내현 교수에 의해 제기되고 있다."면서 "전반적으로 풍겨지는 논조랄까가 리지린의 그것과 너무도 비슷"하다고 매카시즘 공세를 펼쳤던 이기동은 일제 식민사학에는 행여나 남보다 뒤질세라 열심히 추종했다. 이기동은 『삼국사기』는 혹독한 사료 비판이 따라야 한다면서 삼국의 건국 사화를 신화로 격하하는 것은 물론 이를 시조 탄생에만 국한하지 않고 그 후 3~4백 년 후까지 연장해서 이 기나긴 기간을 신화 내지 반 신화의 시대, 또는 신화와 역사의 과도기라고 보았는데, 이 역시 일본인 식민사학자들의 견해를 추종한 것이다.

경북대 교수였던 문경현도 스에마쓰의 사관을 그대로 받아들여 내물왕 대를 신라의 1차적 국가 성립 시기로 보고, 지증·법흥·진흥왕 대를 2차 성립 시기로 보았다. 또 법흥왕 이전의 영토 확장 기사는 모두 전설적 기사라고 한 스에마쓰의 주장을 더욱 강화해 신라 상고 上古의 영토 확장 기사는 모두 황당하고 모순되어 신빙성이 희박하다고 주장했다. 문경현은 자비왕 대부터의 국경 기록은 대체로 신빙성이 있음을 주장했다고 최재석은 서술했다.

최재석이 이병도, 이홍직, 이기백, 김철준, 이기동, 문경현 같은 식민사학자들의 『삼국사기』 초기 기록 불신론'을 비판한 것은 『삼국사기』와 『일본서기』 및 『고사기』 등에 대한 철저한 문헌 사료를 토대로 한 것으로 정확한 것이었다. 그러나 위 식민사학자들의 『삼국사기』 초기 기록 불신론'은 아무런 문헌 사료적 근거가 없는 '황당한 소설'이었다. 『삼국사기』 초기 기록 불신론'을 추종하는 한국인 식민사학자들의 문제는 여러 가지가 있다.

먼저 조선총독부를 필두로 일본인 식민사학자들이 『삼국사기』 초기 기록 불신론'을 주창한 이유에 대해서 전혀 생각하지 않고 무비판적으로 추종하고 있다는 점이다. 큰 줄기는 물론 작은 부분까지도 일본인 식민사학자들의 견해를 그대로 추종하면서 극히 일부분에서 말장난으로 식민사학자가 아닌 척하고 있다는 점이다.

두 번째로 지적하고 싶은 것은 한국인 식민사학자들은 너무 공부를 하지 않는다는 점이다. 일본인들은 한국을 영구 지배해야 한다는 뚜렷한 목적의식을 가지고 그들 나름대로 '잘못된 애국심'으로 연구에 몰두했다. 그러나 한국인 식민사학자들은 '게으르다'고 표현하는 것이 맞을 정도로 일본인들의 견해를 무비판적으로 추종한 데 지나지 않는다. 식민사학을 열심히 하는 것보다는 게으른 것이 대한민국의 입장에서 오히려 다행이라고 안도해야 할 정도이다.

세 번째로 필자는 『삼국사기』 초기 기록 불신론'의 논리는 둘째 치고 일본인은 물론 한국인 식민사학자들이 『삼국사기』 전체를 다루는 방식 자체가 비역사학적이라는 사실을 여러 번 실감했다.『삼국사기』가 초기 수백 년의 역사를 조작했다면 이미 역사서로 볼 수 없어야 한다. 식민사학자들은『환단고기』에 문명, 근대 등의 단어가 사용되었다는 지엽적 문제를 가지고『환단고기』전체를 위서僞書로 낙인찍었다. 이들 식민사학자들의 논리대로라면 초기 역사 수백 년이 모두 가짜인『삼국사기』는 당연히 위서가 되어야 한다. 그러나 일본인 식민사학자들은『삼국사기』뒷부분에 대해서는 문제 삼지 않았고, 한국인 식민사학자들은 이를 그대로 추종했다.

일본인들에게 필요했던 것은 한반도 남부에 있었다고『일본서기』등에서 주장하는 '임나일본부'를 실제로 만들기 위해『삼국사기』초기 기록을 가짜로 본 것이었다. 한국인 식민사학자들이 남의 머리를 어깨 위에 달고 사는 것이 아니라면 당연히 왜 일본인 학자들이『삼국사기』초기 기록만 가짜로 몰고, 그 다음의 기록들은 사실로 여겼을까를 생각했어야 한다. 그러나 자신들이 도저히 능가할 수 없는 일본인 대학자들이『삼국사기』초기 기록 불신론'을 주창하니 따라가기에 급급했을 뿐 아무도 그 모순점에 대해 생각해보지 않았다. 아니그 모순점을 생각하면 이단으로 낙인찍혀 파문당하므로 스스로 자기검열을 통해 식민사학의 교리를 뇌리 속 깊이, 가슴 속 깊이 외웠다고 해야 맞을 것이다.

그런데 한국인 식민사학자들의『삼국사기』초기 기록 불신론'을 추적하다보면 공통적으로 나오는 이름이 있다. 그것도 극도의 칭송으로 일관되는 인물이 있는데 바로 스에마쓰 야스카즈末松保和다. 한국인 식민사학자들은 일본인 식민사학자들의 연구를 좇아가며 외우고, 앵무새처럼 반복하기에 급급했다. 이들은 특히 스에마쓰의 견해를 입을 모아 칭송하기에 바빴다.

　김철준은 "1945년 이전까지 여러 학자들의 많은 논고가 있었음에도 불구하고 그때 얻은 삼국시대사의 연구 성과라고 할 것을 총평한다면 스에마쓰 박사의 국제정치사 면을 치중한 삼국의 하나인 신라의 정치사적 체계와 미시나 박사의 신화 연구와 화랑 연구 정도이다."라고 『삼국사기』 초기 기록 불신론'을 체계화한 스에마쓰 야스카즈와 미시나 쇼에이三品彰英를 극찬했다. 이기동도 스에마쓰 야스카즈가 이전 쓰다 소키치·이마니시 류·이케우치 히로시 등의 기본 입장을 그대로 계승하면서 이들의 연구를 정치하게 부연, 재해석했다고 예찬했다. 신형식도 스에마쓰를 칭찬하면서 그를 포함해 쓰다 소키치·이케우치 히로시·이마니시 류·미시나 쇼에이 등의 삼국 시대 연구 결과, 즉 삼국 초기 역사가 조작되었다는 『삼국사기』 초기 기록 불신론'을 문헌 위주의 고증학적 연구 방법과 근대사학의 연구방법론에 입각해서 괄목할 만한 업적을 우리에게 남겨주었다고 추켜세웠다. 스에마쓰는 해방 후에도 이들 한국인 식민사학자들의 스승이었던 것이다. 이런 상황에 대해서 최재석 교수는 이렇게 정리했다.

　　즉 이기백은 스에마쓰의 연구(「신라 3대고」)를 발판으로 하여 신라정치사를 고찰했다고 하였으며, 김철준은 스에마쓰의 논저 (「신라 상고세계고」·「신라6부고」·「신라 중고 왕대고」)를 많이 참고하고 또한 극히 크게 영향을 받아 신라 상대의 사회조직을 고찰하였다고 스스로 말하고 있다. 또 변태섭은 "17대 내물왕 이전은 전설이다."라는 주장을 출발점으로 하여 신라의 시조묘·신궁·5묘제를 고찰하였으며, 이기동은 「신라본기」의 초기 기사는 많은 의문점이 있으므로 신라 국가의 전 역사는 내물 왕조의 역사라는 주장을 출발점으로 일련의 신라 사회 연구가 행해졌는데 이러한 주장이 모두 스에마쓰의 주장이다. 한편 이종항도 스에마쓰의 「신라 6부고」가 치밀하고 확고한 논리와 비판의 기초 위에 세워져 그 이상의 결론을 바랄 수 없을 만큼의 정교한 논문으로서 6부연구의 최고봉에 서 있다고 말하고 있다.[144]

이기백·김철준·변태섭·이기동 등 한국 역사학계의 주류라고 할 인물들의 연구가 한결같이 스에마쓰의 연구를 본떴다는 기술이다. 이기백·김철준·변태섭·이기동 등 한국 역사학계의 주류들은 마치 북한 같은 일당 독재 국가에서 수령을 칭송하듯이 스에마쓰를 칭송해 마지 않았다.

그러나 이들의 추종과 칭송은 한결같이 1차 사료에 의한 비판적 검토 끝에 나온 것이 아니라 그저 자신이 감히 넘볼 수 없는 위대한 학자이므로 무조건 따른다는 식이다. 최재석은 「말송보화(末松保和:스에마쓰 야스카즈)의 신라상고사론 비판」에서 장장 71쪽에 걸쳐서 스에마쓰의 주장이 아무런 문헌 사료적 근거 없이, 문헌 사료를 자의적으로 왜곡한 것에 불과하다고 비판했다. 실제로 『삼국사기』 초기 기록 불

---

144 최재석, 「말송보화(末松保和)의 신라상고사론 비판」, 『한국고대사회사 방법론』, 일지사, 1987, 119쪽

'신론'에 기반한 스에마쓰의 연구는 『삼국사기』 초기 기록이 조작되었다는 조선총독부의 관점을 그대로 추종한 것에 불과할 뿐 『삼국사기』 초기 기록이 어떤 근거로 조작이라고 보는지 전혀 제시하지 못했다. 그래서 필자는 이병도를 비롯해서 이기백·김철준·이홍직·이기동 등을 자기 어깨 위에 남의 머리를 얹고 사는, 또는 살았던 사람들이라고 보고 있는 것이다. 필자는 이들을 스에마쓰를 비롯한 일본인 식민사학자들의 '학생'이라고 부를 수는 있어도 '학자'라고 부를 수는 없다고 생각한다.

그런데 조선총독부 시절도 아니고 해방 후에, 아무리 친일파가 다시 득세했다고 해도 어떻게 많은 학생들이 선망하는 서울대 교수들이 이토록 스에마쓰를 신봉할 수 있는지 이해할 수 없었다. 그러다가 원로 사학자 김용섭의 자서전 『역사의 오솔길을 가면서』(2011)를 읽고 그 이유를 비로소 깨달았다.

> 다른 한번은, 분명치는 않으나, 민족주의 역사학인가, 실증주의 역사학인가에 관하여 검토하는 시간이었던 것 같은데, 교학부장 고윤석 교수도 포함된 네댓 명의 중년·노년의 교수가 내방하였다. 노크를 하기에 문을 열었더니, 김원룡 교수께서 말씀하시기를, "일제 때 경성제대에서 내가 배운 스에마쓰[末松保和] 선생님인데, 김 선생 강의를 참관코자 하시기에 모시고 왔어요. 김 선생, 되겠지?" 하는 것이었다.[145]

---

145 김용섭, 『역사의 오솔길을 가면서』, 지식산업사, 2011, 768쪽

해방 후에도 스에마쓰가 서울대 국사학과를 마음대로 오가면서 제자들을 가르쳤다는 증언이다. 스에마쓰는 도쿄제국대학 국사학과, 즉 일본사학과를 졸업하고 조선총독부 조선사편수회의 수사관修史官을 역임했던 인물이다. 스에마쓰는 조선사편수회에서 『조선사』를 편찬할 때 핵심 역할을 맡다가 1933년부터 경성제국대학, 일부 몰지각한 졸업생들이 서울대의 전신이라고 연결하는 경성제국대학에서 교수를 역임했다. 일제가 패망할 때까지 경성제국대학에 근무하다가 해방 후, 즉 일제 입장에서 패전 후에는 일본 귀족들이 다니는 가쿠슈엔學習院의 교수가 되었다. 스에마쓰가 도쿄대에서 박사 학위를 받은 논문이 우습게도 「신라사 연구(新羅史の硏究)」였다.

필자 같이 서울대가 경성제국대학의 후신이 아니라고 믿고 싶어 하는 사람들은 좀 다르지만 서울대를 경성제국대학의 후신이라고 굳게 믿는 사람들은 도쿄대에 일종의 콤플렉스를 갖고 있다. 그러니 도쿄대에서 박사 학위를 받은 논문이 「신라사 연구」니 무조건 따라야 한다고 추종하는 풍토가 조성된 것이다.

더욱 놀라운 것은 김용섭의 회고처럼 먼 거리에 있으면서 논문이나 주고받으면서 추종한 것이 아니라 조선사편수회의 핵심 인물인 스에마쓰가 직접 서울대를 방문해 한국인 교수들을 가르쳤다는 것이다. 이러니 서울대가 경성제국대학의 후신이란 비판을 받아도 할 말이 없다. 필자는 이것이 국사학과를 비롯해서 몇몇 과만의 문제라고 보고 싶다. 또한 이 문제가 공개적으로 제기된 만큼 서울대측은 이 문제에 대해서 특단의 대책을 마련해야 한다고 본다. 그동안 식민사학자로 비판받은 인물들은 거의 예외없이 서울대 국사학과를 거쳐갔다. 물론 조선사편수회의 신석호가 근무했던 고려대나 성균관대도 핵심이 아니라는 것뿐이지 동북아역사재단의 전신인 고구려연구재단의 김정배의 행태나 고려대, 성균관대 교수들 중에서 일제 식민사관을 직접 비판하는 사람들이 없다는 점에서 일종의 침묵의 카르텔이 형성되어 있다는 사실은 이미 알 만한 사람들은 알고 있는 내용이다. 고려대 국사학과 교수 중에서 누구 하나 같은 대학 사회학과 최재석 교수를 지지했던 인물이 없다는 점에서도 이는 명백하다.

더 많은 실례를 들 수 있지만 이만 생략하고 요컨대 서울대는 이병도를 보호하기 위해서, 고려대나 성균관대는 신석호를 보호하기 위해서 서로 식민사학을 직접 비판하지 않는 침묵의 카르텔이 형성되어 있다는 것이다. 위당 정인보 선생을 버리고 백낙준을 선택한 연세대도 상황은 크게 나을 것이 없다. 그러나 이 땅에서 식민사학을 뿌리 뽑기 위해 가장 큰 책임을 져야 하는 대학, 즉 해방 후에도 이 땅이 식민사학의 아성이 되게 만든 데 가장 큰 책임을 져야 하는 대학은 서울대다.

서울대는 국민 세금으로 유지되고 운영된다는 점에서 다른 대학교보다 배는 애국적 역사를 해야 할 텐데 상황은 거꾸로 매국적 역사학의 온상이 되어 있는 것이다. 이제 이 문제를 더 이상 방치할 수 없을 정도로 국민적 분노가 커져가고 있다. 서울대가 더 이상 식민사학의 온상이자 숙주라는 비판에서 벗어나기 위한 특단의 조치를 취해주기 바란다. 스스로 하지 못한다면 외부의 강제에 의해서 식민사학 체제를 해체해야 한다는 주장이 거세질 것이다.

최재석은 2011년 『역경의 행운』이란 자서전을 냈다. 이 책에서 그는 체계적으로 『삼국사기』 초기 기록 불신론'을 비판한 지 25년이 지났지만 아무런 반응을 보이지 않는다고 비판했다. 그러면서 이미 세상을 떠난 이병도·이기백·김철준 대신 살아 있는 이기동이 7가지 질문에 공개적으로 답변하라고 요구했다. 덧붙여 최재석은 자신의 『고대한·일 관계와 일본서기』에 대해(2001년 5월 2일자 「동아일보」 기사) 노태돈이 "최 교수의 주장에는 인정하기 어려운 부분이 많다. 다만 학계의 원로이기 때문에 직접적 비판은 피하고 싶다."고 했으나, 자신의 글을 본다면 정식으로, 직접적으로 비판해 달라고 했다. 최재석 교수는 자신의 자서전에서 한국 식민사학계에 이런 질문을 던지고 있다.

> 백수십 년 전부터 일본 고대사 학자 거의 전부가 달라붙어 고대 한국을 일본의 식민지였다고 주장하고 있는데, 여기에 대해 시종 입을 다물고 침묵을 지키고 있는 이유도 설명해달라. 고대사 학자라면 여기에 대해 한 마디 정도의 논평은 있어야 하는 것 아닌가?[146]

거꾸로 가는 『한일역사공동연구보고서』

이덕일의 『한국사, 그들이 숨긴 진실』은 일제 식민사학의 후예들이 해방 후 어떻게 한국 사학계를 장악했고, 그들의 논리는 무엇이며,

---

146 최재석, 『역경의 행운』, 다므기, 2011, 251쪽

그들이 숨기고 싶어 하는 것은 무엇인지를 구체적으로 지적해 큰 충격을 주었다. 그중에서도 '한일역사공동연구위원회'의 실체를 비판한 것은 충격 중의 충격이었다. 일본의 역사 교과서가 문제가 되자 두 나라 역사의 공통성 확장을 위해 한·일 두 나라 정상의 합의로 2002년 발족하여 2005년까지 3년간 활동했던 단체가 '한일역사공동연구위원회'인데, 식민사학 추종 '한일역사학자공동위원회'라고 해도 과언이 아닐 정도의 내용이 담겨 있었기 때문이다. 3년 동안 도쿄를 숱하게 오가며 나랏돈을 펑펑 쓰면서 내놓은 결과물은 『삼국사기』 초기 기록 불신론' 그대로였기 때문이다.

> 고구려의 건국에 대하여[147]
> 고구려는 3세기 후반 서천왕 때에 이르러 각 지역에 온존하던 고유명부固有名部를 일소함으로써 연방제적인 초기 고대 국가를 벗어나 왕과 중앙 귀족에 의한 중앙집권적 통치 체제를 완비하였다.[148]

한일역사공동연구위원회의 연구 결과는 그야말로 충격적이다. 이들의 논리는 고구려는 시조 추모왕은 물론 6대 태조왕도 아니고, 제13대 서천왕(270~292) 때 사실상 건국되었다고 기술해 종래 이병도가 세운 식민사학의 정설이었던 태조대왕(53~146) 때보다도 150년 이상 후

---

147 소제목은 필자가 붙인 것임.
148 한일역사공동연구위원회, 『한일역사공동연구보고서』 제1권, 2005, 58쪽

퇴시켰다. 『한일역사공동연구보고서』는 더 나아가서 고구려가 고대 국가 체제를 완성한 것은 17대 소수림왕(371~384) 때라고 주장했다. '한일역사공동연구위원회'라고 해서 한국인과 일본인 두 학자가 공동으로 집필한 것이 아니다. 서울대 출신의 홍익대 역사교육과 교수 김태식이 쓴 것이다. 김태식은 서울대에서 「가야제국연맹의 성립과 변천」으로 박사 학위를 받았으며, 1994년 두계 학술상, 즉 두계 이병도 학술상을 수상한 사람이다. 식민사학의 정통 계보를 이어받았으니 식민사학다운 주장을 하는 것이다. 그러나 김태식이 썼다고 해서 자신만의 견해를 쓴 것이 아니다. 노태돈·여호규·임기환 등의 주장을 짜깁기해 만든 누더기 보고서인 것이다.

고구려는 졸지에 4세기 후반에야 고대 국가 체제를 완성한 나라로 전락했다. 식민사학자들은 그동안 고구려가 미천왕 때인 313년 대동강 유역에 있던 막강한(?) 낙랑군을 무너뜨렸다고 주장해왔다. 그 막강한 한나라 군현을 무너뜨렸을 때도 고구려는 국가 체제를 완성하지 못했다는 것이다. 노태돈과 여호규 등은 삼국의 왕권이 미약해서 고대 국가를 형성하지 못하고 부部 체제나 나那 체제로 유지되었다는 황당한 주장을 내놓았는데, 그렇다면 고구려의 낙랑군 정벌은 어느 부部에서 수행했는가? 낙랑군을 무너뜨릴 때도 고대 국가 체제를 완성하지 못했는데, 당나라와 싸워 이길 때인들 고대 국가 체제를 완성했겠는가? 왕명에서 벗어난 부部가 나가서 싸워 이겼겠지!

다음 백제의 건국에 대해서 『한일역사공동연구보고서』는 무엇이라고 주장했는지 살펴보자.

백제의 건국에 대하여

한강 유역 백제의 정세는 어떠하였을까? 『삼국사기』 「백제본기」에 의하면 고이왕 27년(260)조에 6좌평 및 16관등제 등의 중앙집권적 관료제를 완비했다고 나오나, 이는 후세 백제인들의 고이왕 중시 관념에 의하여 조작된 것이다. 이 시기 백제의 발전 정도는 좀더 낮추어 보아야 할 것이다. 유적 분포를 살펴보면 3세기 후반에 백제의 왕성인 서울 강동구의 몽촌토성과 풍납토성이 축조되었으며, 3세기 전반부터 4세기 전반의 시기에 백제 강역이 충남 이북까지 설정되고 그 지역의 일부 주요 세력들에게 백제의 위세품威勢品이 건네진 것을 알 수 있다. 그렇다면 3세기 후반에 해당하는 고이왕 후기에 백제는 한 군현의 간섭과 마한소국연맹체의 테두리를 벗어나 독자적으로 부 체제部體制를 시행하는 초기 고대 국가로 성장했다고 보는 것이 옳다.[149]

　그나마 이병도가 백제는 고이왕 때 건국되었다고 주장한 것이 틀렸다는 것이다. 식민사학의 교주 이병도의 학설을 부인한 것인데, 더 나아가 『삼국사기』 초기 기록 불신론' 자체를 부인하고 나선 것이면 얼마나 좋았겠는가? 고이왕 때 백제가 건국되었다는 주장이 '후세 백제인들의 고이왕 중시 관념에 의하여 조작된 것'이라니 더 이상 할 말이 없다. 김태식이 고이왕 때 백제가 건국되었다는 것을 부인한 근거는 노태돈이 "고이왕 때 좌평 제도를 정비했다는 『삼국사기』 「백제본

---

149 한일역사공동연구위원회, 『한일역사공동연구보고서』 제1권, 2005, 59쪽

기」의 기록을 믿을 수 없다."고 쓴 것을 그대로 따른 것으로 추정된다. 식민사학자들은 항상 살아 있는 사람들의 논리를 따른다. 죽은 이병도보다는 살아 있는 노태돈이 더 높다. 그러나 일본인들은 예외다. 김태식은 이 보고서에서 12대 계왕까지의 『삼국사기』 「백제본기」는 모두 조작되었다고 서술했다. 여기에 대해서 이덕일은 이렇게 평가했다.

> 12대 계왕(契王:344~346) 이전의 『삼국사기』 「백제본기」는 모두 조작되었다는 주장이다. 그러니 13대 근초고왕부터 실재 인물이 된다. 근초고왕 때 백제가 고대 국가가 되었다는 『한일역사공동연구보고서』는 바로 여기에 뿌리를 두고 서술된 것이다. 어찌 이병도가 아니라 쓰다 소키치가 한국 주류 사학계의 진정한 교주라는 자기 고백이 아니겠는가? 쓰다 소키치의 식민사학은 21세기 대한민국에서 화려하게 부활한 것이다.[150]

다음 신라 건국에 대해서 어떻게 서술하고 있는지 살펴보자.

신라의 건국에 대하여

결국 신라는 4세기 후반 내물이사금 때 고구려의 지원을 받아 초기 고대 국가를 이룩할 단서를 잡았으나 고구려의 간섭 속에 이루지 못하고, 5세기 전반 눌지마립간 때에 와서 단위 정치체인 6

---

150 이덕일, 『한국사, 그들이 숨긴 진실』, 역사의아침, 2009, 227쪽

부를 왕권에 종속적으로 연합하여 초기 고대 국가를 형성하였
다.[151]

이병도가 17대 내물왕(356~402) 때는 신라가 사실상 건국되었다고
서술했으나 『한일역사공동연구보고서』는 내물왕 때 건국된 것이 아니
라 19대 눌지왕(417~458) 때 건국되었다고 후퇴한 것이다. 이덕일은 『한
국사, 그들이 숨긴 진실』에서 이 역시 '식민사학의 교주 쓰다 소키치'의
주장을 그대로 따른 것이라고 분석했다.

> 쓰다 소키치의 말은 18대 실성왕 때의 『삼국사기』「신라본기」 기사
> 에도 허구로 보이는 내용이 있기 때문에 19대 눌지왕(417~458) 때
> 부터야 사실로 볼 수 있다는 뜻이다. "5세기 초반 눌지마립간 때
> 신라가 초기 고대 국가가 되었다."는 『한일역사공동연구보고서』
> 의 내용과 정확히 일치한다. 신라가 5세기에 사실상 건국되었다는
> 황당한 내용이다.[152]

이런 '황당한 내용'이 국민 세금으로 쓰였다. 국민 세금으로 비행
기 타고 일본으로 왔다 갔다 유람이나 하면서 대한민국 역사 죽이기
를 자행한 것이다. 하기야, 매국적 국가 기관 동북아역사재단이 국제
회의를 개최한 장소를 보니 가관이다. 미국이나 유럽은 물론 남미나

---

151 한일역사공동연구위원회, 『한일역사공동연구보고서』 제1권, 2005, 64쪽
152 이덕일, 『한국사, 그들이 숨긴 진실』, 역사의아침, 2009, 237쪽

모로코 등지까지 폭넓게 분포되어 있다. 나라 팔아먹기 국제유람단 인 셈이다.

거꾸로 기술되고 있는 고대 한일 관계

『일본서기』는 자국사에 대한 일본인들의 고민이 응축된 책이다. 720년에 편찬되었는데, 이 시기가 중요한 것은 백제와 고구려가 당나라에 멸망한 지 얼마 안 되는 시점이라는 점이다. 자신들의 종주국인 백제, 우호국인 고구려가 사라진 상황에서 자국 중심으로 쓰였기 때문에 왜곡한 부분이 많다. 『일본서기』는 우리의 삼국 시대에 해당하는 7세기 말까지의 역사를 기록했는데, 한국 관련 기록이 너무 많아서 흡사 한국의 역사서가 아닌가 의문이 들 정도이다. 반면 『삼국사기』의 왜倭 관련 기록은 많은 부분이 왜인의 노략질 기사일 정도로 중요한 내용은 그리 많지 않다. 신라와 왜의 양국 관계에 있어서 일본이 보다 적극적이었음을 말해주는 것인데, 이는 신라와 왜 사이의 선·후진 관계의 반영일 수도 있다. 심지어 이기백 같은 인물도 그렇게 설명하고 있다.

> 한국의 입장에서 본다면 일본은 문화적인 후진국이었고, 따라서 그로부터 받아들여야 할 문화라고는 없었다. …… 이에 대해서 일본의 입장에서 볼 때 한국은 선진국이요, 그 문화는 선진 문화였다. 그러므로 그것은 항상 동경의 대상이 되어 왔다. 토기의 제

작 기술에서부터 그러하였으나, 청동기나 철기의 제작에 이르면 그 욕구는 심각한 것이었다. 도작(稻作 : 벼 재배) 기술의 전파는 경제적인 발전을 일본에 가져왔다. 기마騎馬의 풍습이 전해진 것은 전쟁 수단의 획기적인 변화를 초래케 하였다. 한자나 불교나 유교 같은 것도 한국으로부터 일본이 배워 간 것이며 이것이 일본 문화에 끼친 영향은 여기서 자세한 설명을 할 필요를 느끼지 않게 한다. 당시의 문화의 전파가 어느 정도로 광범하고 깊은 것이었는지는 이러한 몇 가지 구체적인 사실의 나열로써 그칠 수 있는 성질의 것이 아니다. 사회와 문화의 발전에 원동력이 되는 모든 중요한 것들이 전해졌다고 함이 오히려 타당할 것이다.[153]

이기백은 고대 한일 두 나라 사이의 문화가 한국의 절대적인 우세 속에서 전개되었다고 설명하고 있다. 그러면서도 조선총독부에서 고대 일본이 한반도 남부에 임나일본부를 설치하기 위해서 조작한 『삼국사기』 초기 기록 불신론' 또한 사실로 믿고 있다. 한 사람의 머릿속에서 서로 상반된 내용이 상호 충돌없이 공존이 가능한 신기한 구조이다. 어쨌든 이기백이 오랜만에 맞는 말도 했다.

『일본서기』는 양국간의 전쟁과 외교에 관해서도 많은 왜곡을 자행했다. 고구려·신라·백제·탐라 등 한반도의 여러 나라가 일본에 조공했다는 기사가 4~7세기 사이에만 약 170건에 이른다. 같은 기간 신라 국왕이 항복했다는 기사가 3회가 있고, 신라·백제는 물론 고구려

---

153 이기백, '고대 한일 관계의 검토', 「신동아」, 1990년 8월

영역을 공격했다는 기사가 10여 건이 있다. 물론 현실적으로는 존재할 수 없었던 공상의 기록이거나 사실을 거꾸로 기록한 내용들이다. 이기백도 4세기 말~5세기 초의 왜구는 고구려군에 의해서 격멸되었다면서 임나일본부도 그릇된 주장이라고 말했다.

> 다음은 4세기 말에서 5세기 초에 걸치는 시기에 있어서의 왜의 침략인데, 광개토대왕릉비문에는 이것을 왜구倭寇라고 표현하고 있다. 이때의 왜군의 활동은 일시적인 것이었지만, 그것이 백제와 관계가 있음은 위에서 설명한 바와 같다. 그리고 이 왜군은 고구려군에 의해서 격멸되고 말았다. 그럼에도 불구하고 종래 일본 학자들은 『일본서기』의 기록을 그대로 믿어서 임나일본부라고 하는 일본의 식민 통치기구가 낙동강 유역의 가야에 설치되어 있었다고 주장하여 왔다(대표적인 것으로 스에마쓰 야스카즈〔末松保和〕, 『임나흥망사』, 1949). 그러나 이러한 주장은 이미 비판되고 있는 바와 같이 날조된 사료에 근거를 둔 그릇된 주장이다.[154]

이 대목이 중요하다. 이른바 식민사관 생존술의 진수를 보여주고 있기 때문이다. 이기백은 "종래 일본 학자들은 『일본서기』의 기록을 그대로 믿어서 임나일본부라고 하는 일본의 식민 통치 기구가 낙동강 유역의 가야에 설치되어 있었다고 주장하여 왔다."면서 "이러한 주장은 이미 비판되고 있는 바와 같이 날조된 사료에 근거를 둔 그릇된

---

154 앞과 같음

주장이다."라고 비판했다. 임나일본부는 사실이 아니라고 주장하고 있는 것이다. 그러면 임나일본부를 사실로 만들기 위해 조작한 『삼국사기』 초기 기록 불신론'도 같이 폐기해야 한다. 그러나 이기백은 백제는 근초고왕 때에나 건국되었다면서 『삼국사기』 초기 기록 불신론'을 그대로 신봉한다. '임나일본부 존속=『삼국사기』 초기 기록 불신론'인데, 같은 내용을 하나는 믿고 하나는 비판한다. 마치 임나일본부를 진짜로 비판하는 뉘앙스를 풍기는 내용은 「신동아」 같은 대중지에 실어서 자신이 마치 식민사학을 비판하는 민족주의적 역사학자인 것처럼 호도한다. 반면 『삼국사기』 초기 기록 불신론'을 지지하는 내용은 보다 어렵게 마치 학술적인 가치를 담고 있는 것처럼 학술지에 게재하는 것으로 식민사학을 계속 유지하는 것이다.

이병도도 겨우 고이왕 때 백제가 건국되었다고 백제 건국 연대를 조금 끌어올리기는 했지만, 『일본서기』 진구왕후 49년(369) 조의 기록을 토대로 백제 근초고왕 때부터 교통과 친선이 시작되어 다음의 근구수왕·아신왕 때 백제 문화가 홍수처럼 일본으로 건너갔다고 주장했다. 근초고왕 이전의 백제와 일본과의 관계에 대해서는 입을 다물면서 『삼국사기』 초기 기록 불신론에 따라 백제의 고대 국가 형성이 늦었다고 주장한다.

『삼국사기』에는 없는 내용, 즉 고대 일본이 한국을 점령했다는 내용, 삼국이 일본에 조공을 바쳤다는 내용 등이 『일본서기』에만 실려 있다면 정상적인 역사학자들 같으면 두 기록의 진위를 여러 가지 방식으로 분석해볼 것이다. 역사학자는 객관적이어야 하지만 그래도 한국의 역사학자들이니까 웬만하면 『삼국사기』의 내용을 신뢰하는 쪽으로 더 신경이 쓰이는 것은 어쩔 수 없을 것이다. 그러나 한국의 주류 역사학자들은 거꾸로 『삼국사기』는 가짜라는 '『삼국사기』 초기 기록 불신론'에 기반을 두어 『삼국사기』를 불신하고 『일본서기』 내용을 신뢰한다. 외형은 한국인이지만 내면은 일본 극우파들이기 때문이다.

『일본서기』를 비판적으로 보면, 야마토 왜大化倭의 기원이 백제계에 의한 것임을 그리 어렵지 않게 알 수 있게 된다. 앞의 이기백이 「신동아」에 쓴 글이 진정 그의 진심을 담고 있는 것이라면 이 부분까지 천착해야 하는 것은 당연하다. 그러나 그들은 한편으로는 임나일본부가 없었다면서 식민사학을 공격하는 체하다가 다른 한편에서는 '『삼국사기』 초기 기록 불신론'을 주창해 임나일본부를 사실상 존속시키는 것이다. 최재석의 말을 들어보자.

> 『일본서기』는 사실이 크게 윤색되고 개변改變되었지만 그럼에도 불구하고 백제의 대규모 집단 이주민이 야마토 지역에 이주·정착한 사실을 분명히 전해주고 있다. 그러나 일본 사학자들은 『일본서기』에서 윤색되고 개변된 것보다 훨씬 더 집요하게, 그리고 훨씬 더 엄청나게 이 기사를 왜곡 해석하여 백제의 집단 이주민이 대규모로 정착하였다는 사실을 결코 인정하려 하지 않는다. 백제의 집단 이주민에 관한 기사에 대해 언급한 일본 사학자는 거의 한 사람도 예외 없이 그 기사를 왜곡 해석하고 있다.
>
> 예를 들어 쓰다 소키치津田左右吉는 때와 장소에 따라 여러 가지 해석을 한다. 즉 그는 어떤 때는 "그 기사는 『일본서기』의 계보 작성자가 조작한 것이다."라고 주장하고, 또 어떤 때는 "그 이

주민이 중국계 사람들이라는 것을 나타내기 위해 후세에 만든 것이다."라고 주장한다. 그리고 또 어떤 때는 "그 기사는 전혀 근거가 없으며 역사적 사실이 아니다."라고 주장한다.

미시나 쇼에이三品彰英는 백제인의 야마토 왜 이주 기사는 4·5세기의 일본이 한반도를 경영한 결과 한반도에서 '귀화인'이 도래한 것을 나타낸다고 했다가, 오진시대(應神時代:서기 400년대 초)의 하타秦와 아야漢라는 두 씨족의 가문에서 전해온 이야기로 꾸며진 전설의 이야기라고 주장하기도 하였다. 그래도 마음이 놓이지 않았는지 일본이 임나 경영을 추진할 때 그쪽에서 온 기술자라고 주장하고, 또 어떤 때는 백제인의 일본 도래 전설은 『일본서기』 편찬자의 추정에 불과하다고 주장한다.

한편 히라노 구니오平野邦雄는 백제에서의 집단 이주에 관한 기사는 하나의 씨족에 관한 이야기라고 하다가, 진한이 망한 뒤 살아남은 백성이 일본에 온 것에 대한 기사라고 주장한다. 그는 또 『일본서기』의 '백제'라는 용어는 조작된 것이며, 그 이주민(하타:秦)은 한국인이 아니라 중국인인데 인부를 거느리고 '귀화'한 것을 나타낸다고 주장하는가 하면, 진한의 백성이 아니라 옛 낙랑·대방계의 유민(중국인)이라고 하였다. 그러고는 다시 5세기 후반(유랴쿠雄略 시대)에 한 씨족의 조상이 건너온 전설을 400년 경(오진 시대)으로 소급하여 삽입한 데 불과하다고 주장하기도 한다.[155]

---

155 최재석, 『일본고대사의 진실』, 경인문화사, 2010, 278~279쪽

세 일본인 학자가 구구절절한 논리로 '백제의 집단 이주'라는 사실을 감추고, 호도하는 행태를 보면 처량하기까지 하다. 집단 이주한 사람들이 '백제계'가 아니라 '중국계'라면 무엇이 또 달라지는가? 일본인들의 뼛속깊이 새겨져 있는 중화 사대주의의 표출에 다름 아닐 뿐이다.

『일본서기』는 실제 역사와는 달리 고대 일본의 우월성을 강조하기 위해 편찬된 역사서다. 그런데 이런 역사서에도 고대 야마토 왜가 백제계가 건너가서 세운 것이라는 사실을 감출 수가 없었다. 그러자 일본인 식민사학자들은 고민에 빠졌다. 『일본서기』의 기록 자체를 부정해야 하는 상황에 부닥친 것이다. 그래서 이들은 이중의 방법을 채택한다. 『일본서기』의 어떤 구절은 맞지만 어떤 구절은 틀리다는 취사 선택을 감행한 것이다. 이런 방식이 『삼국사기』에도 그대로 행해진 것이 이른바 '『삼국사기』 초기 기록 불신론'이다.

『일본서기』에는 6세기 초 백제에서 관리 등을 파견해 야마토 왜를 경영했다는 기사가 4회 있는데, 이 부분도 일본인 학자들에게는 뼈아픈 대목이었다. 최재석은 이에 대해 이렇게 지적했다.

> 일본 사학자들은 백제가 관리를 파견하여 야마토 왜를 경영하였다는 이 기사도 거의 필사적으로 왜곡하고 있다. 이 기사를 왜곡 해석한 대표적인 학자로는 히라노 구니오平野邦雄를 들 수 있다. 그는 백제 왕이 파견한 야마토 왜 경영팀에서 관리만이 백제인이고…… 즉, 히라노는 백제가 파견한 야마토 왜 경영팀의 사람들을 어떤 때는 중국인이라고 말하고, 또 어떤 때는 백제인이라고

말하는 것이다. 그는 또 백제가 야마토 왜를 경영한 것이 아니라 중국(양[梁]) 문화를 제공한 것에 불과하며, 하위 기관 사람이 상위 기관에 파견되어 근무하는 '상번[上番]' 근무였다고 왜곡한다…… 조메이[舒明] 왕을 위시하여 야마토 왜 왕의 국적이 백제인이라는 것이 『일본서기』의 여러 곳에 암시되어 있지만, 이 기사에 대해서도 일본 사학자들은 결코 언급을 하지 않고 있다.[156]

정직한 눈, 기초적 양식을 가진 학자의 눈으로 『삼국사기』와 『일본서기』를 바라본다면 진실을 볼 수 있을 것이다. 『삼국사기』는 김부식을 비롯한 편찬자들이 그때까지 남아 있던 사료를 가지고 편찬한 실증적 사료일 뿐이다. 반면 『일본서기』는 편찬 당시부터 많은 윤색과 왜곡이 행해졌지만 그럼에도 불구하고 조금만 자세히 들여다보면 삼국, 특히 백제가 우위에 있었다는 사실을 쉽게 알 수 있다.

사정이 이러한데도 한국인 사학자들이 『삼국사기』를 버리고 『일본서기』를 취택해 '삼국사기』 초기 기록 불신론' 따위를 신봉하고 있는 것은 불가사의한 일이다. 이제 우리 사회는 해방 후 70여 년의 경험을 통해 외양은 한국인이되 내면은 일본 극우파인 이들이 스스로 자신들의 학설을 바꾸지는 않을 것이란 사실을 잘 알고 있다. 이들은 더 이상 이성적인 설득의 대상이 아니라 강제 퇴출 대상이다. 최소한 대한민국 국민들의 세금으로 식민사학을 연장시켜 주는 일은 하지 말아야 할 것이다.

---

156 최재석, 『일본고대사의 진실』, 경인문화사, 2010, 282쪽

2 삼국사의 무대,
대륙

고조선의 적통이라 생각한 고구려

역사는 연속적인 과정으로 인식해야 한다. 고조선에서 열국으로 이어지고 다시 이합집산을 거쳐 삼국 역사로 이어지는 것이다. 앞에서 고조선의 강역이 보하이 만을 중심으로 한때는 산둥·허베이·랴오닝·한반도에 걸친 대국이었음을 살펴보았다. 고조선 서부 변경의 위만조선이 내분으로 무너진 후 그 강역 일부에 낙랑, 현도 등의 한 군현이 설치되었다고는 하지만 극히 작은 지역에 불과했고, 고조선의 옛 강역 대부분은 동이계의 열국이 그대로 차지하고 있었다.

『삼국사기』의 초기 기록을 살펴보면 한반도 내에서 벌어진 것으로 해석하기에는 무리인 구절들이 적지 않게 눈에 띈다. 『삼국사기』와 중국 고대 사료를 통해서 이 부분을 살펴보는 것이 필요한 때가 되었다. 언제까지 식민사학자들에게 발목이 잡혀 수준 낮은 공방만 계속하고 있을 것인가?

고구려를 건국한 추모대왕의 이름은 '주몽'이라고도 하는데, 『삼국사기』는 부여말로 '활 잘 쏘는 사람'이란 뜻이라고 설명하고 있다. 추모왕의 출신지에 대해 북부여라는 설과 동부여라는 설이 혼재하고 있다. 『삼국사기』는 (북)부여에서 동부여로 이주한 후 주몽이 알에서 태어난 것으로 설명하고 있다. 그러나 고구려인들이 세운 「광개토태왕릉비」는 추모왕의 출자를 '북부여北夫餘'라고 설명하고 있고, 역시 고구려인들이 새긴 「모두루묘지명牟頭婁墓誌銘」도 북부여에서 나왔다고 말하고 있으니 북부여 출신이 맞을 것이다. 『삼국사기』「고구려본기」의 '시조 동명성왕' 조는 주몽이 남하한 후 나라를 건국하는 과정을 이렇게 설명하고 있다.

> 마침내 (세 사람의) 그 능력에 따라 각자 일을 맡기고 그들과 함께 졸본천卒本川에 이르렀다[『위서』에서는 '흘승골성紇升骨城에 이르렀다'고 하였다]. 그 토양이 기름지고 아름다우며, 산과 물이 험고險固한 것을 보고 도읍하려고 했으나 궁실을 지을 겨를이 없어 단지 비류수沸流水 위에 초막을 짓고 거주했는데, 나라 이름을 고구려高句麗라고 했다.[157]

추모왕이 고구려를 처음 세운 졸본천이 어디일까? 이때 추모왕이

157 『삼국사기』「고구려본기」'시조 동명성왕'

세운 고구려 도읍에 대해 현재 중국 랴오닝성遼寧省 환런현(환인현桓仁縣) 북부의 우뉘산성(오녀산성五女山城)으로 비정하는 것이 대세이다. 물론 이것도 확실한 근거에 의한 것이 아니므로 실제 어디인가를 알기 위해서는 먼저 추모왕의 출신지인 북부여의 위치를 확인할 필요가 있다.

> 무릇 연나라는 발해와 갈석碣石 사이의 사람이 많이 사는 곳이다. …… 북쪽으로는 오환烏桓·부여夫餘와 이웃하고, 동쪽은 예맥·조선·진번과의 이익을 관장했다.[158]

『사기』「화식열전」은 연나라 북쪽에 부여가 있다고 기록하고 있는데, 이때는 『사기』가 편찬된 한 무제(서기전 141~서기전 87) 이전의 부여를 뜻한다. 『삼국유사』「기이紀異」 '북부여' 조에 따르면 북부여는 서기전 59년에 건국되었다고 했다. 동부여는 그 후에 건국되었으니 서기전 87년 이전의 상황을 말하는 『사기』「화식열전」의 부여는 북부여를 뜻한다. 『사기』「화식열전」에서 말하는 북부여의 위치는 베이징 부근에 있던 연나라 북쪽이었다.

북부여의 위치에 대해 윤내현은 지금의 롼허 상류 지역인 허베이성 동북단과 내몽골 자치주의 경계 지역으로 보았는데 필자 역시 이 주장이 타당하다고 생각한다. 북부여에서 남하한 추모대왕이 이른 졸본천은 대략 허베이성 북부일 가능성이 높은데, 그곳은 앞에서 필자가 고조선과 중국의 경계라고 보았던 패수, 즉 지금의 차오바이허

---

158 『사기』, 「화식열전」

(조백하)가 흐르던 지역이다. 그 지역은 추모왕의 건국 당시에도 여전히 중국과의 경계 지역이었는데, 중국의 턱 밑에 고구려를 세운 것은 한漢나라에 빼앗긴 현도·요동 등 고조선의 옛 땅을 찾으려는 의도였다.

『삼국유사』「왕력王曆」 편은 추모왕에 대해 "성은 고高, 이름은 주몽朱蒙인데 추모라고도 한다. 단군의 아들이다."라고 설명하고 있다. 일연이 『삼국유사』를 편찬할 때까지 남아 있던 사료에는 고구려 시조 추모왕을 단군의 아들이라고 기록하고 있었다는 뜻이다. 그런데 「광개토태왕릉비」는 추모왕이 북부여에서 나왔는데, 천제의 아들天帝之子이고 어머니는 하백河伯의 딸이라고 기록하고 있다. 또한 『삼국사기』에서 고토를 회복한다는 뜻의 '다물多勿'이란 용어가 나오는 것은 고구려 건국 2년째인 서기전 36년이다. 건국한 지 불과 2년 된 나라가 고토 회복을 말한다는 것은 결국 아버지의 고토, 즉 단군조선의 고토 회복을 의미하는 것이다.

추모대왕이 내려온 비류수沸流水는 어디일까? '비沸' 자는 끓는다는 뜻인데, 『삼국사기』「대무신왕」 4년(21) 조에는 대무신왕이 부여를 정벌하러 가는 와중에 비류수 위에서 솥을 얻었는데 "불을 기다리지 않고도 스스로 열이 나서 밥을 지어서 군대에게 먹였다."는 내용이 있다. 신비한 솥에 대한 이야기지만 끓는 물에 대한 이야기일 수도 있는데, 지금 롼허(난하灤河) 유역에 러허(열하熱河)라는 지명이 남아 있다. 허베이성 청더(승덕承德)시가 옛날에는 열하로 불렸는데 원래 몽골어 합륜고노哈倫告魯란 지명으로, 그 뜻이 열하(熱河·끓는 강)라는 것이다. 연암 박지원의 『열하일기』가 청더시에 있던 청나라 황제들의 여름 별장을 찾아간 것이었다.

밥솥이 불을 기다리지 않고도 끓었다는 비류수를 허베이성 북쪽을 흐르는 열하로 비정하는 것이 무리는 아닐 것이다. 그러면 비류수가 열하, 즉 지금의 롼허(난하)라면 비류수 가의 졸본의 위치는 어디인지를 찾아보자. 『삼국유사』「기이紀異」 '고구려' 조는 "고구려는 곧 졸본부여"라면서 "졸본주는 요동 경계에 있다卒本州在遼東界."라고 설명하고 있다. 또한 『삼국유사』의 같은 기사에는 "졸본주까지 와서 드디어 여기에 도읍을 정했다."라면서 "현도군의 경계이다玄菟郡之界."라는 설명을 덧붙이고 있다. 『삼국유사』는 고구려가 도읍을 정한 졸본주가 요동군의 경계이자 현도군의 경계라고 말하고 있다. 이때의 요동은 물론 고대의 요동을 말하는 것인데, 필자는 앞에서 『수경水經』을 검토하면서 현도군은 소요수[지금의 차오허(조하潮河)]가 발원하는 요산이 있는 지역이라고 비정했다. 또 요동군은 현도군의 서쪽과 남쪽에 인접해 있었으므로 졸본은 두 군의 북쪽과 그 동쪽, 즉 차오허(조하)와 롼허(난하)의 상류 지역에 있었다고 추정할 수 있다.

『삼국사기』「지리지」 '고구려' 조는 "졸본卒本은 대개 한漢나라 현도군玄菟郡의 경계이고, 대요국大遼國 동경東京의 서쪽인데, 『한지漢志』에 이른바 현도玄菟의 속현 고구려高句麗가 이것일 것이다."라고 설명하고 있다. 요나라 오경五京의 하나인 동경東京에 대해 현재 랴오닝성 랴오양시遼陽市로 비정하고 있다. 오늘날 이 랴오양시(요양시)를 기준으로 동쪽은 랴오둥(요동), 서쪽은 랴오시(요서)로 분류하는데, 식민사학계에서는 고구려는 시종 현재의 랴오허(요하)를 건너지 못했다고 설명하고 있다. 그러나 『삼국사기』「지리지」 '고구려' 조는 고구려의 건국지 졸본이 현재의 랴오허(요하) 서쪽이라고 말하고 있는 것이다. 『삼국사기』는 때로는 중화 사대주의 사관이 들어온 후에 왜곡된 내용을 담고 있기도 하지만 때로는 이처럼 당대에 남아 있던 1차 사료를 그대로 기재해 감춰진 역사의 진실을 찾게 도와주는 경우가 많다. 식민사학계처럼 사료 비판을 생략하고 조선총독부나 선배 학자들이 내려준 학설을 맹종하지만 않는다면 많은 역사의 진실을 찾을 수 있다.

『삼국사기』「지리지」는 식민사학에서 졸본을 압록강 북쪽으로 비정한 것이 잘못임을 말해주고 있다. 졸본은 최소한 현재의 랴오양시 서쪽에서 찾아야 하는 것이다. 『삼국사기』「지리지」는 또한 "고구려는 처음에 중국 북부 지역에 있다가 점차 동쪽 패수浿水 근처로 옮겼다(高句麗始居中國北地則漸東遷于浿水之側)."라고 설명하고 있다. 이 역시 『삼국사기』를 편찬할 당시 참고한 사료에는 고구려의 첫 건국지가 중국 북부라고 명기되어 있었음을 말해주는 것이다.

이때의 패수에 대해서는 옛 기록을 그대로 적은 것일 수도 있고, 패수를 대동강으로 보고 있는 『삼국사기』 편찬자의 견해를 적은 것으로도 볼 수 있다. 『삼국사기』「지리지」의 위 구절에서 주목해야 할 대목은 "점차 동쪽으로 옮겼다漸東遷."는 구절이다. 식민사학의 주장대로 압록강 북쪽 환런에서 개국해서 대동강 유역의 평양으로 이동한 것이라면 "점차 남쪽으로 옮겼다."라고 썼을 것이기 때문이다.

열 개의 성을 쌓은 요서는 어디?

고구려 건국지가 지금의 압록강 북쪽이 아님을 보여주는 대표적 사례를 『삼국사기』에서 찾아보자.

> (모본왕) 2년(49) 봄, 왕이 장수를 보내 한漢의 (우)북평北平·어양漁陽·
> 상곡上谷·태원太原을 습격했는데, 요동태수 채동蔡彤이 은의와 신의
> 로 우리에게 대하므로 다시 화친했다.[159]

서기 49년 고구려 모본왕이 후한의 우북평·어양·상곡·태원 등지
를 습격했다는 내용이다. 우북평·어양·상곡 지역은 베이징 부근을 흐
르는 차오바이허(조백하) 아래 요서군의 서남쪽에 있는 지역들로서 고
조선이 전국 시대 때 연나라에게 빼앗긴 땅이다. 한편 태원군은 지금
의 산시성 타이위안시(태원시太原市)로 베이징 서남쪽 내륙 깊숙한 곳에
있는 지역으로서 황허와 가깝다. 이 침공로는 당시 고구려가 압록강
부근에 있지 않았음을 말해주는 증거이다. 고구려가 압록강 부근에
있었다면 이 지역까지 수천 리를 가야 한다. 설혹 갈 수 있었다고 할
지라도 무엇을 얻으려고 이 길고 긴 길을 갔을지를 설명하기 어렵다.
따라서 고구려가 이 지역을 공략한 것은 이 지역들이 초기 고구려 건
국지에서 그리 멀지 않은 지역임을 말해주는 것이다.

그런데 이병도는 이 기록에 대해 그다운 기발한 주석을 달았다.

> 실제 이때 고구려의 세력은 능히 그렇게 멀리 중국 방면까지 침략
> 의 발길을 내키었을까가 무엇보다 문제이다. 그러므로 위의 사실

---

159 『삼국사기』 「고구려본기」 모본왕 2년

은 고구려에 관한 것이 아니라고 봄이 타당할 것 같다.[160]

이병도는 『삼국사기』 초기 기록 불신론'에 따라서 태조왕(53~146) 때에야 고구려가 건국했다고 주장했는데, 그 이전에 벌써 후한 내부 깊숙한 곳까지 공격하는 기사가 남아 있으니 당황한 것이다. 아니 당황할 것은 없다. 자신의 머릿속에 심어놓은 고정관념과 다른 사료가 나오면 그 사료 자체를 틀린 것으로 몰면 그만인 것이 식민사학의 행태이기 때문이다. 그래서 식민사학의 행태대로 "위의 사실은 고구려에 관한 것이 아니라고 봄이 타당할 것 같다."라고 사료를 부인했다.

식민사학자들의 머릿속에 이때 고구려는 존재하지도 않았고, 존재했다고 치더라도 왕권이 확립되지 않아서 부部 체제 아니면 나那 체제에 지나지 않는 미개한 사회인데 어떻게 강대한 후한을 공격할 수 있다는 말인가? 그러나 이 기사는 분명 "2년 봄에 장수를 보내 한을 습격했다(二年遣將襲漢……)."라고 말하고 있다. 장수를 누가 보냈는가? 모본왕이 아니라 부部나 나那에서 자체적으로 보냈는가? 자기 한 몸 건사하기도 바쁜 부部나 나那가 무슨 목적으로 후한까지 군사를 보냈겠는가?

이병도의 문제는 이 기사가 『삼국사기』에만 실려 있는 것이 아니라 『후한서』에도 실려 있는 것을 일부러 무시했기 때문이다.

(건무) 25년 봄 정월, 요동 요외徼外의 맥인貊人이 우북평右北平·어양·

---

160 이병도 역주, 『국역 삼국사기 상(上)』, 을유문화사, 1980, 355쪽

상곡·태원을 노략질하자 요동태수 제융祭肜이 불러다 항복시켰다.[161]

광무제 건무 25년은 서기 49년으로서 모본왕 2년과 일치한다. 중국이 이때 고구려라는 국명 대신 맥인貊人이라는 표현을 썼다는 사실은 주목할 만하다. 『사기』 등에서 조선이란 표현 대신에 숙신肅慎 등으로 표현한 것과 일맥상통하기 때문이다. 즉 중국인들이 자신들과 적대적인 이민족을 기록하는 방법 중의 하나란 뜻이다.

그런데 이병도는 『삼국사기』 기록을 부인했으면 『후한서』도 조작되었다고 나왔어야 하는데, 『후한서』에 대해서는 그렇게 하지 못했다. 『후한서』가 조작되었다고 말하면 국제학계에서 '미친 놈' 소리를 들으면서 강제 퇴출될 것이기 때문이다. 『삼국사기』는 얼마든지 조작되었다고 목소리 높여도 되지만, 아니 오히려 조작되었다고 목소리 높여야 한국에서 주류 사학자 대접을 받지만, 『후한서』는 그렇게 하지 못하는 데서도 식민사학자들의 비겁한 매국 행태를 알 수 있다.

고구려가 건국 초에 압록강 유역보다 멀리 서쪽에 있었던 기사는 태조대왕 때도 보인다.

> (태조대왕) 3년 봄 2월, 요서遼西에 열 개의 성을 쌓아 한漢나라 군사에 대비했다.[162]

---

161 『후한서』 「광무제본기」 건무 25년
162 『삼국사기』 「고구려본기」 태조대왕 3년

태조대왕 3년은 서기 55년으로서 모본왕이 공격한 지 6년 후에 벌어진 사건이다. 여기에서 말하는 요서는 지금의 랴오허(요허)를 기준으로 한 요서가 아니라 훨씬 서쪽이지만, 지금의 랴오허(요허)를 기준으로 삼더라도 고구려가 지금의 랴오허(요허)를 건너지 못했다는 식민사학의 주장을 분쇄하는 내용이다. 자신들의 머릿속 고정관념과 맞지 않는 내용이 나오면 사료 자체를 부인하고 나오는 버릇이 또 나왔다.

> 여기 '요서'는 의문이다. 이를 글자 그대로 한의 요서라면 이때 한의 군현이 엄연히 존재하는 요동 지방을 지나 이곳에 10성을 쌓았다는 것이 되니 믿기 어렵다. 이는 필경 전성시대의 일을 잘못 이곳에 실은 것이 아니면 지명의 오기일 것이다.[163]

이병도의 『삼국사기』 주석들을 보면 절로 웃음이 나오는 대목이 한둘이 아니다. 그런데도 아직도 이것이 『삼국사기』 대표 주석으로 대접받는다. 식민사학자들이여! 공부 좀 하라. 필자 같은 사람도 긴장해서 공부 좀 하게.

이병도는 "믿기 어렵다."면서 "전성시대의 일을 잘못 이곳에 실은 것"이라고 제멋대로 해석했다. 이병도는 앞의 역사를 쓰다가 그만 뒤의 역사를 갖다 붙이기도 했던 모양이지만, 그렇다면 그것은 이병도가 역사학자 자격이 없음을 말해주는 사례의 하나일 뿐이다. 전성기

---

163 이병도 역주, 『국역 삼국사기 상(上)』, 을유문화사, 1980, 361쪽

라면 언제를 말하는가? 이병도가 말한 전성기라면 광개토태왕 때가 아니면 이병도 자신이 평양 지역에 있던 낙랑군을 멸망시켰다는 미천왕 때를 말하는 것이 틀림없다. 그러나 이병도는 태조대왕이 서기 55년에 요서 지역에 열 개의 성을 쌓았다는 기사를 보고 놀라서 혼비백산하는 과정에서 큰 실수를 저질렀다. 『삼국사기』에 이 성을 쌓은 목적이 '한나라 군사에 대비備漢兵'하기 위한 것이라고 분명하게 적혀 있기 때문이다. 전한은 물론 후한도 서기 220년 망해버렸으니 미천왕(재위 300~331) 때는 이미 사라진 지 오래기 때문이다.

이병도의 글을 보면 자신이 '역사의 신'이라도 되는 양 대단히 거만한 구절이 많다. 자신은 그렇게 위대한 학자지만 『삼국사기』를 편찬한 학자들은 전후도 구분 못하고 중국 왕조의 흥망도 구분 못하는 저능아라는 말인가? 또 "지명의 오기일 것이다."라는 말은 무슨 뜻인가? 이병도 자신은 글을 쓸 때 지명을 잘못 적는 일이 다반사였다는 말인가? 하긴 이병도가 위치 비정한 것을 보면 제멋대로 여기저기 갖다 붙이기 일쑤이니까 『삼국사기』 편찬자들도 그랬을 것으로 지레짐작한 것인가?

정리하면 고구려의 건국지는 압록강 부근이 아니라 지금의 허베이성 롼허(난하)와 차오허(조하)의 상류 지역이라고 추정할 수 있다. 후한 바로 근처에 건국한 고구려는 자주 후한을 공략했고 옛 요서 지역에 성을 쌓아 경영했다. 단군을 계승한 고구려는 대륙 국가였던 것이다.

요서에서 일어난 백제

백제의 첫 건국지는 어디였을까? 먼저 『삼국사기』 「백제본기」 '온조왕' 조에 "일설에 말하기를—云"이라고 말한 부분을 보자.

> (비류가 동생 온조에게 말하기를) "…… 대왕께서 세상에서 살기 싫어하시자 나라가 유류孺留에게 속하게 되었다. …… 차라리 어머님을 모시고 남쪽으로 가서 살 곳을 선택해서 따로 도읍을 세우는 것이 좋겠다."라고 하고, 드디어 동생과 함께 무리를 거느리고 패수浿水·대수帶水 두 강을 건너 미추홀에 가서 살았다고 한다.[164]

한편 이병도는 백제 건국과 관련해서 다음과 같이 말했다.

> 비류는 해빈海濱 지방인 미추를 근거지로 하여 유이流移 부락을 건설하고 온조는 한강 유역인 위례를 중심으로 하여 유이 부중部衆을 통솔하였던 것이며, 또 그들의 남래南來의 경로가 금일의 황·평(黃·平:황해도·평안도) 양도兩道의 길을 취하였던 것은 저 비류 전설 중에 패·대(浿·帶:패수·대수) 이수二水를 건넜다는 이야기로써도 물론 알 수 있지만 그들의 근거지가 이와 같이 서해안 지대에 병재(並在:함께 존재)했던 사실로도 짐작된다(단 주의할 것은 여기 패·대 이수는 낙랑의 그것이 아니라 백제의 그것을 이름이니, 백제 시대의 패수는 금 예성강, 대수는 금 임진강

---

164 『삼국사기』 「백제본기」 '온조왕' 조의 일운[一云]

이라고 생각된다).[165]

이병도는 비류와 온조 형제가 고구려에서 남쪽으로 올 때 평안도와 황해도를 거쳤기 때문에 그들이 서해안 지대인 미추와 위례에 근거지를 갖게 되었다고 주장했다. 그러나 패수·대수가 보하이 만에 있었다는 사실은 접어두더라도, 이병도 자신의 논리를 따르면 평안·황해도에 있는 낙랑군을 무슨 수로 지나왔다는 말인가? 이병도의 논리는 서로 연결되어 있어서 떼어낼 수 없는 여러 사항들을 자신의 머릿속 구상에 따라 임의대로 붙였다가 임의대로 떼어내서 연결시키기 일쑤이다. 그래서 따로따로 놓고 보면 말이 되는 것 같지만 서로 연결시켜 보면 말이 되지 않는 논리의 파탄이 쉽게 드러난다.

이병도는 늘 평안도 및 황해도를 장악하고 있는 낙랑군을 동방의 알렉산드리아라고 극찬해왔다. 이런 막강한 낙랑군을 이제 갓 나라를 세워야 하는 백제인들이 어떻게 무사통과할 수 있었을까? 패수·대수라는 두 강을 지나왔다니까 할 수 없이 평안도·황해도를 지나온 것으로 말하면서도, 잠시 독자들이 '동방의 알렉산드리아' 낙랑군을 잊어주기를 바랐을 것이다.

식민사학의 논리대로라면 비류·온조는 '동방의 알렉산드리아' 낙랑군을 피해서 함경·강원도 쪽의 동해안 쪽을 택해야 하는데 동해안에는 패수·대수라고 제멋대로 비정할 강조차 없으므로 얼굴에 철판을 깔고 '낙랑'이라는 말을 피해 '평안도·황해도'라고 쓰고, 패수는 예

---

165 이병도, 「삼한문제의 신고찰」, 『한국고대사회사론고』, 한국학술정보, 2012, 111~112쪽

성강, 대수는 임진강이라고 주장한 것이다. 그래도 아무 상관없다는 사실을 이병도는 잘 안다. 자신이 완벽하게 장악한 한국사학계, 곧 식민사학계는 자신이 낙동강을 함경도에 있다고 주장해도 아무도 반박하지 못하고 따르게 되어 있기 때문이다.

그러나 패수·대수 두 강은 또 한 번 이병도의 발목을 잡는다. 이병도는 위만이 건너왔던 패수를 청천강, 대수는 서흥강이라고 우겨왔는데, 지금 비류와 온조가 건너왔던 패수와 대수는 각각 예성강, 임진강이라고 말을 바꾸었다. 그러면서 이때의 패수·대수는 낙랑의 강이 아니라 백제의 강임을 유의하라고 설명해준다. 그런데 왜 느닷없이 패수·대수가 예성강과 임진강이 되어야 하는지는 설명하지 않았다. 아무런 근거가 없기 때문이다. 그래서 '생각된다'라고 두루뭉술하게 설명했다.

이병도는 단군 사화를 설화로 만든 것처럼 비류와 온조의 건국 사화를 전설로 만들어 역사의 장에서 밀어낸다. 위의 인용문에 이어지는 문장이다.

> 그러나 비류·온조 양 전설에 백제의 건국이 양인兩人의 남래南來 당초에 된 것처럼 말한 것은 신용하기 어렵다. 온조 전설에는 전한 성제成帝 홍가 3년(서기전 18)에 온조의 건국이 있었던 것과 같이 말했지만 이것은 후세 사가가 꾸민 것으로 보지 아니하면 아니 된다. 백제뿐만 아니라 특히 『삼국사기』의 전하는 3국의 건국 연대란 것은 곧이듣기 어려울 만치 후인後人의 조작의 붓이 가해졌던 것이니, 3국의 건국 사이에 거의 20년씩의 차를 두어 신라의 건국

은 한 원제 건소 2년 갑신(서기전 37), 백제의 건국을 역시 이에 20년 뒤인 상기 연대에 배열해 신라의 개국을 맨 수위首位에 둔 것으로 보면 이는 신라사가史家의 손에 날조된 것이 분명하다. 즉 신라인은 자국의 기원을 오래되게 하기 위해 타 2국의 건국 연대까지 위로 끌어올린 것이라고 해석한다.[166]

비류와 온조가 남하한 당시(서기전 18) 백제를 건국했다는 『삼국사기』의 내용은 후세에 꾸민 것이어서 믿을 수 없다고 했다. 신라의 건국(서기전 57)이 먼저고 20년 후에 고구려가 건국(서기전 37)되고 20년 후 백제가 건국(서기전 18)되었다는 내용은 신라에 의해 날조된 것으로 신라가 가장 먼저 건국되었다는 것이다. 이병도는 신라의 역사를 오래인 것처럼 만들기 위해서 고구려와 백제의 건국 연대도 끌어올렸다는 것이다. 이병도의 논리에 따르면 『삼국사기』 편찬자들은 쉬운 길을 두고 일부러 어려운 길을 택한 것이다. 고구려와 백제의 역사는 그대로 두고 그냥 신라의 역사만 끌어올리는 보다 쉬운 길을 두고 세 나라의 역사를 모두 끌어올리는 어려운 길을 택한 것이다.

역사를 마음대로 난도질하다 보니 이병도는 역사 조작이 자신의 생각처럼 쉬운 일인 줄 안다. 한 집안의 역사를 조작하기도 힘든 판국에 그 집안과 깊은 관련이 있는 다른 두 집안의 역사까지 동시에 조작해야 한다고 생각해보면 역사 조작이 거의 불가능하다는 사실을 쉽게 알 수 있다. 현재 『일본서기』의 기년紀年이 조작되었다는 것이

---

166 이병도, 「삼한 문제의 신고찰」, 『한국고대사회사론고』, 한국학술정보, 2012, 112쪽

이병도 및 식민사학자들이 좋아하는 '정설'로 확립되었다는 사실로써도 이를 알 수 있다. 신라, 고구려, 백제의 모든 역사가 조작되었다고 주장하려면 그 근거를 제시해야 한다. 그러나 이병도에게 이런 근거가 있을 리가 없다. 그저 『삼국사기』 초기 기록 불신론'을 주창한 쓰다 소키치의 말을 되풀이한 것인데, 쓰다 자신이 아무런 근거를 대지 못했으니 이병도도 근거를 댈 수 없었던 것이다. 그러나 이병도의 용감한(?) 『삼국사기』 난도질은 계속된다.

> 대세상으로 보더라도 저 비류·온조 등을 주장主長으로 한 부여 씨족의 유이민 집단이 남래 직시直時에 아무런 역사적 배경과 기초도 없이 거의 무인지경에서 하다시피 나라를 개창開創하였다는 것은 너무도 불합리한 구상이라고 하지 아니하면 안 되겠다. 동시에 온조 전설 중에 보이는 '십제十濟' 및 '백제百濟' 국호설國號說 내지 비류 참사설慙死說 등도 멀쩡히 꾸민 말일 것이다. …… 진한辰韓이란 유이민 사회의 일후래一後來 요소인 부여 씨족단의 시조라고 할지언정 백제 건국의 태조라고는 할 수 없으며 따라서 부여씨의 건국을 전설과 같이 이때 있었다고는 믿을 수 없다.[167]

비류 일행이 남하 즉시 개국했다는 것은 너무나 불합리하다고 주장했다. 고구려 개국 시조의 맏아들인 비류가 남하할 때면 일정한 세력을 갖고 왔으리라는 생각을 이병도는 하지 못한다. 이병도는 또

167 이병도, 「삼한 문제의 신고찰」, 『한국고대사회사론고』, 한국학술정보, 2012, 112~113쪽

'부여 씨족'이란 말로 당시를 마치 신석기 시대의 씨족 사회라도 되는 것처럼 비하하고, 백제의 국호를 십제 또는 백제라고 한 것도 꾸민 것이고, 비류가 부끄러워 죽었다(참사)는 이야기도 '멀쩡히 꾸민 말'이라고만 주장만 했지 아무런 근거도 제시하지 못했다. 한마디로 '학자'라는 칭호를 붙이기에도 부족한 사람이라고 하지 않을 수 없다.

『삼국사기』는 일제가 우리 역사서를 광범위하게 말살하는 과정에서 겨우 살아남은 몇 안 되는 역사서 중의 하나이다. 『삼국사기』뿐만 아니라 모든 역사서에 문제가 있으면 여러 근거를 제시하면서 사료 비판을 가해야 한다. 그러나 이병도에게는 그런 것이 없다. '신용하기 어렵다', '너무도 불합리한 구상이라고 하지 아니하면 안 되겠다', '믿을 수 없다' 등이 그가 제시하는 근거의 전부다. 한마디로 조선총독부의 관점과 맞지 않으니 안 믿겠다는 억지일 뿐이다.

온조대왕의 백제 건국을 전설로 부정하다보니 『삼국사기』「백제본기」에 마한 왕이 마한 땅 백 리를 온조에게 주었다는 기사도 기자조선의 준왕(즉 이병도가 볼 때 한왕 준)에 관한 이야기라면서 부정한다.

> 따라서 「위서」의 "마한이 동쪽 경계의 땅을 나누어 그들에게 나누어주었다."는 즉 진(진왕)이 그 동계東北界 내에 자리 잡은 유이민 사회에 대한 준왕의 통솔권을 인정해 주었다는 의미의 말로 해석하였다. 이 기사는 또한 저 『삼국사기』「백제본기」온조왕 24년조에 마한 왕이 온조에게 나무랐다는 말 가운데 "왕이 처음 강을 건너와 발붙일 곳이 없어 내가 동북 백 리의 땅을 갈라 편히 살게 하고……"라고 한 것과 대응된다. 이 설화 역시 한왕韓王 준에

관한 전설이 잘못 온조에게 부회附會된 것으로 보아야 하겠다.[168]

마한馬韓이 동계東界의 땅을 나누어주었다는 이야기는 『삼국지』 「동이전」 '한韓' 조에 나온다. 진秦나라 망명자들이 부역을 피해 한국韓國으로 망명하자 마한에서 그 동계를 나누어 주었다는 기사인데, 진秦나라 때 발생한 사건이면 서기전 210년 무렵의 사건이다. 이병도는 "이 설화 역시 한왕韓王 준에 관한 전설이 잘못 온조에게 부회附會된 것"이라고 말했다. '한왕 준에 관한 설화'란 위만에게 패한 준왕이 마한으로 갔다는 내용을 말한 것으로 서기전 194년의 사건이다.

그런데 이병도는 서기전 210년의 사건을 서기전 194년의 사건에 갖다 붙이는 것도 부족해서 서기전 18년 무렵에 발생한 백제 건국 기사에 마음대로 갖다 붙인 것이다. 이병도에게는 서기전 210년이란 시점과 194년이란 시점, 그리고 서기전 18년이라는 200여 년이란 기간이 아무런 의미가 없이 자기 마음대로 여기 붙였다 저기 붙일 수 있는 동일한 사건이 되는 것이다. 또한 '진(진왕)이 그 동계東北界 내에 자리 잡은 유이민 사회'라고 '동쪽'이라고 쓰고는 괄호 안의 한자에는 '동북'이라고 썼다. 동과 동북의 차이를 알면서 쓴 건지 모르고 쓴 건지 알 수 없지만 이런 사람이 이른바 '실증'을 전가의 보도로 휘둘렀던 식민사학의 태두라니 가소롭기 그지없다.

이병도는 백제의 시조와 관련해서 중국 사서에 보이는 구태仇台에 대해서도 이렇게 설명했다.

168 이병도, 「삼한 문제의 연구」, 『한국고대사연구』, 한국학술정보. 2012, 281쪽

……『주서周書』의 "부여의 별종에 구태란 이가 있어 처음 나라를 대방고지에 세웠다."와 『수서隋書』(및 『북사北史』의 "동명의 후에 구태란 이가 있어 어질고 신의가 있었다. 대방고지에 처음 나라를 세웠다."는 양서兩書 사이에 이동상략(異同詳略:같고 다름과 상세하고 소략함)의 차는 있지만 공共히 결코 부여씨의 남래 당초의 사실을 말함이 아니라 그 후 건국 공작工作 시의 사실을 말한 것으로 볼 것이다. 단 그 건국의 지地는 실상 대방군 외의 곳으로 군郡은 백제 초기까지 의연 존재하였을 터인데, 여기의 소위 대방고지라고 한 것은 무엇이냐 하면 두 가지의 해석이 허용된다.[169]

이병도가 중국 기록을 중시하는 이유는 이 기록들을 이용하면 『삼국사기』 초기 기록들을 부정할 수 있기 때문이다. 이병도는 중국 사서들이 말하는 백제가 무엇을 뜻하는지는 검토할 생각도 없이 백제가 대방군이 설치된 3세기 이후에 건국되었다고 주장하는 것이다. 이병도는 대방군 안에 백제가 건국될 수 없으므로 대방고지란 대방군 외라고 주장했다. 그러나 이는 나중에 대방군이 설치된 곳에 백제의 한 세력이 먼저 건국했기에 대방고지라고 한 것으로 보아야 합리적일 것이다.

이 대방고지에 대해 『자치통감資治通鑑』은 '유성과 노룡 사이在柳城盧龍之間'라고 했다. 유성현과 노룡현은 모두 지금의 허베이성에 있던 지역들이다. 『한서』 「지리지」는 이때의 유성柳城이 요서군 속현이라고 설

---

169 이병도, 「삼한 문제의 연구」, 『한국고대사 연구』, 한국학술정보. 2012, 115쪽

명하고 있다. 또 노룡盧龍에 대해서『통전通典』「주군州郡」'유주 노룡현'의 주석은 "한나라 요서군 비여현으로서 갈석산이 있다."라고 설명하고 있다. 따라서 대방고지는 한나라 때 요서군에 있던 지역이다.

그동안 식민사학은 대방군을 황해도라고 보아왔다. 이병도는『삼국사기』「백제본기」에서 "백제는 온조왕이 서기전 18년 건국했다."고 말한 것은『삼국사기』초기 기록 불신론'에 따라 부정하고 구태가 건국했다는 이 기사의 구태仇台를 '구이仇台'라고 바꿔 읽으면서 백제의 고이왕을 뜻한다고 주장했다. 그러면서 백제 건국 당시 대방군은 황해도에 있었기 때문에 여기에서 말하는 대방고지는 대방군 내가 될 수 없고, 대방군의 전신인 옛 진번군의 일부를 뜻하는 것이라고 주장했다. 그러나 이병도는 진번군의 강역이 황해도 재령평야를 중심으로 동쪽은 지금의 춘천, 북쪽은 자비령, 남쪽은 한강 북안에 이르는 것이라고 주장했는데,『한서』,『통전』,『자치통감』등은 모두 요서군에 있었다고 기록하고 있다. 아마도 이병도가 이런 내용들을 보았다면『한서』,『통전』,『자치통감』의 편찬자들이 모두 잘못 보았다고 주장했을 가능성이 높다.

요서군에 속해 있던 대방고지는 보하이 서안의 낙랑군이나 그 남쪽에 있던 대방군의 서쪽을 말하는데 필자는 지금의 차오바이허(조백하) 서남쪽 지역이라 추정한다. 요서 지역 일부를 대방고지라고 부른 이유는 정확하게 알 수 없지만 낙랑군 설치 이전에 대방국이 있던 곳이어서 대방고지라고 불렀을 가능성도 존재하지만 현존하는 자료로는 더 이상 추론하기 어렵다.

『삼국사기』「백제본기」를 보면 백제가 낙랑군 부근의 대륙에서 활동했던 내용들도 다수 발견할 수 있다.

> ① (온조) 왕이 신하들에게, "우리나라 동쪽에는 낙랑이 있고 북쪽에는 말갈이 있어……"라고 말했다.[170]
>
> ② (고이왕 13년) 위나라의 유주자사 관구검, 낙랑태수 유무와 삭방태수 왕준이 고구려를 치므로 (고이)왕은 그 틈을 타서 좌장 진충을 보내 낙랑의 변민을 쳐서 빼앗았다.[171]
>
> ③ (분서왕 7년) 몰래 군사를 보내 낙랑의 서쪽 현을 공취했다. 겨울 10월 왕이 낙랑태수가 보낸 자객에게 해를 입어 세상을 떠났다.[172]

①번 인용문은 온조왕 13년(서기전 6년)의 기사인데, 신하들에게 "나라의 동쪽에 낙랑이 있다."라고 말했다. 이는 백제가 낙랑·대방의 서쪽인 대방고지에 있었다는 사실과 일치한다. 그간 식민사학에서는 낙랑군의 위치를 평안남도, 대방군의 위치를 황해도라고 주장했다. 평안남도와 황해도의 서쪽은 바다로서 백제가 있을 수 없었다. 그러자 이병도는 두 가지 사료 변조를 시도했다. 하나는 한수漢水 이남으로 천도하려고 계획하는 과정에서 나온 이 기사가 "온조왕 13, 14년이라고는 믿을 수 없다."면서 이 기사는 비류왕(304~344) 초년의 기사로 여겨진다고 주장했다. 물론 이병도가 멋대로 연대 바꾸기를 한 것

---

170 『삼국사기』「백제본기」 '시조 온조왕' 조

171 『삼국사기』「백제본기」 '고이왕' 조

172 『삼국사기』「백제본기」 '분서왕' 조

일 뿐, 아무런 근거도 없다. 그럼에도 불구하고 낙랑 서쪽과 말갈 남쪽에 백제가 있다는 기사의 문제를 해결해야 하자 말갈과 낙랑의 위치를 바꿔 쓴 것이라고 주장했다. 백제 동쪽에는 말갈이, 북쪽에는 낙랑이 있다는 것이다. 그러자 비로소 이병도 머릿속의 역사 지리 지식과 같아졌던 것이다. 식민사학자들에게 사료란 마음대로 바꾸고 변조할 수 있는 주머니 속의 공깃돌일 뿐이다.

②번의 고이왕 13년은 서기 246년인데, "좌장 진충을 보내 낙랑의 변민을 쳐서 빼앗았다."는 것이다. 식민사학의 논리대로라면 황해도의 대방군을 지나야 낙랑군을 칠 수 있게 된다. 그런데 대방군은 무사 통과해서 낙랑군을 쳤다는 기사이니 이때의 대방군과 낙랑군은 모두 한반도 내에 있었다고 볼 수 없다. 필자가 살펴본 대로 보하이 서안에 낙랑군과 대방군이 남북으로 위치하고 있고, 그 서쪽에 백제가 있었다면 낙랑을 바로 칠 수 있다.

③번 기사는 분서왕 7년(서기 304)에 발생했던 일로, "몰래 군사를 보내 낙랑의 서쪽 현을 공취했다."는 기사이다. 백제 군사가 황해도에 있는 대방군을 몰래 지나서 낙랑군을 공격하는 것은 불가능하다. 논리적으로 이해가 불가능할 경우 식민사학에서 하는 것은 사료를 바꾸거나 제 마음대로 해석하는 것 밖에 없는데, 국사편찬위원회의 한국사데이터베이스는 이 기사를 이렇게 설명하고 있다.

> 백제와 인접한 군현은 낙랑이 아닌 황해도 지역의 대방군이었기 때문에, 백제와 낙랑의 충돌은 불가능하였다. 대방군이 설치된 이래 고구려는 주로 낙랑군, 군현의 남쪽에 거주하는 한족 세력

은 대방군에서 관할하였다. 따라서 '낙랑'으로 표기된 것은 '대방'의 잘못된 기록이며, 군현의 상징성 때문에 대방을 대신하여 낙랑으로 기록되었을 가능성이 높다.[173]

식민사학의 기존 역사 지리 지식에 따르면 '백제와 낙랑의 충돌은 불가능'하다. 그러나 이런 기사가 거듭 나타나면 자신들의 역사 지리 지식이 틀렸을지도 모른다고 생각하는 것이 학자의 기본 자세인데, 이들은 절대 그렇게 하지 않는다. 1차 사료를 자신들의 머릿속 고정 관념에 맞게 마음대로 바꾸는 것이다. 그러니 1차 사료를 가지고 고민하면서 올바르게 해석하기 위해서 노력하는 모습은 찾을 수가 없다. 백제는 무조건 한강 이남에만 있어야 하는 것이다. 그래서 이런 기사들을 합리적으로 해석하면 대륙에도 백제가 있었다는 결론에 도달하게 된다.

백제가 이전부터 난하 유역에 근거지를 가지고 있었던 것인지 이 시기에 처음으로 진충 장군이 바다를 건너가 근거지를 만든 것인지 위의 내용만으로는 알 수가 없다. 그러나 위나라의 고구려 침략으로 그 지역이 비게 되자 진충 장군이 바로 군사를 움직인 것으로 보아 진충 장군이 한반도 남부에서 바다를 건넜다고 보기는 어렵다. 따라서 백제는 이전부터 난하 유역에 근거지를 가지고

---

173 국사편찬위원회, 한국사데이터베이스, 『삼국사기』 주석

있었다고 보는 것이 합리적일 것이다.[174]

    윤내현은 이와 같이 백제가 대륙에도 있었다고 보고 있고, 분서왕 때 처음 진출했다기보다는 그 이전부터 난하 유역에 근거지를 갖고 있었다고 해석하고 있다. 대륙 백제의 근거지를 필자는 롼허(난하)보다 남쪽인 대수의 남쪽으로 보하이 서안의 낙랑군 서쪽 지역에 있었다고 보고 있지만 더 많은 사료를 가지고 입증해야 할 과제라고 생각한다. 어쨌든 대륙에도 백제가 있었다는 것은 사실인 것이고, 『삼국사기』「백제본기」는 때로 이런 사실들도 적어 놓았던 것이다.

    필자는 고구려의 남쪽에 현도·요동군이 있었다고 설명했다. 그런데 고구려의 남쪽에 현도·요동군이 있는데, 비류와 온조는 어떻게 남쪽으로 내려와서 낙랑군 서쪽에 나라를 세울 수 있었을까? 중국 사료는 위만조선 강역에 낙랑·현도·임둔·진번군을 설치했지만 26년 만에 임둔·진번군은 폐지되었다고 설명하고 있다. 왜 임둔·진번군은 설치 26년 만에 폐지되었을까? 이병도는 낙랑·현도군과 통합되었다고 주장했다. 그러나 설치 26년 만에 폐지되었다면 내부 행정 통합의 결과라기보다는 외적 요인이 더 컸을 것이라고 추측할 수 있다. 그것은 한 군현 부근에 고구려와 백제가 건국된 것과 관련이 있을 것이다. 즉 위만조선 강역 서쪽에 한 군현을 설치했지만 우리 선조들의 끈질긴 투쟁으로 설치 26년 만에 폐지되고 낙랑·현도 두 군만이 남게 된 상황의 반영일 것이다.

---

174 윤내현, 『한국열국사연구』, 지식산업사, 1998, 410쪽

현도·낙랑군도 축출되다

　필자는 패수 부근에 현도·요동군이 있었다고 보고 있다. 진번·임
둔은 그 동쪽에 있었는데 설치 26년 만에 저항 운동으로 무너지면서
수복되었기 때문에 온조 일행은 그쪽을 통해 지나왔을 것이다. 낙랑
군은 보하이 만에 있었는데, 지리상 요동·현도군과 직접 연결되어 있
었다고 보기 어렵다. 식민사학은 고구려 미천왕이 재위 14년(서기 313)
평양 지역에 있던 낙랑군을 무너뜨리고, 이듬해에는 황해도 지역에 있
던 대방군을 무너뜨림으로써 한 군현이 비로소 이 땅에서 물러갔다
고 설명하고 있다. 이 역시 식민사학의 특성답게 한국 사학계의 하나
뿐인 정설인데, 그 뿌리는 물론 일본인 식민사학자들이다. 그러나 과
연 그럴까? 필자는 이 사실에 의문을 품고 『삼국사기』 「고구려본기」에
서 6대 태조대왕과 15대 미천왕이 한 군현을 공격한 기사를 따로 정
리해보았다.

　　　6대 태조대왕

　　재위 53년(105)　　왕이 장수를 보내 한漢나라 요동군에 들어가 여
　　　　　　　　　　섯 현을 약탈했다.

　　66년(118)　　　　왕이 예맥과 함께 현도를 습격하고 (낙랑군의) 화
　　　　　　　　　　려성華麗城을 공격했다.

　　69년(121)　　　　봄에 왕이 동생 수성遂成을 보내 한나라 유주幽
　　　　　　　　　　州자사 풍환馮煥, 현도 태수 요광姚光을 역습하게
　　　　　　　　　　했다…… (여름 4월) 왕이 선비鮮卑 8천 명과 함께

한나라 요대현遼隊縣에 가서 공격했는데, 요동 태수 채풍蔡諷이 병력을 거느리고 신창新昌에 나와 싸우다가 죽었다…… (겨울 12월) 왕이 마한, 예맥 1만여 기와 함께 현도성을 공격했다

70년(122)   왕이 마한, 예맥과 함께 요동을 침략했다.

94년(146)   (가을 8월) 왕이 장수를 보내 한나라 요동 서안평西安平을 습격해 대방령帶方令을 죽이고 낙랑 태수 처자를 잡아왔다.

15대 미천왕

재위 3년(302)   (가을 9월) 왕은 군사 3만을 거느리고 현도군에 쳐들어가 8천 명을 사로잡아 평양으로 옮겼다.

12년(311)   (가을 8월) 장수를 보내 요동 서안평西安平을 습격해 빼앗았다.

14년(313)   (가을 10월) 낙랑군에 쳐들어가 남녀 2천여 명을 포로로 잡았다.

15년(314)   (가을 9월) 남쪽으로 대방군에 쳐들어갔다.

16년(315)   (봄 2월) 현도성을 공격해서 쳐부수어 죽이고 사로잡은 자가 매우 많았다.

20년(319)   왕이 자주 병력을 보내 요동에 쳐들어갔다.

21년(320)   (겨울 12월) 병력을 보내 요동에 쳐들어가니 모용인慕容仁이 막아 싸워서 이를 깨뜨렸다.

이 기사들을 보면 고구려 태조대왕과 미천왕이 쉴새없이 중국의 동북 군현들을 공격했다는 사실을 알 수 있다. 그러나 내용이 너무 간략해서 자세한 내막을 알기는 쉽지 않다. 이 기록들은 중국 사서에도 기록되어 있는데, 어떤 부분들은 중국 사서를 보고 편찬한 것이 아닌가 생각된다. 태조대왕 때의 일은 『후한서』에 기록되어 있다. 미천왕 때는 중국의 서진(西晉:265~316)과 동진(東晉:317~420) 때에 해당된다. 진나라 때의 역사를 기록한 것이 『진서晉書』인데 삼국 말기 위나라 사마의司馬懿의 젊은 시절부터 시작해 유유劉裕가 동진의 공제恭帝를 폐위시키고 송宋나라를 세우는 과정까지 싣고 있다.

그런데 『진서』는 당나라 태종 때 방현령房玄齡 등이 편찬한 것으로서 역사 왜곡이 심하다. 특히 우리 민족 국가들에 대한 왜곡은 혀를 내두를 정도여서 「고구려열전」 자체가 없다. 뿐만 아니라 「백제열전」도 없고 사라진 지 오래인 「마한馬韓열전」이 대신 들어가 있으며, 「신라열전」도 없고 「진한열전」이 들어가 있다. 당 태종은 고구려 정벌 때 입은 부상으로 끝내 목숨까지 잃었기 때문에 『진서』에 고구려는 물론 백제와 신라 열전도 모두 빼버렸던 것이다.

또한 중국인들은 전통적인 중화사관이 있어서 자신들에게 유리한 것은 빠짐없이 싣지만 불리한 것은 빼거나 축소하기 때문에 중국 사서를 가지고 고구려가 한 군현들과 다툰 진상을 알기는 쉽지 않다. 중국의 기록을 보면 고구려가 빼앗긴 단군조선의 고토를 되찾기 위해 전개한 강토 수복 전쟁이라기보다는 노략질이나 하기 위해서 간헐적으로 습격한 것처럼 보인다. 한 군현을 빼앗은 기록으로는 미천왕 12년(311) "요동 서안평西安平을 습격해 빼앗았다."는 기록뿐이고, 낙랑군에 대해서는 미천왕 14년(313) "낙랑군에 쳐들어가 남녀 2천여 명을 포로로 잡았다."는 기록이 가장 큰 전과처럼 기록되고 있다.

그런데 식민사학계에서는 이 기록을 가지고 평안남도 지역에 있던 낙랑군이 이 땅에서 축출되었다고 평가했다. 어찌 보면 기특한 일이기도 하다. 우리 역사를 시간적, 공간적으로 축소하기에 바쁜 식민사학자들이 그나마 평안남도에 있던 낙랑군을 고구려가 축출했다고 인정하는 것이기 때문이다.

그러나 낙랑군은 애시당초 한반도 북부에 있지 않았다. 낙랑군은 원래 보하이 연안에 설치되어 있다가 고구려의 집중적인 공격을 받아 크게 약화되었다. 여기에서는 미천왕 때인 진晉의 낙랑군에 대해서만 간략하게 검토해보자. 『진서』「지리지」에는 낙랑군에 조선·둔유·혼미·수성遂城·누방·사망駟望의 여섯 개 현이 있었다고 기록하고 있다. 한나라 때의 25개 현에서 1/4로 축소된 것이다. 그런데 이 수성현 조에 "진나라에서 축조한 장성의 기점이다秦築長城之所起"라는 유명한 구절이 붙어 있다. 그 전에 편찬한 『한서』나 『후한서』에도 수성현은 있지만 진나라 장성에 대한 이야기가 없다. 따라서 진晉나라 수성현은 한漢나라 수성현과는 다른 곳에 이치移置되었을 가능성을 보여준다. 이치된 수성현이 진시황이 쌓았다는 장성의 기점인 것을 보면 그곳이 전국 시대 말 연나라 장성의 끝으로 기록된 요동군 양평현 부근으로 보는 것이 타당할 것으로 생각된다.

이치된 것으로 보는 또 다른 근거는 앞에서 말했듯이 낙랑군의 규모가 한나라 때에 비해서 3/4이나 축소되었기 때문이다. 당초 보하이 연안에 있던 19현을 다 빼앗기고 6현만 그 자리에 남았다고 볼 수도 있으나 이는 부자연스럽다. 따라서 낙랑군 전체를 이미 빼앗겼지만 그 이름을 존속시키기 위해 고대 요동 쪽에 옮겨 설치했다고 보는 것이 타당할 것이다. 낙랑군은 진晉 나라 이전인 후한後漢 때나 후한이 혼란에 빠진 삼국 시대 때 이미 보하이 연안에서 축출되었다고 보는 것이 자연스럽다.

앞서 말했듯이 중국인들은 다른 나라와의 전쟁에 대한 기사는 왜곡하거나 과장하기 일쑤이기 때문에 비판적 안목을 가지고 그 진상을 살피지 않으면 실수하기 쉽다. 고구려가 중국 군현을 공격한 기사도 전형적인 축소·생략의 예에 해당한다고 생각한다.

앞에 제시한 기록을 보면 미천왕은 재위 12년(311) 요동 서안평현을 차지했는데, 그 뒤에도 재위 20년(319)과 21년(320) 두 차례 요동을 더 공격했다고 전하고 있다. 그리고 21년(320)의 공격은 요동에 쳐들어갔다가 모용인慕容仁에게 패한 것처럼 기록하고 있다. 그런데 재미있는 것은 이런 사실들이 정작 전쟁 당사자인 진나라의 『진서』에는 기록되지 않은 반면 남북조 시대 남조南朝의 역사서에 기록되어 있다는 점이다. 중국인들이 얼마나 역사 왜곡에 능한지를 말해주는 사례다.

전쟁 당사자인 북조의 왕조들이 누락한 전쟁 기사를 남조에서 기록한 것은 무슨 이유일까? 자신들과 적대 관계에 있었기 때문에 북조에서 감추고 싶었던 기사들을 친절하게 기록해 놓은 것이다. 북조에서 감추고 싶었던 기사란 두말할 것도 없이 패전 기사들이다. 그래서 한국인의 마음으로 한국사를 공부하려면 중국 사료에서 누락된 부분을 찾고, 또 북조 사서에서 누락된 것이 남조의 사서에 남아 있는 경우를 찾고, 그것의 의미를 분석하는 작업을 해야 한다. 그것이 부족한 한국 고대사 사료를 보강하는 데 큰 도움을 줄 수 있을 것이다.

이병도는 죽기 전에 단군이 신화가 아니라 실재한 역사였다고 고백했다는 「조선일보」 기사를 본 기억이 있다. 이병도가 일종의 양심선언을 하게 된 배경에는 서울대 법대 학장이었던 최태영 옹의 역할이 컸다는 이야기도 들은 적이 있다. 이것이 사실이라면 뒤늦게나마 역사의 진실 쪽에 선 이병도의 행동에 박수를 쳐주고 싶다. 그런데 이병도의 양심선언에 그의 후학들이 노망났다고 손가락질하면서 비판했다는 이야기도 들었다. 이병도가 식민사학의 교주지만 그것은 이병도가 식민사학의 교리를 충실히 따를 때에만 유지되는 자리라는 뜻이다. 조선총독부가 만든 식민사학의 교리를 벗어나면 교주 자리에서 쫓겨난다는 암시일 수도 있다. 그래서 한일역사공동연구위원회에서 발표한 보고서가 한국 식민사학의 진정한 교주는 이병도가 아니라 쓰다 소키치임을 보여주는 것인지도 모른다.

그러나 필자가 많은 사람들을 만나 보면 식민사학의 수명이 거의 다했다는 사실을 알게 된다. 유독 역사학을 하는 교수나 학생들만 모를 뿐 식민사학에 대한 각계의 원성은 증가 일로에 있으며 가히 타살 일보 직전까지 가고 있다고 해도 과언이 아니다. 그나마 살아남는 방법은 지금이라도 양심선언을 하고 식민사학을 떠나는 길이다. 굳이 민족이란 이름을 들먹이지도 않겠다. 그저 인간의 심정으로, 한 학자의 심정으로 돌아오면 그 길이 식민사학을 떠나는 길이다.

부록

주류 식민사학자들의 잘못된 견해(요약)

	고조선		한사군 위치	삼국의 건국		
	단군	중심지		고구려	백제	신라
이병도	설화	평양 (북한 지역)	북한지역	6대 태조왕	8대 고이왕	17대 내물왕
이기백	신화	〃	〃	〃	13대 근초고왕	〃
김철준	〃	〃	〃	〃	8대 고이왕	〃
이기동	〃	〃	〃	—	—	—
서영수	〃	이동설 (요동→평양)	〃	—	—	—
노태돈	〃	〃	〃	—	—	—
송호정	〃	〃	〃	—	—	—
한일역사 공동연구 위원회	—	—	—	13대 서천왕	13대 근초고왕	19대 눌지왕

· 일본 식민사학자들과 마찬가지로 단군은 신화나 전설이며, 고조선의 중심지와 한사군은 평양을 중심으로 한 북한 지역이었다는 데 이설이 없다(고조선의 중심지 이동설만 1980년대 말에 등장). 또 삼국의 건국에 관해서도 일본 식민사학자들처럼 『삼국사기』 초기 기록을 불신하는 점에서 모두 같으며, 다만 어느 왕 때 건국된 것으로 보는 문제만 소수설이 있을 뿐이다.
· 노태돈은 삼국의 건국 시기를 구체적으로 말하지 않았으나 부(部) 체제를 흡수하여 왕권이 확립된 4~5세기로 보았다.

중국 주요 지명·인명 참조

구이린桂林 : 계림

뉴허량牛河梁 : 우하량

다구大沽 : 대고

다링허大凌河 : 대릉하

덩펑登封 : 등봉

랴오닝성遼寧省 : 요령성

랴오시遼西 : 요서

랴오양시遼陽市 : 요양시

랴오청聊城 : 료성

랴오허遼河 : 요하

랴오둥遼東 : 요동

러허熱河 : 열하

롄산구連山區 : 연산구

롼허灤河 : 난하

뤄빈지駱賓基 : 낙빈기

린후이샹林惠祥 : 임혜상

바이허白河 : 백하

베이징北京 : 북경

보하이渤海 : 발해

산둥山東 : 산동

산시성山西省 : 산서성

상하이上海 : 상해

샤오허옌小河沿 : 소하연

샤자뎬夏家店 : 하가점

얼리터우二里頭 : 이리두

옌스偃師 : 언사

왕춘王村 : 왕촌

우뉘산五女山 : 오녀산

융딩허永定河 영정하

장쑤성江蘇省 : 강소성

저장성浙江省 : 절강성

젠핑建平 : 건평

지린성 : 길림성

진시시錦西市 : 금서시

차오바이허潮白河 : 조백하

청더시承德市 : 승덕시

츠펑시赤峰市 : 적봉시

칭위안현淸原縣 : 청원현

칭저우靑州 : 청주

타이위안시太原市 : 태원시

톈산天山산맥 : 천산산맥

톈진天津 : 천진

푸스녠傅斯年 : 부사년

허난성河南省 : 하남성

허베이성 : 하북성

훙산紅山 : 홍산

환런현桓仁縣 : 환인현

황허黃河 : 황하

후루다오시葫蘆島市 : 호로도시

훈허渾河 : 혼하

참고문헌

1. 사료

『管子』,『括地志』,『史記』,『史記索隱』,『史記正義』,『史記集解』,『山海經』,『三國史記』,
『三國遺事』,『三國志』,『書經』,『說文』,『水經』,『水經注』,『詩經』,『呂氏春秋』,『魏略』,
『資治通鑑』,『潛夫論』,『晉書』,『通典』,『漢書』,『淮南子』,『後漢書』

2. 단행본 및 논문

김용섭,『역사의 오솔길을 가면서』, 지식산업사, 2011.

김위현 · 박성수 해제,『조선사 번역 · 해제』, 인문사, 2013.

노태돈,「고조선 중심지의 변천에 대한 연구」,『단군과 고조선사』, 사계절, 2000.

박은식,『한국독립운동지혈사』,『백암 박은식 전집』 2권, 동방미디어, 2002.

서영수,「고조선의 위치와 강역」,『한국사 시민강좌』 2집, 일조각, 1988.

송호정,『단군, 만들어진 신화』, 산처럼, 2004.

송호정,「고조선 국가형성과정 연구」, 서울대학교 출판부, 1999.

송호정,『한국고대사 속의 고조선사』, 푸른역사, 2003.

신채호,『조선상고사』, 단재신채호선생기념사업회, 1992.

윤내현,『고조선 연구』, 일지사, 1994.

윤내현,『한국고대사신론』, 일지사, 1986.

윤내현,『한국열국사연구』, 지식산업사, 1998.

윤명철,「발해 유역의 역사문화와 동아시아 세계의 이해」,『한국상고문화 기원연구』,
학연문화사, 2013.

이기동,「고조선 연구, 무엇이 문제인가」,『한국사 시민강좌』 49집, 일조각, 2011.

이기동,「북한에서의 고조선 연구」,『한국사 시민강좌』 2집, 일조각, 1988.

이기백,「고조선의 국가 형성」,『한국사 시민강좌』 2집, 일조각, 1988.

이기백,「백제왕위 계승고」,『역사학보』 11호, 1959.

이기백, 「반도적 성격론비판」, 『한국사 시민강좌』 1집, 일조각, 1987.

이기백, 『국사신론』, 박영사, 1961.

이덕일·김병기, 『고조선은 대륙의 지배자였다』, 역사의아침, 2006.

이덕일, 『한국사, 그들이 숨긴 진실』, 역사의아침, 2009.

이도상, 『일제의 역사 침략 120년』, 경인문화사, 2003.

이마니시 류今西龍, 이부오·하시모토 시게루 옮김, 『신라사 연구』, 서경문화사, 2008.

이병도, 『한국고대사론』, 한국학술정보, 2012.

이병도, 『한국고대사회사론고』, 한국학술정보, 2012.

이병도, 『한국사대관』, 한국학술정보, 2012.

이병도, 『한국사 : 고대편』, 한국학술정보, 2012.

이병도, 『역주 삼국사기』, 한국학술정보, 2012.

이주한, 『한국사가 죽어야 나라가 산다』, 역사의아침, 2013.

이형구, 「리지린의 〈고조선 연구〉 그 후」, 『한국사 시민강좌』 49집, 2011.

이희진, 『식민사학과 한국 고대사』, 소나무, 2008.

진단학회, 『역사가의 유향』, 일조각, 1991.

다이퀀량戴均良 외, 『중국고금지명대사전』, 상하이사서출판사, 2005.

주쉐안朱學淵, 문성재 역주, 『진시황은 몽골어를 하는 여진족이었다』, 우리역사연구재단, 2009.

최재석, 『역경의 행운』, 다므기, 2011.

최재석, 『일본 고대사의 진실』, 경인문화사, 2010.

최재석, 『한국 고대사회사 방법론』, 일지사, 1987.

푸스녠傅斯年, 「이하동서설夷夏東西說」, 『푸스녠 전집』 3권, 연경출판, 1980.

하타다 다카시旗田巍, 「일본에 있어서의 한국사 연구의 전통」, 『한국사 시민강좌』 2집, 일조각, 1988.

한일역사공동연구위원회, 『한일역사공동연구보고서』 1권, 2005.

황순종, 『동북아 대륙에서 펼쳐진 우리 고대사』, 지식산업사, 2012.

찾아보기

281, 283~285

눌지왕 286

뉴허량牛河梁 유적 130, 131

ㄷ

다구大沽 171, 192, 195, 196, 207

다물多勿 298

단군기원론 14

단군왕검 107, 108, 139

단군조선 39, 108, 110, 111, 114, 127, 214, 237, 298, 321

대동강 66, 80, 105, 133, 142, 143, 150, 164, 167, 169, 170, 171, 184~188, 195, 196, 205, 208~210, 212~215, 230, 241, 244, 245, 283, 300

대방 41, 77, 79, 105, 292, 313~315, 317

대성산 208

대원군 11, 12

덴리교天理敎 63

도리이 류조鳥居龍藏 94

도쿄제국대학 13, 15, 27, 55, 262

동북공정 42, 75, 77, 79, 82, 113, 145, 146, 170, 184, 202, 216, 222, 228, 230, 232

동북아역사재단 41~43, 59, 75~82, 109, 137, 143, 145, 183, 230, 244, 255, 280, 286

동예東濊 96

동옥저 88, 89, 141, 246

동이東夷 88~93, 95, 102, 110, 111, 113, 126, 130, 177, 178

동천왕 139~141, 143, 182

동호東胡 59, 117, 118, 144, 145, 151~155, 157~161, 167, 168, 174~177, 180, 226~228

ㄹ

러일전쟁 15, 17

루트비히 리스(Ludwig Riess) 13

롼허(난하) 183, 197~199, 205, 206, 224, 226, 298, 299, 305

뤼빈지駱賓基 61, 116

리지린 57~59, 62, 64, 130, 183, 273

린후이샹林惠祥 180

ㅁ

마다정 82

마쓰이 히토시松井等 16

마자르족 극동시원론 176

마크 바잉턴(Mark Byington) 41, 230

만리장성 83, 153, 188, 225, 227, 230, 243, 244

만선불가분론滿鮮不可分論 16, 17

메이지明治 유신 11, 16, 19, 20, 33

몽촌토성 204

미시나 쇼에이三品彰英 44, 68, 70, 268, 276, 292

미추왕 270

ㅂ

박은식 39, 115

박혁거세 258, 263, 264, 269

보하이 32, 98, 99, 101, 103~105, 147, 170, 171, 174, 181, 192, 195, 196, 206, 207,

식민사관의
감춰진 **맨얼굴**

초판 1쇄 펴낸 날 2014. 9. 5
초판 3쇄 펴낸 날 2018. 7. 14

지은이   황순종
발행인   양진호
발행처   도서출판 |만권당▮
책임편집 강소양

등 록   2014년 6월 27일(제2014-000189호)
주 소   (121-894) 서울시 마포구 양화로 56 동양한강트레벨 718호
전 화   (02) 338-5951~2
팩 스   (02) 338-5953
이메일   mangwonbooks@hanmail.net

ISBN   979-11-953264-1-9 (03900)

이 도서의 국립중앙도서관 출판시도서목록(CIP)은 서지정보유통지원시스템 홈페이지
(http://seoji.nl.go.kr)와 국가자료공동목록시스템(http://www.nl.go.kr/kolisnet)
에서 이용하실 수 있습니다.(CIP제어번호: CIP2014022238)